Y GYNGHANEDD HEDDIW

Argraffiad cyntaf: 2020

ISBN: 978-1-911584-39-1

Cyhoeddwyd gyda chymorth ariannol Cyngor Llyfrau Cymru.

Cyhoeddwyd gan Gyhoeddiadau Barddas.

www.barddas.cymru

Dylunio: Dylunio GraffEG.

Argraffwyd gan Y Lolfa, Tal-y-bont.

Y GYNGHANEDD HEDDIW

GOLYGWYD GAN

ANEIRIN KARADOG AC EURIG SALISBURY

Cyhoeddiadau Barddas

CYNNWYS

RHAGAIR

ANEIRIN KARADOG AC EURIG SALISBURY

Eginodd y syniad sy'n sail i'r gyfrol hon yn sgil cynhyrchu a chyflwyno ein podlediad barddol, Clera. Er Hydref 2016, ry'n ni wedi rhyddhau rhifyn newydd tua awr o hyd bob mis yn ddiffael, ond y gwir amdani yw y gallen ni'n hawdd – pe bai amser ac arian yn caniatáu – greu rhifyn wythnosol, os nad dyddiol! Mae'r deunydd crai ar gyfer ein cylchgrawn llafar yn ddihysbydd bron, ac mae hynny'n gystal tyst â'r un i'r ffaith fod y sin farddol – a'r gynghanedd, sy'n rhan mor amlwg ohoni – yn ffynnu.

Nid bod hynny'n ddim newydd, mewn gwirionedd. Bu'r dadeni cynganeddol, fel y dywedir, yn pweru mynd ers dros hanner canrif bellach ond, ac edrych yn ôl, rhyfedd gweld cyn lleied o drafod a fu arno mewn print, yn arbennig er troad y mileniwm. Yn 1984, pan o'n ni'n dau yn ein clytiau, datganodd Alan Llwyd yn ei ragymadrodd i gasgliad amlgyfrannog o erthyglau am y grefft, *Trafod Cerdd Dafod y Dydd*, ei bod yn 'gyfnod cyffrous yn hanes Cerdd Dafod ac yn hanes barddoniaeth Gymraeg'. Roedd yn llygad ei le ond, er cyhoeddi mwy nag un astudiaeth werthfawr oddi ar hynny – a *Meddwl y Gynghanedd* R.M. Jones (2005) a *Crefft y Gynghanedd* Alan Llwyd (2010) yn flaenaf yn eu mysg – ni chafwyd yr un gyfrol amlgyfrannog debyg i *Trafod Cerdd Dafod y Dydd*.

Roedd yn hwyr glas, yn ein barn ni, i ddod â chyfrol ynghyd er mwyn rhoi llwyfan i rywfaint o weithgarwch mawr y sin, a hynny drwy drin a thrafod, drwy agor ambell drywydd newydd, drwy dynnu blewyn o drwyn ac, yn fwy na dim, drwy geisio ysgogi mwy fyth o drafod. Ceir hefyd yng nghefn y gyfrol ganllaw byr i'r gynghanedd a geirfa hawdd troi ati, dau atodiad a fydd, fe obeithiwn, yn ddefnyddiol i bawb sydd â diddordeb yn y grefft. Nid yw'r gyfrol hon yn honni rhoi'r gair olaf ar ddim ond, yn hytrach, fe godir ynddi fynegbyst eglurach nag erioed at liaws o drywyddion cyffrous. Er mwyn cyflawni hynny oll, fe aethon ni ar ofyn llawer iawn o wahanol bobl ac, fel y gwelwch, chawson ni ddim ein siomi. Diolch o galon i bob un am fod mor barod i gyfrannu ac, yn bennaf oll, i Bwyllgor Barddas, i'w olygydd creadigol, Alaw Mai Edwards, ac i gwmni Dylunio GraffEG, am rannu ein gweledigaeth.

Cyfres o ddeg ysgrif yw asgwrn cefn *Y Gynghanedd Heddiw*. Mae pob un yn mynd i'r afael mewn manylder â gwahanol agweddau diddorol ar y grefft, o greadigrwydd cynganeddol Dafydd ap Gwilym i 'gynghanedd-*lite*' y nawdegau i ddylanwad pellgyrhaeddol Syr John Morris-Jones. Ochr yn ochr â'r ysgrifau, ceir lliaws o drafodaethau byrrach – pedwar ar hugain ohonynt, sy'n rhyfedd gymesur â'r pedwar mesur ar hugain – lle'r â gwahanol feirdd ati i fwrw bol am ddifyr bethau cerdd dafod. Fe wêl y darllenydd fod rhai o'r darnau byrion hyn yn ymffurfio'n barau, a'r ail ddarn ym mhob pâr yn rhoi ochr arall y geiniog o ran yr hyn a drafodir yn y cyntaf. Mae Alan Llwyd, er enghraifft, yn pledio'r achos dros barhau i galedu cytseiniaid yn y dull traddodiadol, ond fel arall y gwêl Myrddin ap Dafydd hi. Rhag chwyddo'r llyfr i ormod o faint drwy wahodd Alan ac eraill yn eu hôl i ymateb yr eildro, fe benderfynwyd mai doethach fyddai rhoi i bob barn ei phum munud o lafar, yn y gobaith y dewch chi'r darllenwyr i leisio eich barn yn eu sgil.

O'n hochr ni fel golygyddion, un o'r pleserau mwyaf oedd gweld bod yr holl gyfraniadau, mewn gwahanol ffyrdd, yn taflu goleuni ar fater pwysig iawn i ni'n dau: sef y ffaith fod sin y gynghanedd heddiw – fel erioed, yn wir – yn llawn amrywiaeth. Amrywiaeth o ran arferion cynganeddu, o ran y modd y caiff y grefft ei dehongli ac o ran y bobl sy'n ei harfer. Ac adleisio ysgrif Grug Muse – lle dangosir yn eglur gymaint y mae merched cerdd dafod wedi eu hesgeuluso – teg nodi nad oedd ond un cyfrannydd o ferch yn *Trafod Cerdd Dafod y Dydd*, ac na thrafodwyd yn y gyfrol honno waith yr un bardd o ferch. Er mynd ati'n fwriadol y tro hwn i geisio cyfraniadau gan ferched, rhaid nodi hefyd fod hynny wedi digwydd yn organig i raddau helaeth. Ar un olwg, mae'n gywilyddus gorfod llunio'r frawddeg hon yn 2020, ond y mae'n destun dathlu hefyd yr un fath fod beirdd o ferched yn rhan gwbl amlwg a naturiol bellach o sin cerdd dafod. Mae llawer i'w wneud eto, wrth reswm, o ran rhyw, rhywedd, lliw croen a chefndir er mwyn adlewyrchu gwir amrywiaeth y Gymru gyfoes. Mae'r awydd yno i ddatblygu ac i newid, a'r dasg ar waith.

O ran y gynghanedd ei hun, os ceir cytundeb bras ynghylch yr hyn sy'n hanfodol amdani, sef pwysigrwydd yr acen a'r gwaith o ateb cytseiniaid, mater arall yw hi o ran y manion dirifedi ar y cyrion. Fel dinas fawr fodern, hawdd dweud ym mhle mae'r canol, a'i dyrau uchel a'i henebion pwysig, ond anos coelio neb sy'n honni gwybod ym mhle'n union ar yr ymylon y mae'r ddinas yn dod i ben, a chefn gwlad yn dechrau. Yn y tiroedd amwys ac amlhaenog hynny, ar strydoedd cyfnewidiol y gynghanedd, y mae cyfranwyr y gyfrol hon yn cwrdd i drafod.

Ond er pob arwydd o gynnydd, mae un peth am y grefft heddiw sy'n destun pryder. Ni cheir yr un cyfeiriad at y gynghanedd ar fanylebau Cymraeg TGAU a TAG/Safon Uwch CBAC, ac nid yw hi'n rhan o gwricwlwm yr un Cyfnod Allweddol. Adleisiwn yma, felly, alwad Mererid Hopwood yn ei hysgrif hithau, sef y dylai rhan mor gyfoethog â hon o'n llenyddiaeth fod, yn yr un modd, yn rhan greiddiol o'r system addysg yng Nghymru. Ac fel dau gyn-Fardd Plant Cymru, gallwn ni dystio nad oes angen cadw'r gynghanedd yn gyfrinach y beirdd tan flynyddoedd olaf yr ysgol uwchradd. Ry'n ni wedi gweld â'n llygaid ein hunain sut y gall plant ifanc, hyd yn oed – os nad yn arbennig – fwynhau rhedeg a neidio ar hyd cerrig sylfaen y grefft. Mae'r gynghanedd yn eiddo inni i gyd, wedi'r cyfan, a mawr obeithiwn y bydd lle dyledus wedi ei roi iddi ym myd addysg Cymru erbyn cyhoeddi'r gyfrol amlgyfrannog nesaf amdani.

Yn wir, a dilyn awgrym a wnaed yn ddiweddar gan Dylan Iorwerth, tybed erbyn hynny na fydd y gynghanedd wedi ennill ei llawn haeddiant, ac wedi cael lle, ochr yn ochr â llu o ryfeddodau gwerthfawr eraill, ar restr UNESCO o drysorau treftadaeth y byd? Yn ei holl amrywiaeth unigryw, fe gymer ei lle eisoes fel pennaf gyfraniad y Gymraeg i ddiwylliant y byd.

@Siônmun

MIS MÊL Y CYWYDD:

Y GYNGHANEDD YNG NGWAITH DAFYDD AP GWILYM A'I GYFOESWYR

A. CYNFAEL LAKE

Roedd Iolo Goch yn un o'r beirdd a ganodd farwnad i Ddafydd ap Gwilym. Yn ei gerdd (Johnston 1988: 90), defnyddiodd ddelweddau sy'n perthyn i fyd y crefftwr i gyfleu dull meistrolgar Dafydd o lunio ei gywyddau: roedd Dafydd fel saer maen (*Lluniodd wawd wrth y llinyn*) neu weithiwr metel (*mold y digrifwch*) ac roedd ei gyfansoddiadau'n wydn a chadarn (*gwlm* 'rhwymyn' *y gerdd*). Hynodrwydd cywydd Iolo, fodd bynnag, yw'r hyn a awgrymir am bethynas Dafydd â'r cywydd. Yn wir, lluniwyd y farwnad ar ffurf ymddiddan rhwng Iolo a'r mesur. Cyfleir y bwlch ar ôl Dafydd, ond mynnir mai'r cywydd a fydd yn profi'r golled fwyaf: *Cywydd … / Canys aeth, cwynofus iawn*.

Roedd y mesur hwn yn prysur ennill ei blwyf yn ail chwarter y bedwaredd ganrif ar ddeg. Yn ôl pob tebyg, fe'i crëwyd drwy addasu a chaboli'r traethodl, mesur distadl a ddefnyddid cyn hynny gan feirdd is eu statws. Ceid yn y traethodl, fel yn y cywydd, gwpledi seithsill ond, yn wahanol i'r cywydd, roedd llinellau'r traethodl yn ddigynghanedd ac nid oedd rhaid wrth odlau acennog/diacen. Mireiniwyd y mesur drwy ychwanegu'r gynghanedd a sefydlu'r patrwm rheolaidd o odli sy'n gyfarwydd i ni. O fewn dim o dro, roedd beirdd o bob cwr o Gymru'n arddel y cyfrwng newydd: Gruffudd Gryg o gwmwd Llifon ym Môn, Madog Benfras o Farchwiail ym Maelor Gymraeg ac Iolo Goch o Ddyffryn Clwyd. Ni wyddom pwy oedd y cyntaf i wneud hyn. Byddai'n braf gallu priodoli'r cam arloesol hwn i Ddafydd ap Gwilym. Diogelwyd un traethodl wrth enw Dafydd, ond nid yw hynny'n profi mai ffrwyth ei arbrofi ef oedd y mesur newydd. Ond rydym ar dir mwy cadarn drwy honni mai Dafydd a'i awen lachar a boblogeiddiodd y cywydd.

Roedd y gynghanedd wedi datblygu cyn oes Dafydd yn englynion ac yn awdlau mawreddog Beirdd y Tywysogion a'r Gogynfeirdd, a byddai Dafydd a'i gyfoeswyr yn llunio caniadau yn yr un cywair. Byddai'r prydyddion ifainc yn cael eu hyfforddi mewn ysgolion barddol, a byddai ymgyfarwyddo â'r mesurau a'r gynghanedd yn rhan o'r hyfforddiant hwnnw. Nid yw'r llawlyfrau, neu'r gramadegau, fel y'u gelwir, yn datgelu llawer am yr hyfforddiant cynganeddol. Yn wir, mae'r unig gyfeiriad at y gynghanedd yn y testun hynaf yn hynod o arwynebol (Williams a Jones 1934: 13):

> Mywn tri lle ar gerd y gellir beiaw, nyt amgen, yn y kymeradeu, a'r kynghaned, a'r odleu.
>
> 'Gellir gweld bai mewn cerdd mewn tri lle, sef yn y cymeriadau a'r gynghanedd a'r odlau.'

Rhaid aros nes blynyddoedd cynnar y bymthegfed ganrif cyn y gwelwn un bardd yn galw sylw'n benodol at ddoniau cynganeddol un o'i gyd-brydyddion. Roedd Rhys Goch Eryri'n un o ddisgyblion Gruffudd Llwyd, a phan fu farw ei athro, tua'r flwyddyn 1420, talodd Rhys deyrnged i'w awen drwy fawrygu *Treiglad pob glân gynghanedd* yn ei waith (Foster Evans 2007: 73). Cyfeiriodd Llywelyn ab y Moel, yntau, at yr un nodwedd ar ganu Gruffudd, mewn cywydd a luniodd beth amser wedyn: *Mesur glân a chynghanedd / A synnwyr wiw, sain aur wedd* (Daniel 1998: 115). Rhaid aros nes dyddiau Simwnt Fychan (m. 1606) cyn y cawn yr ymdriniaeth fanwl gyntaf â'r cynganeddion. *Pum Llyfr Kerddwriaeth* Simwnt oedd '[y] copi llawnaf a mwyaf trefnus sydd gennym o'r gramadeg a ddefnyddid gan feirdd yr unfed ganrif ar bymtheg' (Williams a Jones 1934: liv).

Cofeb Dafydd ap Gwilym ym Mrogynin

Er bod y cyfeiriadau cynnar at y gynghanedd yn rhai prin ac amwys ddigon, mae'r awdlau a'r englynion yn tystio'n glir fod y beirdd yn gynganeddwyr hyfedr. Ond roedd ymgorffori'r gynghanedd yn y cywydd yn gam arloesol a greodd bartneriaeth neu briodas newydd. Ar un ystyr, roedd y mesur newydd yn cyfyngu ar ryddid y prydyddion. Er bod y cywydd yn fesur byrrach, a symlach yn ei hanfod, cynigiai llinellau hwy'r gwawdodyn, y cyhydedd hir a'r toddaid fesur helaethach o hyblygrwydd. Gwelir amlder o gynganeddion sain ddwbl a sain deirodl yng nghyfansoddiadau Gruffudd ap Maredudd (*fl*. 1366–82), 'un o'r cynganeddwyr mwyaf meistrolgar' (CD 256) a'r bardd olaf i ganu yn null Beirdd y Tywysogion (Parry Owen 2007: 53). Nid oedd llinellau byrrach y cywydd yn ffafrio cynganeddion fel y rhain, er i Fadog Benfras, un o gyfoeswyr Dafydd ap Gwilym, lunio llinellau a oedd yn cynnwys sain ddwbl (*Bun lun lathrliw, deuliw dydd*), llusg deirodl (*Lleddf wyf o nwyf ar ddwywes*), ac un llinell seinlusg, hyd yn oed (*Bleth leth lathrwallt gwnsalltferch*) (Lewis a Morys 2007: 33, 51, 33).

Os cawn ddatblygu'r syniad o briodas ymhellach, gellid disgrifio'r degawdau cynnar yn hanes y cywydd yn gyfnod o fwrw swildod, wrth i'r gynghanedd a'r mesur ymaddasu ac wrth i'r naill ymgydnabod â nodweddion a gofynion y llall. Y dyddiau hyn, gelwir y cyfnod pan gaiff arweinydd newydd plaid neu wladwriaeth yr awenau yn ei ddwylo yn fis mêl, a gellir tybio bod y cyhoedd yn barotach i faddau beiau neu ffaeleddau yn ystod yr wythnosau a'r misoedd cychwynnol hynny. Mae'r un peth yn wir yn achos y berthynas newydd rhwng y cywydd a'r gynghanedd, fel y cawn weld.

Tâl cofio mai'n reddfol ac yn anymwybodol y datblygodd y gynghanedd. Croesawyd a mabwysiadwyd rhai patrymau, tra ymwrthodwyd ag eraill. Er enghraifft, derbyniwyd pedwar patrwm acennog yn y gynghanedd sain – sain gytbwys acennog, gytbwys ddiacen, anghytbwys ddisgynedig ac anghytbwys ddyrchafedig – ond y tri phatrwm cyntaf yn unig a ganiateid yn y ddwy gynghanedd gytseiniol, y groes a'r draws. Yn y sain ymhellach, bydd y ddwy ran gyntaf yn odli, a'r ail a'r drydedd yn cynnal cyfatebiaeth gytseiniol. Gallai patrwm cyferbyniol fod wedi datblygu, y ddwy ran gyntaf yn cynnal cyfatebiaeth gytseiniol, a'r ail a'r drydedd yn odli. Ond fel y gwyddys, ni ddigwyddodd hyn.

Mae hefyd yn bwysig pwysleisio bod y rhan fwyaf o linellau Dafydd – a bernir bod modd priodoli cynifer â 134 cywydd iddo – yn gwbl reolaidd a chywir. Anfynych iawn y gwelir yn ei ganu linell wallus. Dyfarniad Thomas Parry oedd: '[Ni] welir odid fyth wall mewn llinell y bwriadwyd i gynghanedd fod ynddi' (1952: xcviii). Mae'n wir fod ambell linell yn cynnwys goddefiadau megis twyll gynghanedd, camosodiad, crych a llyfn, caled a meddal, ond y mae'r rheini i'w canfod yng ngwaith yr holl feirdd a ganai rhwng dyddiau Dafydd yn y bedwaredd ganrif ar ddeg a Wiliam Llŷn ar ddiwedd yr unfed ganrif ar bymtheg. 'Y mae'n destun rhyfeddod mewn gwirionedd fod yn y testunau hyn gyn lleied o enghreifftiau o'r beiau gwaharddedig,' sylwodd Peredur Lynch (2003: 124).

Eto, hawdd credu bod y gynghanedd a'r cywydd newyddanedig fel petaent yn graddol sefydlu perthynas yng nghanu Dafydd a'i gyfoeswyr yn y bedwaredd ganrif ar ddeg. 'Cyntefigrwydd cynganeddol' a welai Thomas Parry (1952: xciv) yn y cywyddau cynnar, ac awgryma hynny na ddigwyddodd yr ieuo a'r asio rhwng y mesur a'r gynghanedd dros nos. Ar ba dir, felly, y gallwn alw'r cynganeddion yn rhai cyntefig? Yn gyntaf, ceir llinellau lle bydd y gynghanedd a'r synnwyr yn croestynnu (defnyddir slaes ddwbl i ddynodi rhaniad y frawddeg a slaes sengl i ddynodi rhaniad y gynghanedd; cyfeiria'r rhifau isod at y golygiadau safonol ar DG.net):

Pa dwrw / yw hwn, // pedeiroch	(10.9)
Rhyw dudded / byd, // rhoed iddaw	(19.19)
Caru / y bûm, // cyd curiwyf	(109.1)

Dywed Thomas Parry (1973: 39) na sylwodd ar fwy na rhyw ddwsin o linellau o'r math hwn yn holl gywyddau Dafydd ond, o ddadansoddi'r cerddi'n ofalus, gwelir dros gant ohonynt. Cymharer y cwpled a ganlyn mewn cywydd o waith cyfoeswr arall, sef Gruffudd Gryg (Lewis a Salisbury 2010: 38):

Fy ngheirw / haelion, // fy ngheraint,
Fy mraisg / ddillynion, // fy mraint.

Yn ail, caniateir i air gwan gynnal yr odl yn y sain:

Ai ar feddwl cerddgar cain (120.32)
Tegach oedd honno no neb (124.56)

Y drydedd nodwedd yw cynganeddu geiriau unigol â'i gilydd. Daw'r pedair llinell a ganlyn o'r cywydd 'Basaleg', un o bedwar cywydd a ganodd Dafydd i Ifor Hael:

Ufudd a da ei ofeg,
Ofer dyn wrth Ifor deg …
A saethu rhygeirw sythynt
A bwrw gweilch i wybr a gwynt (14.31–2, 37–8)

Gellid ehangu'r drafodaeth a chyfeirio at ddosbarthiadau a mathau arbennig o gynganeddion sy'n cael eu defnyddio yn y cywyddau cynnar, ond sy'n llai cyffredin mewn cyfnodau diweddarach. Eithriadau prin yw'r cynganeddion croes o gyswllt yng ngwaith Dafydd a'i gyfoeswyr. Ni welodd Peredur Lynch (2003: 122–3) yr un enghraifft pan aeth ati i ddadansoddi trigain o gywyddau Dafydd ap Gwilym. Mae'r sain drosgl a'r sain gadwynog, ar y llaw arall, yn weddol gyffredin. Ond gwelir hefyd yn y canu liaws o linellau y gellid eu galw, er hwylustod, yn rhai afreolaidd (Lake 2007, 2008). Sylwodd Owain Myfyr ar y rhain wrth iddo lywio'r casgliad cyntaf o ganu Dafydd drwy'r wasg yn 1789, a rhybuddiodd yn graff iawn na ddylid barnu'r 'anafau cerdd' yn ôl safonau oes ddiweddarach (Jones ac Owen 1789: xlii):

> Argenfydd ['fe wêl'] gwyr cyfarwydd mewn barddoniaeth laweroedd o anafau cerdd yn y gwaith, yn enwedig os barnant yn ol rheolau y pedwar-mesur-ar-hugain, mewn grym yn y ddwy ganfed ['canrif'] ddiweddaf; ond ystyri[e]nt hwy nad chwarau teg fyddai mesur y gerdd wrth y llath nad oedd gyfreithiol yn amser y Bardd.

Daw un wedd ar yr 'anafau' i'r amlwg yn y cynganeddion sain anghytbwys disgynedig. Anfynych y digwydd y gynghanedd hon yng nghywyddau'r bardd (6% o'r holl linellau sain), ond y mae'r gyfatebiaeth gytseiniol rhwng yr ail a'r drydedd ran yn anghyflawn yn hanner y llinellau hynny:

Ni rydd Eiddig ddig ddygnbwyll (48.27)
Ac ni wn o'm pwn poenglwyf (54.15)
Dibwyll i fardd hardd heirddryw (124.15)

Efallai ei bod yn arwyddocaol fod y cytseiniaid nas atebir yn llawn yn perthyn i eiriau cyfansawdd sydd yn safle'r brifodl. Ar dro, bydd y cytseiniaid yn yr ail ran a'r drydedd yn gwbl anghymharus:

Minnau a ddof, cof cawddsyth (42.7)
A meistrawl ar wawl wiwgamp (110.25)
Ni wŷs na lliw, gwiw gwawdradd (127.19)

Ceir llinellau llusg anghyflawn hefyd, er bod llai ohonynt hwy ar gyfartaledd:

Parod o'i ben awengerdd (22.21)
Peraist ym fun ar ungair (43.7)
I hudo beirdd penceirddryw (114.23)
Llwdn anghenfil gwegilgrach (114.29)

Arferid dau fath arall o gynghanedd yn y bedwaredd ganrif ar ddeg: cynghanedd bengoll a chynghanedd braidd gyffwrdd. Mae'r rhain drachefn yn fath o gynganeddion anghyflawn, er eu bod yn wahanol i'r rhai a drafodwyd eisoes. Yn y gynghanedd bengoll, bydd pen y llinell, naill ai'r dechrau neu'r diwedd, yn cael ei anwybyddu at ddibenion y gyfatebiaeth. Golyga hyn fod hyd at dair sillaf yn y llinell y tu allan i gylch y gynghanedd. Gall hyn ddigwydd mewn cynghanedd sain ac mewn cynghanedd gytseiniol (rhoddir y gair neu'r geiriau nas atebir mewn bachau petryal):

Heirdd feirdd, f'eurddyn, [diledfeirw]	(37.1)
Y caffo, tro treigl [gochfrych]	(53.57)
Talm o'r tylwyth [a'm diaur]	(71.49)
I fwrw am forwyn [wisgra]	(96.25)

Mae'r gyfatebiaeth gytseiniol yn ysgafnach yn y draws nag yn y groes, a hawdd fyddai tybio nad oes cynghanedd ar gyfyl rhai o'r llinellau sy'n cynnwys cynghanedd draws bengoll:

Gwell ymhell, ger gwayw [llifnwyf]	(110.27)

Yn achlysurol, anwybyddir dechrau'r llinell yn ogystal. Pen blaen y llinellau sy'n bengoll yn yr enghreifftiau hyn:

[Ond] galw ei thegwch golau	(51.25)
[Dawn ym dy] fod yn fwdwl	(66.9)
[Nid] gem, oferedd gymwyll	(105.17)
[Rhwng] y gweundir a'r gwyndwn	(151.2)

Yn un o gywyddau Iolo Goch (Johnston 1988: 84), mae gair ar ddiwedd llinell bengoll nad yw'n rhan o'r gynghanedd (*arfer*) yn cynganeddu â dechrau'r llinell sy'n dilyn (*arfau*):

Nid oes ond eisiau arfer
O arfau, prydferth nerth nêr

Awgrymodd Dafydd Johnston (2007: 6) y gallai fod yma ymgais ymwybodol ar ran y bardd i gaboli llinell bengoll. Ni welwyd cwpled fel hwn, fodd bynnag, yng nghywyddau Dafydd ap Gwilym.

Yn wahanol i'r gynghanedd bengoll, lle anwybyddir naill ai dechrau neu ddiwedd y llinell, anwybyddir dau ben y llinell yn y gynghanedd braidd gyffwrdd, a chynganeddir dau air yng nghanol y llinell, y naill fel arfer yn dilyn y llall. Digwydd y cyntaf ran fynychaf yn safle'r orffwysfa:

Gwnaeth] fraw, frychleidr [anghyfrwys	(53.27)
Ni chaffwyf] dda gan Dduw [fry	(117.27)
Hir yw'r] cylch, cylchwy [didryf	(126.25)

Ar dro, bydd cytsain gyntaf mwy na dau air yn cyflythrennu, a gellid cyfrif y rhain yn gynganeddion braidd gyffwrdd estynedig:

Ni myn Madog, mydr [ddoethlef	(19.31)
Â bollt benfras a bwa	(52.21)

Dyma ddwy enghraifft o waith Madog Benfras (Lewis 2007: 28, 54):

I bob] dyn dan [ei ateb
Meddai'r] gwŷr, gwedd [eiry llannerch

Nid oedd llunio llinellau pengoll yn anghymeradwy yn y bedwaredd ganrif ar ddeg. Yn wir, yr ateb a roes Simwnt Fychan i'w gwestiwn ei hun *Pa ssawl kynghanedd yssydd?* oedd *Pvmp, nid amgen, kynghanedd groes, kynghanedd draws, kynghanedd ssain, kynghanedd lvsc ... a chynghanedd benngoll* (Williams a Jones 1934: 118). Aeth rhagddo i esbonio bod yr olaf wedi ei gwahardd yn dilyn yr ad-drefnu a gysylltir ag enw Dafydd ab Edmwnd, ac felly hefyd y gynghanedd braidd gyffwrdd, math arall, medd Simwnt, a arferid gynt (*ibid.* 119). Dilynai Dafydd ap Gwilym, felly, arferion ei oes wrth arddel y gynghanedd bengoll a'r braidd gyffwrdd, a rhybuddiwyd ni gan Eurys Rolant (1978: 97): 'Ni ellid cyfrif llinell felly [sef llinell bengoll] yn ddigynghanedd yn y bedwaredd ganrif ar ddeg.'

Arfer arall a oedd yn *lwfiedic* 'cymeradwy', chwedl Simwnt (Williams a Jones: 119), oedd llunio llinellau digynghanedd. Mae'n bosibl mai cyswllt y cywydd â'r traethodl digynghanedd sy'n cyfrif am hyn (ac am y cynganeddion pengoll a braidd gyffwrdd yn yr un modd). Mae eu nifer yn cadarnhau nad ar ddamwain y lluniodd Dafydd hwy. Ceir yn ei gywyddau ddwy linell ddigynghanedd am bob llinell sy'n cynnwys cynghanedd bengoll a braidd gyffwrdd. Ym mraich gyntaf y cwpled y digwydd y llinellau pengoll a braidd gyffwrdd bron yn ddieithriad, ac yno hefyd y gwelir y rhan fwyaf o'r llinellau digynghanedd. Roedd trefn ac arfer hyd yn oed wrth lunio llinellau fel y rhain. Tybed a oedd beirdd y bedwaredd ganrif ar ddeg yn teimlo'n reddfol mai diwedd y cwpled oedd yr uchafbwynt naturiol a bod yn rhaid cloi pob uned â llinell a saernïwyd yn gaboledig? Cofier yn y cyswllt hwn mai ym mraich gyntaf y cwpled yn unig y caniateid y lusg, math sy'n llai cadarn ei chynganeddiad na'r sain a'r groes.

O edrych yn fanwl ar y llinellau digynghanedd, fodd bynnag, gellir cynnig bod modd dosbarthu nifer ohonynt yn llinellau llusg sy'n cynnwys odl broest yn hytrach nag odl reolaidd. Efallai fod yma awgrym o'r modd y byddai'r beirdd yn arbrofi â'u cyfrwng ac yn ceisio estyn ffiniau'r gynghanedd:

Doe yr oeddwn ar giniaw	(15.3)
Os tecaf un eleni	(111.61)
Plygu rhag llid yr ydwyf	(137.1)
Ni bu amser na charwn	(137.13)

Nid yw'r proestio'n rheolaidd yn y llinellau canlynol, am fod deusain yn y naill air a llafariad sengl yn y llall, ond gellid eu cyfrif hwythau'n llinellau llusg yn hytrach nag yn llinellau digynghanedd:

Hyd y mae iaith Gymräeg	(13.35)
Ni bu'n y Gaer yn Arfon	(98.27)
Ac nis gwybydd dyn eiddig	(143.33)

Arwain hyn at un mater y mae'n rhaid ei ystyried: a luniwyd y llinellau digynghanedd yn fwriadus ac, os felly, a berthyn iddynt swyddogaeth arbennig?

Agorir sawl cywydd â llinell ddigynghanedd. Yn wir, ceir agoriad digynghanedd yn un o bob deg o gywyddau'r bardd. Tybed a oedd a wnelo hyn ag amgylchiadau'r cyflwyno? Darllen y cywyddau yw ein profiad ni, ond ar lafar y clywai'r gynulleidfa ddatgan cerddi Dafydd a'i gyfoeswyr. Gallai'r agoriad ffwrdd-â-hi fod yn ffordd i ddenu sylw ac i sicrhau gwrandawiad. Ac mae'r llinellau agoriadol yn bwysig mewn ffordd arall, wrth gwrs. Nod amgen cerddi Dafydd yw eu hamrywiaeth rhyfeddol o ran pwnc a chywair, ac ni fyddai gan y gynulleidfa syniad beth i'w ddisgwyl. Rhaid i'r bardd o'r herwydd hoelio'r sylw'n syth ar y pwnc neu'r trywydd y bwriedir ei gyflwyno, a'i ddull o wneud hynny yw enwi gwrthrych neu ddiriaeth yn y cwpled cyntaf, os nad yn y llinell agoriadol. Gwneir hyn mewn cywyddau llatai, mewn cywyddau sy'n ymwneud â rhwystrau ac mewn cywyddau sy'n canolbwyntio ar sefyllfa neu wrthrych:

Yr wylan deg ar lanw, dioer …	(45)
Tri phorthor, dygyfor dig …	(68)
Lleidr i mewn diras draserch …	(70)
Yr het fedw, da y'th gedwir …	(113)

Mater rhwydd i gopïwyr y llawysgrifau oedd rhoi teitlau byr a bachog i gywyddau'r bardd.

Eglwys Llanbadarn Fawr

Mewn un achos, gellir bod yn gwbl sicr fod llinellau digynghanedd wedi eu cynnwys yn fwriadus. Enillodd 'Merched Llanbadarn' gryn enwogrwydd erbyn ein dyddiau ni. Yn y cywydd hwn gwelwn Ddafydd, y merchetwr digywilydd, yn troi ei brofedigaethau carwriaethol yn destun digrifwch. Cawn ein hargyhoeddi na lwyddodd i ddenu'r un o ferched ei blwyf – *Na morwyn … / Na merch fach na gwrach na gwraig* (137.5–6) – a halen ar y briw yw ymateb dwy ferch a welodd y bardd yn llygadrythu arnynt yn y gwasanaeth yn eglwys Llanbadarn. Rhoddir dau gwpled yng ngenau'r naill a'r llall, ac mae pob llinell ond un yn ddigynghanedd (137.27–34, gw. y dyfyniad ar dudalen 18).

Mae'r brawddegau byrion, y dannod a'r rhegi, yn cyfleu ymgom y merched i'r dim ac, yn hynny o beth, mae'r llinellau digynghanedd yn gwbl briodol yn y rhan hon o'r cywydd. Ar yr un pryd, awgryma'r llinellau diaddurn mai merched iselradd, comon oedd y rhain. Mynnai D.J. Bowen (1964–5: 8) mai 'Dull y bardd o ddial ar y ddwy oedd ensynio na fedrent lunio cynganeddion

Dyfyniad o 'Merched Llanbadarn'

'Godinabus fydd golwg – Gŵyr ei ddrem gelu ei ddrwg – Y mab llwyd wyneb mursen A gwallt ei chwaer ar ei ben.'	'Godinebus fydd golwg – gŵyr ei lygaid sut i gelu ei ddrygioni – y llanc gwelw ag wyneb mursen a gwallt ei chwaer ar ei ben.'
'Ai'n rhith hynny yw ganthaw?' Yw gair y llall geir ei llaw, 'Ateb nis caiff tra fo byd, Wtied i ddiawl, beth ynfyd!'	'Ai felly y mae hi ganddo?' yw gair y llall yn ei hymyl, 'Ni chaiff ateb tra pery'r byd, i ddiawl ag ef, yr ynfytyn!'

tlws – ac nas haeddent.' Ar y llaw arall, mae pob un o'r llinellau a roddir yng ngenau'r ferch sy'n llefaru yn 'Merch yn Edliw ei Lyfrdra' (72) yn ffurfio cynganeddion cywir. Ymgais Dafydd i berswadio'r ferch ddienw fod bardd yn rhagorach carwr na milwr yw pwnc y cywydd hwnnw. Hawdd y gallwn dybio y bydd ei ymdrechion yn aflwyddiannus y tro hwn drachefn, oblegid y mae hi'n bendant na fyn fardd llwfr yn garwr. Eto i gyd, efallai fod y llinellau coeth a briodolir iddi'n ddull cyfrwys o'i seboni a'i chymell i werthfawrogi'r hyn sydd gan y prydydd i'w gynnig.

Hynodrwydd 'Morfudd fel yr Haul' yw'r modd yr archwilir amryfal weddau ar ddelwedd yr haul wrth ddisgrifio Morfudd, cariadferch y bardd. Swyddogaeth y ddelwedd yn y 14 llinell sy'n agor y cywydd, ac sydd wedi eu cysylltu'n grefftus nid yn unig â'r cymeriad llythrennol 'g' ond hefyd â sawl cymeriad cynganeddol, yw cyfleu disgleirdeb ei chnawd. Ceir cymeriad newydd 'm' ar ddechrau'r adran nesaf, sy'n cyflwyno gwedd amgen ar y ddelwedd. Anwadalwch yr haul, ac oriogrwydd Morfudd, yw pwnc yr adran hon. Mae'n agor â llinell ddigynghanedd – *Mawr yw ei thwyll a'i hystryw* (111.15) – a all fod wedi ei llunio'n unswydd i ddynodi trobwynt yng nghywair y gerdd ac i gyfleu gwedd negyddol ar gymeriad Morfudd, yn wrthbwynt i ddarlun cadarnhaol y llinellau agoriadol.

Serch hynny, rhaid bod yn wyliadwrus wrth ddamcaniaethu ynghylch bwriadau'r bardd, a phetruso rhag priodoli arwyddocâd arbennig i bob llinell afreolaidd. Mae cynifer â 15 llinell ddigynghanedd yn 'Merched Llanbadarn' (43% o holl linellau'r cywydd) a 13 yn 'Morfudd fel yr Haul' (21% digynghanedd). Wedi dweud hyn, anodd peidio â chyfosod 'Morfudd fel yr Haul' a 'Dyddgu a Morfudd' (92). Yn y cywydd hwnnw, dilynir yr adran agoriadol, lle mawrygir Dyddgu ar gyfrif ei boneddigeiddrwydd a'i phurdeb, gan bortread gwrthgyferbyniol o Forfudd, a hwnnw'n cael ei gyflwyno, unwaith eto, mewn llinell ddigynghanedd: *Nid felly y mae Morfudd* (92.17), er bod yr enw 'Morfudd' yn digwydd yn fynych yn y canu ac yn cael ei gynganeddu'n gywir bron bob tro. Barnai Dafydd Johnston (2007: 21): 'Yn hytrach na gweld anghyflawnder y gynghanedd ac ansefydlogrwydd y testunau fel

‘Merched Llanbadarn’ yn llawysgrif LIGC Peniarth 49, 16v

diffygion damweiniol dros dro, y mae angen inni fod yn effro i'r cyfleoedd a gynigient i'r beirdd i ychwanegu haenau eraill o ystyr i'w cerddi.'

Hyd yma, cyfeiriwyd at linellau ac at gynganeddion unigol. Er bod llinellau byr y cywydd yn cyfyngu ar y rhyddid a oedd gan y beirdd, cawsant gyfle i ledu eu hadenydd am fod llinellau llacach eu gwead yn gymeradwy. Gyda threigl amser, ymwrthodwyd â llinellau o'r fath, a byddai'r gyfundrefn gynganeddol yn 'haearneiddio', a defnyddio ymadrodd Thomas Parry (1936: 154). Mae angen bwrw golwg ar gywyddau cyfain hefyd ac ystyried eu harddull a'u cyfansoddiad cynganeddol, er bod angen cadw mewn cof ddau fater sy'n berthnasol ond nad oes modd taflu goleuni arnynt bellach, sef pa bryd y lluniwyd pob darn ac ar gyfer pa fath o gynulliad y bwriadwyd pob un.

O droi at yr arddull: gwyddai'r beirdd mai'r cwpled oedd yr uned greiddiol, a byddai'r frawddeg yn fynych wedi ei hymgorffori oddi mewn i 14 sillaf yr uned hon. Ar dro, estynnid brawddeg dros dri neu bedwar neu fwy o gwpledi drwy dorymadroddi. Arddull sangiadol yw'r enw ar y dull hwn o ganu, am fod cyfres o sangiadau bron yn ddieithriad yn torri ar rediad y frawddeg. Un wedd ar hyfedrwydd Dafydd yw'r modd y byddai'n amrywio'r arddull rhwng dechrau, canol a diwedd ei gywyddau. Gallai ddefnyddio'r arddull sangiadol wrth agor ei gywyddau, er mwyn cyflwyno digwyddiad neu sefyllfa, a throi at arddull gypledol wrth ddyfalu llatai neu rwystr mewn dilyniant o ddelweddau pwrpasol. Dyma agoriad 'Merch yn Edliw ei Lyfrdra' (72.1–8), a rhan o'r dyfalu yng nghywydd 'Ei Gysgod' (63.29–36) yn dilyn:

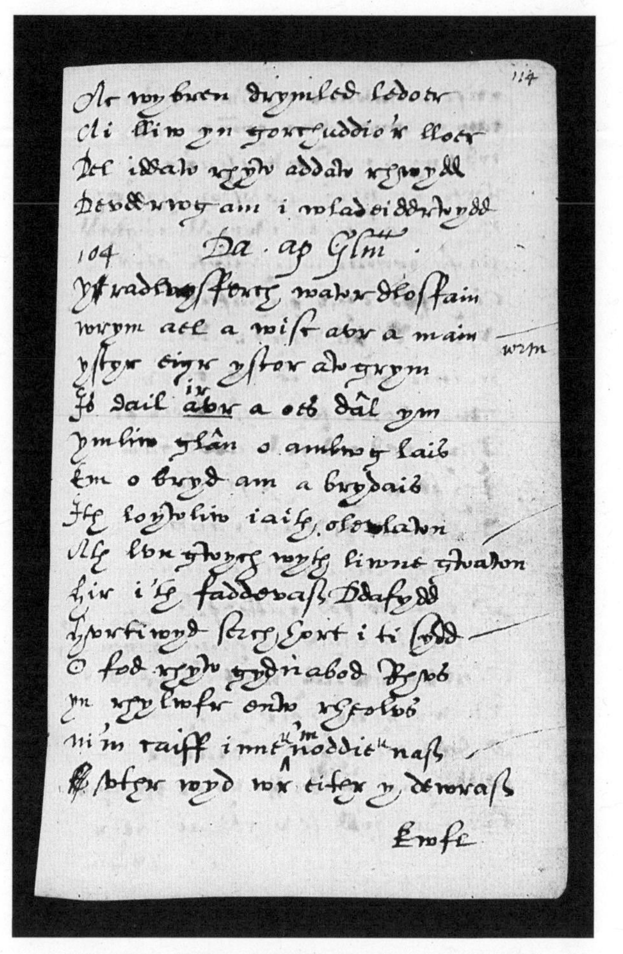

'Merch yn Edliw ei Lyfrdra' yn llawysgrif LIGC Peniarth 49, 114r

Dyfyniad o 'Merch yn Edliw ei Lyfrdra'

Yr adlaesferch, wawr dlosfain,	Y ferch wylaidd, arglwyddes hardd a lluniaidd,
Wrm ael, a wisg aur a main,	aeliau tywyll, sy'n gwisgo aur a cherrig gwerthfawr,
Ystyr, Eigr, ystôr awgrym,	ystyria, [un fel] Eigr, amlder o gerrig rhifo,
Is dail aur, a oes dâl ym,	o dan y gwallt euraid, a oes taliad i mi,
Ymliw glân o amlwg lais,	cerydd hallt mewn llais clir,
Em o bryd, am a brydais	ymddangosiad gem, am yr hyn a genais
I'th loywliw, iaith oleulawn,	i'th wedd ddisglair, cyfrwng ysblennydd,
A'th lun gwych, wyth liwne gwawn.	a'th ffurf wych, gwedd wythgwaith disgleiriach na lliw gwawn.

Dyfyniad o 'Ei Gysgod'

Bugail ellyllon bawgoel,	Bugail ellyllon ofergoelus,
Bwbach ar lun manach moel;	bwbach ar ffurf mynach moel;
Grëwr yn chwarae griors,	gwarcheidwad praidd yn esgus bod yn farch heglog,
Grŷr llawn yn pori cawn cors;	crëyr tal yn pori brwyn y gors;
Garan yn bwrw ei gwryd,	garan yn ymestyn i'w llawn faintioli,
Garrau'r ŵyll, ar gwr yr ŷd;	esgeiriau ysbryd, ar gyrion y cae ŷd;
Wyneb palmer o hurthgen,	gwedd pererin hanner-pan,
Brawd du o ŵr mewn brat hen.	gŵr tebyg i'r brodyr duon mewn clogyn clytiog.

Yn yr un modd, gwelir bod y cywyddau unigol yn gallu amrywio'n fawr o ran eu cyfansoddiad cynganeddol. Ni ddigwydd yr un lusg mewn saith cywydd, er bod traean llinellau'r cywydd unodl 'Mis Mai' (32) yn gynganeddion llusg. Mae'r gynghanedd sain yn cynrychioli 17.5% o linellau 'Dan y Bargod' (98), lle disgrifir anghysur y bardd sy'n sefyll y tu allan i gartref Morfudd yn yr oerfel, ond 53% o linellau 'Yr Het Fedw' (113), cywydd sy'n dathlu'r rhodd a dderbyniodd gan ei gariad. Mae 29.5% o linellau 'Y Cwt Gwyddau' (67) yn gynganeddion cytseiniol, ac 82% yn y pegwn arall yn 'Esgeuluso'r Bardd' (145). Er bod 43% o linellau 'Merched Llanbadarn' yn rhai afreolaidd, fel y nodwyd, mae pob llinell mewn 64 cywydd yn 'gywir' a rheolaidd.

Yn wahanol i gynulleidfa Dafydd, gallwn ni edrych ar waith y bardd yn ei gyflawnder, a dadansoddi'r arddull a'r cynganeddion yn fanwl. Gall hynny arwain at gasgliadau a fuasai'n ddieithr i'r gwrandawyr gwreiddiol. Gallwn ni weld arwyddocâd yn y ffaith mai pedwar cywydd yn unig sy'n cynnwys canran uwch o gynganeddion croes na 'Merch yn Edliw ei Lyfrdra', y cywydd lle dadleua Dafydd fod y bardd yn rhagorach carwr na milwr, ac ni cheir yma'r un llinell afreolaidd. I ni, mae amlder y groes yn gyfrwng pwysleisio doniau'r prydydd. Yn yr un modd, anodd i ni anwybyddu'r pedair cynghanedd sain gadwynog yn 'Breichiau Morfudd' (93), y nifer mwyaf mewn unrhyw gywydd ganddo. Mae'r geiriau yn y cynganeddion hyn yn ymblethu'n union fel y mae breichiau Morfudd yn gadwyn o amgylch gwddf y bardd yn un o'i gywyddau mwyaf llawen.

Gallwn fod yn sicr, fodd bynnag, y byddai'r gynulleidfa wedi gwerthfawrogi'r sain a'r effaith a gâi ei chreu drwy gyfosod cytseiniaid, llafariaid ac odlau'n grefftus oddi mewn i batrymau acennog pob cynghanedd. Ni wnaed *kerdd ond er melyster i'r glvst, ac o'r glvst i'r galon*, tystiai Simwnt Fychan (Williams a Jones 1934: 124). Gellid dyfynnu cwpledi lawer er mwyn enghreifftio hyn ond, a hithau'n ddiwedd y gaeaf arnaf yn llunio'r sylwadau hyn, priodol cloi â'r llinellau yn 'Mis Mai a Mis Tachwedd' (33.35–40), sy'n sefydlu natur a chymeriad y gwynt, y glaw a'r oerfel yr adeg hon o'r flwyddyn:

> … A llesgedd, breuoledd braw,
> A llaesglog a chenllysglaw,
> Ac annog llanw ac annwyd,
> Ac mewn naint llifeiriaint llwyd,
> A dwyn sôn mewn afonydd,
> A llidio a duo dydd …

LLYFRYDDIAETH

Bowen, D.J. (1964–5), 'Dafydd ap Gwilym a datblygiad y cywydd', *Llên Cymru* 8: 1–32

Daniel, R.I. (gol.) (1998), *Gwaith Dafydd Bach ap Madog Wladaidd 'Sypyn Cyfeiliog' a Llywelyn ab y Moel* (Aberystwyth)

Foster Evans, D. (gol.) (2007), *Gwaith Rhys Goch Eryri* (Aberystwyth)

Johnston, D. (gol.) (1988), *Gwaith Iolo Goch* (Caerdydd)

Johnston, D. (2007), *'Cyngan Oll?' Cynghanedd y Cywyddwyr Cynnar* (Aberystwyth)

Jones, O. ac Owen, W. (goln.) (1789), *Barddoniaeth Dafydd ab Gwilym* (Llundain)

Lake, A.C. (2007), 'Crefft y cerddi' ar DG.net

Lake, A.C. (2008), 'Rhagor am gynganeddion Dafydd ap Gwilym', *Llên Cymru* 31: 23–34

Lewis, B.J. a Morys, T. (goln.) (2007), *Gwaith Madog Benfras ac Eraill o Feirdd y Bedwaredd Ganrif ar Ddeg* (Aberystwyth)

Lewis, B.J. a Salisbury, E. (goln.) (2010), *Gwaith Gruffudd Gryg* (Aberystwyth)

Lynch, P.I. (2003), 'Cynghanedd cywyddau Dafydd ap Gwilym' yn Daniel, I. *et al.* (goln.), *Cyfoeth y Testun: Ysgrifau ar Lenyddiaeth Gymraeg yr Oesoedd Canol* (Caerdydd), 109–47

Parry, T. (1936), 'Twf y gynghanedd', *Trafodion Anrhydeddus Gymdeithas y Cymmrodorion*: 143–60

Parry, T. (gol.) (1952), *Gwaith Dafydd ap Gwilym* (Caerdydd)

Parry, T. (1973), 'Dafydd ap Gwilym's poetic craft', *Poetry Wales* 8: 34–43

Parry Owen, A. (gol.) (2007), *Gwaith Gruffudd ap Maredudd III: Canu Amrywiol* (Aberystwyth)

Rolant, E. (1978), "Morfudd fel yr Haul", *Y Traethodydd* 133: 95–101

Williams, G.J. a Jones, E.J. (goln.) (1934), *Gramadegau'r Penceirddiaid* (Caerdydd)

NADU FEL CORN NIWL ENLLI: RHAI LLYTHRENNAU SWNLLYD

TWM MORYS

(Ymwadiad: Mae unrhyw debygrwydd rhwng llinellau gwallus yn yr ysgrif hon a llinellau gwallus mewn gweithiau arobryn diweddar yn gwbwl ddamweiniol.)

Mae ‘h’ yn wahanol i’r cytseiniaid eraill. Mi fyddai rhai’n dadlau nad cytsain mohoni o gwbwl, yr un fath â nad ydi’r neidr ddafad yn neidr o gwbwl ond yn fadfall heb goesau. Nid â’r dannedd na’r tafod na’r gwefusau rydan ni’n creu ‘h’, ond â chwyth. Oherwydd hynny, sŵn gwynt sydd iddi yn hytrach na chlec. Mae hi’n diflannu’n llwyr yng nghesail ‘dd’ neu ‘ll’ neu ‘s’ neu ‘th’, ac eto mae hi’n sain ddigon cry’ i effeithio’n arw ar gytseiniaid eraill sy’n dod benben â hi. Yn yr iaith lafar (gan amla’), bydd ‘b’, ‘d’, ‘g’ yng nghesail ‘h’ yn caledu yn ‘p’, ‘t’, ‘c’:

ei mab hi = i mâp-i
ei thad hi = i thât-i
ei bag hi = i bac-i

Ac fel yn yr iaith lafar, felly wrth gynganeddu:

Wyneb hir gan y parot = wyne**p** ir / gan y **p**arot
Tynnwch y mwgwd heno = **t**ynnwch / y mwgw**t** eno
Cofiwch y menig hefyd = **c**ofiwch / y meni**c** efyd

Tan yr unfed ganrif ar bymtheg, byddai’r beirdd yn ateb pob ‘h’ yn yr un modd â rhyw gytsain arall (gan gynnwys yr ‘h’ yn ‘rh’ a ‘nh’). Enghraifft orchestol yw cywydd Dafydd ap Gwilym ‘Cystudd y Bardd’, sydd â phob un o’i 28 llinell yn cychwyn ag ‘h’ – cywydd i Hunydd neu Haf, efallai! Mae Dafydd yn ateb yr ‘h’ bob un tro mewn llinellau o draws a chroes, a hefyd lle bydd yn digwydd yng ngwant llinell o sain (DG.net 103.1–6):

Hoywdeg / riain a'm **h**udai,
Hael Forfudd, / merch fedydd Mai.
Honno / a gaiff ei **h**annerch,
Heinus wyf / **h**eno o'i serch.
Heodd i'm bron, / **h**on a **h**yllt,
Had o gariad, / **h**ud gorwyllt ...

Dyna gynganeddu sy'n canu, am ei fod wedi ei wneud rhwng y tafod a'r glust yn hytrach na rhwng yr ymennydd a'r papur (er bod Dafydd yn medru sgrifennu'n iawn). Yn yr unfed ganrif ar bymtheg y dechreuwyd ystyried 'h' yn sain ddigon gwan i'w hanwybyddu. *Gruffudd, gŵr a **h**offwyd*, meddai Edmwnd Prys am Gruffudd Hiraethog, oedd ei hun yn un garw am ollwng ei 'h'. Erbyn 'eddi, mae llinellau fel y rhain yn gwbwl dderbyniol gan y beirniaid:

Hyn o **r**eg / a dim **rh**agor ...
Ha' **h**ardd a **h**ir / oedd ei oes ...

Pan oeddwn i'n ifanc, mi wnes innau ambell linell debyg:

Rwy'n ei **w**eld / rŵan o **h**yd

Ond rhois heibio bethau bachgennaidd ac, erbyn hyn, mae'r llinell yn cyfarth arna' i ddwywaith! Nid yn unig y mae'r 'h' o dan yr acen yn y pen, heb yr un 'h' i'w chymell hi o dan yr acen yr ochor yma i'r glwyd, ond mae 'w' gytsain yn y fan honno heb ei hateb yr ochor draw hefyd! Fy rheol i ers talwm ydi bod *yn rhaid* ateb 'h' ac 'w' gytsain o dan yr acen. Cymharer y rhain:

Rwy'n eu **h**el / rŵan o **h**yd ...
Rwy'n ei **w**eld / rŵan â'i **w**ig ...

Canmil gwell, yntê?

Rhaid ateb 'n' o flaen llafariad o dan yr acen hefyd, cofiwch. Peth bach swil ydi 'n' wreiddgoll yng nghesail cytsain. Mae'r 'n' wreiddgoll mewn linellau fel hyn yn nadu fel corn niwl Enlli:

Y**n** iasol / y daw miwsig ...
Y**n** un / â'r holl beirianwaith ...

DILYN Y GLUST

CARYL BRYN

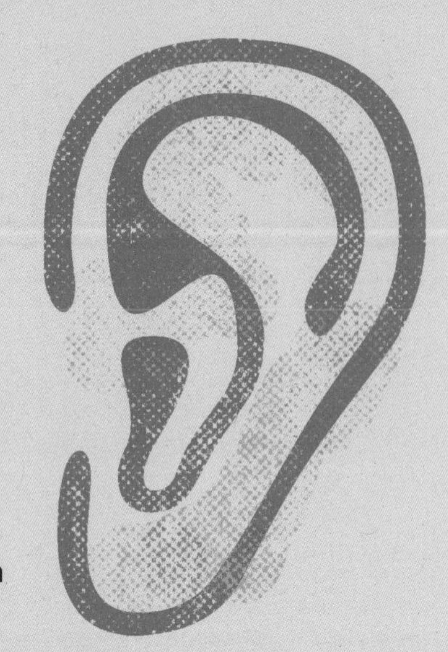

Y glust yw beirniad pob cynghanedd, ni waeth pa mor ddyrys y rheolau – y glust piau hi, fel petai. Mae Twm wedi taro'r hoelan ar ei phen wrth ddilysu pwrpas yr 'h' yng nghyd-destun y gynghanedd: 'Nid â'r dannedd na'r tafod na'r gwefusau rydan ni'n creu 'h', ond â chwyth. Oherwydd hynny, sŵn gwynt sydd iddi yn hytrach na chlec.' Heb os, mae hi'n ddigon o glec i effeithio ar sŵn y 'b' a'r 'g', ond wn i ddim a yw fy nghlust i'n clywed y 'd' yn troi'n 't' mor naturiol â'r ddwy gytsain arall.

Wrth ddarllen enghreifftiau Twm o'r caledu'n digwydd i'r cytseiniaid, wn i ddim a fyddwn i'n derbyn 'tynnwch y mwgwd heno' fel cynghanedd gywir, er imi ddefnyddio'r arferiad hwnnw (twnnw?) sawl tro yn fy marddoniaeth. 'All tanwydd lleuad heno' yw un o'm hoff linellau o farddoniaeth imi ei sgwennu erioed, ond dwi'n gyndyn o'i defnyddio hi am nad ydw i'n teimlo 'mod i'n driw i'm clust.

Dwi'n derbyn, heb os, fod mymryn o galedu'n digwydd, ond dwi'n credu fod hyn hefyd yn llwyr ddibynnol ar acen yr un a glyw'r caledu. Mae'n biti na fuasai'r ffasiwn beth yn bod â rhestr o dafodieithoedd ac ystadegau'n nodi i ba raddau y clywir 'd' + 'h' = 't', er enghraifft:

> 50% tafodiaith Amlwch + 50% tafodiaith Deiniolen = 37.9% o galedu 'd' + 'h' = 't'

Ond am joban fuasai honno, a dydw i ddim yn gwirfoddoli i fynd i'r afael â hi!

Rhag cynnig mwy o ystadegau ac ymchwil gwirion, dwi'n cytuno'n llwyr â barn Twm am y gweddill, oherwydd dyna'n union rydw i'n ei glywed. Rwy'n ei barchu am fod yn gadarn o ran yr hyn y mae'n ei glywed ac am beidio ag anwybyddu hynny wrth fod yn feirniad ar ei waith ei hun. Sawl tro, mae larwm wedi sgrechian yn fy nghlust i'm rhybuddio nad yw hi'n clywed y gynghanedd neu am fod y gynghanedd yn chwithig, a finnau'n ei hanwybyddu ac yn cynnwys y llinell mewn cerdd wedi'r cyfan, naill ai yn y gobaith y bydd clust eraill yn ei chlywed neu er mwyn plesio'r traddodiad!

Beryg ei bod hi'n hen bryd imi ddilyn y glust yn amlach …

ODLI TRWM AC YSGAFN MEWN CYNGHANEDD LUSG: CYSONDEB, OS GWELWCH YN DDA

RHYS DAFIS

Y farn gyffredin, mae'n debyg, yw mai'r gynghanedd lusg yw'r un hawsaf o'r cynganeddion i'w dysgu. Dwedir hyn yn gyson yn y gwerslyfrau ac mewn dosbarthiadau cynganeddu ar hyd a lled Cymru. Ar ei ffurf symlaf, a'r llusg-odl fewnol yn amlwg glywadwy – er enghraifft, 'Y mae'r llofrudd / yn cuddio', neu 'Hon â'i grudd / wedi'i chuddio' – mae'n siŵr fod hynny'n wir.

Eto i gyd, mae ambell nodwedd iddi, neu amrywiad arni, lle nad yw sain 'llusgo'r odl' mor amlwg i'r glust, a bron fod rhaid gadael i'r isymwybod wneud y cysylltiad. Ceir hynny yn y lusg wyrdro, pan fydd yr isymwybod yn clywed odl y gair tarddiadol. Er enghraifft:

> Yn fy ngw*aith* rwyf yn te*ith*io

Wrth ddweud 'teithio', mae'r meddwl yn lled-glywed neu'n 'llusgo' y gair tarddiadol 'taith' ac yn gwybod fod 'gwaith' a 'taith' yn odli'n llawn.

Ond sodro arfer arall mewn cynghanedd lusg, arfer sydd unwaith eto'n dibynnu ar glywed y gair tarddiadol, yw diben y drafodaeth hon, sef osgoi'r bai 'trwm ac ysgafn' wrth lusgo'r odl ynddi.

Mae'r glust ar unwaith yn sylweddoli nad yw 'ton' a 'tôn' yn odli. Mae gwerth gwahanol i'r llafariad 'o'. Mae'n swnio'n wahanol – seiniau trwm ac ysgafn (neu fyr a hir) sydd i'r naill a'r llall. Mae'r glust hefyd am yr un rheswm yn sylweddoli nad yw 'ton' a 'sôn' yn odli. Fyddai rhywun ddim yn diweddu llinellau englyn â'r geiriau 'ton', 'afradlon', 'union' a 'sôn', a hynny oherwydd nad yw 'ton' a 'sôn' yn odli â'i gilydd. Dydi 'glân' chwaith ddim yn odli â 'man', na 'her' â 'sêr', na 'siôl' â 'dol'. Yn aml, ceir 'to bach' uwchben y llafariad hir er mwyn i'r llygad fedru gwahaniaethu rhyngddi hi a'r llafariad fer. Ond nid bob tro: er enghraifft, dim ond y glust sy'n sylweddoli'r gwahaniaeth sain ac, felly, y gwahaniaeth odl, rhwng 'hen' a 'sen'.

Yr un egwyddor yn union o ran odli 'trwm ac ysgafn' sy'n perthyn i'r seiniau sy'n odli mewn llinell o gynghanedd lusg. Dydi 'sôn', fel 'tôn', ddim yn llusg-odli â 'tonnau', ond y mae 'hon' a 'ffon' yn gwneud hynny'n gywir, er enghraifft, 'Mae gwaedd hon yn y tonnau'. Dydi 'sêr' neu 'blêr' chwaith ddim yn llusg-odli â 'herio', na 'llan' â 'gwlanog'. Fel yn achos gwyrdroi deusain y lusg wyrdro, troi at y gair tarddiadol y mae'r glust i fod yn sicr nad oes bai trwm ac ysgafn. Y glust, sylwer, ac nid y llygad.

A dyma fy mhwynt. Yn nhyb rhai, dim ond yn achos geiriau tarddiadol sy'n diweddu ag 'n', 'r' ac 'l' y ceir y nodwedd 'trwm ac ysgafn', ond camsyniad llwyr yw hynny. Clywais ddweud hefyd fod dyblu'r 'n' a'r 'r' (neu beidio) wrth ychwanegu sill yn diffinio'r gwahaniaeth, ond ni fydd y rhesymeg ddyblu fymryn o help wrth bendroni dros 'tâl' a 'waliau', neu dros 'côl' a 'doli'. Rhaid troi at sain y gair tarddiadol bob tro ac, os oes gwahaniaeth yno, yna mae'r un mor anghywir eu priodi mewn llinell lusg ag yw hi mewn prifodl.

Mae hyn yr un mor wir am eiriau a fabwysiadwn o'r Saesneg. Dydi 'gwag' a 'bag' ddim yn odli (mae'r naill yn ysgafn a'r llall yn drwm) ac, felly, mae'n dilyn nad yw'r llinell 'Llwm a gwag oedd ei bagiau' yn gywir. Anghywir hefyd yw 'Tu ôl i'r tâp yn clapio', ond nid 'Tu ôl i'r tâp roedd siapio'. Dydi'r ffaith eu bod yn eiriau 'newydd' i'r Gymraeg ddim yn golygu nad oes seiniau trwm ac ysgafn iddyn nhw. Felly, os dydyn nhw ddim yn prifodli, dydyn nhw ddim, am yr un rheswm, yn llusg-odli'n gywir chwaith.

Fy safbwynt yn syml yw: rhaid gweithredu'r rheol 'trwm ac ysgafn' mewn cynghanedd lusg bob tro lle ceir y gwahaniaeth pwyslais rhwng y geiriau tarddiadol. Does dim ots o ba gyfnod neu o ba iaith y daw'r geiriau – os oes gwahaniaeth pwyslais rhyngddyn nhw, yna mae'r llinell yn anghywir. Os na chadwn yn driw i'r dehongliad hwn – yn feirdd, yn athrawon ac yn feirniaid – yna rydym i bob diben yn ceisio dadlau ei bod yn gywir priodi 'siôl' a 'doli', 'tân' a 'mannau', 'twr' a 'gwron' a'u tebyg mewn cynghanedd lusg. Fedrwn ni ddim ei chael y ddwy ffordd. Byddwn gyson yn unol â'r hen arfer.

Ond beth, meddech chi, am y gwahaniaeth pwyslais llafar rhwng ardaloedd o Gymru wrth ddweud yr un geiriau? Er enghraifft, yn aml a naturiol, mewn cymhariaeth â gweddill y wlad, mae pwyslais ysgafnach (neu hwy) mewn rhannau o dde Cymru wrth ynganu llafariaid goben (sillaf olaf ond un), fel yn y geiriau 'pobi' a 'Nadolig'. Yno, clywir yr un 'o' ynddyn nhw ag yn 'Job' y proffwyd, ac nid 'job' o waith, a 'ffôl', nid 'bol', fel sydd i'w glywed yn y gogledd.

Wel, yr un yw'r rheol, a'r un yw'r datrysiad – troi at y gair tarddiadol a'i ddefnydd. Yn achos 'pobi', y gair 'pob' (fel yn y cyfuniad 'taten bob') sy'n dangos y ffordd, a byddai'r llinell 'Y mae Job yn pobi' yn llusgo'n naturiol i'r glust ddeheuol ond yn peri mwy o drafferth i ogleddwr, a ddewisai 'Mi af am job yn pobi' fel asiad cywir. Yn yr ail enghraifft, 'Nadolig' yw'r gair tarddiadol ac, felly, gall 'ffôl' a 'bol' fel ei gilydd lusg-odli'n gywir ag o. Os felly, beth am 'alcoholig', sy'n gorffen yn debyg iawn? Na, dim ond 'bol', o'r ddau ddewis, sy'n llusg-odli'n gywir y tro hwn, oherwydd daw o'r gair 'alcohol', sy'n gorffen â sill drom. Gyda llaw, mae rhesymeg troi at sain y gair tarddiadol yn berthnasol hefyd i gysondeb y defnydd o 'y' dywyll ac 'y' olau mewn cynghanedd lusg, ond trafodaeth arall yw honno …

'YR HEN DDEALL': GRAMADEGAU'R BEIRDD, O EINION OFFEIRIAD I SYR JOHN MORRIS-JONES

GRUFFUDD ANTUR

Yn 1925, bedair blynedd cyn ei farwolaeth, cyhoeddodd John Morris-Jones gyfrol a ddaeth yn un o gerrig milltir pwysicaf ysgolheictod Cymraeg, sef ffrwyth ei ddegawdau o ymchwil i'r canu caeth: *Cerdd Dafod*. Ac yn hynny o beth, roedd o'n nofio'n erbyn y lli. Roedd Syr John eisoes wedi cyhoeddi nifer o erthyglau a chyfrolau arhosol a sicrhâi le iddo yn oriel yr anfarwolion – *A Welsh Grammar, historical and comparative* (1913), er enghraifft – ond roedd rhywbeth sylfaenol wahanol ynghylch *Cerdd Dafod*. Cymraeg oedd iaith yr astudiaeth hon. Roedd rhai o gyfoedion Syr John ym myd dysg yn synnu, os nad yn gresynu, na fuasai wedi dilyn patrwm *A Welsh Grammar* ac wedi cyhoeddi'r astudiaeth safonol hon, un y gallasai fod iddi gynulleidfa ysgolheigaidd ryngwladol, yn Saesneg, iaith ryngwladol dysg; Saesneg, wedi'r cyfan, oedd iaith darlithoedd Syr John.

Mae cryn arwyddocâd i'r ffaith fod Syr John wedi penderfynu mai cyfrol Gymraeg fyddai *Cerdd Dafod*. Mae'n amlwg y bwriadai Syr John i *Cerdd Dafod* fod yn rhywbeth amgenach nag astudiaeth ar gyfer llyfrgelloedd y prifysgolion yn unig: fe'i bwriadwyd hefyd fel rhyw fath o lawlyfr ar gyfer y bobl hynny ar lawr gwlad a oedd yn parhau i ymarfer y grefft hynafol a astudir ynddi. Gwrthun, braidd, fyddai cyhoeddi cyfrol at iws y Cymro diwylliedig a honno yn iaith y Sais. Ac o'r herwydd, fe gafodd y beirdd caeth, yr englynwr achlysurol a'r prifardd fel ei gilydd, garreg sylfaen ar gyfer eu crefft – sylfaen sy'n aros yn anhepgor ganrif yn ddiweddarach.

RHAGYMADRODD vii

yr iaith o'r hyn lleiaf, i gadw'r traddodiad mor bur: yr un iaith a genid, heb fawr ol tafodiaith, o Fôn i Fynwy. Ond yng ngweithiau'r beirdd, nid yn llyfrau'r athrawon, y cawn ni wybodaeth am hon. Yn y goleuni a daflant ar y gynghanedd a'r mesurau y mae gwerth mawr yr hen lyfrau; eithr yma eto gweithiau'r beirdd yw'r maen praw. Megis mai casgliadau wedi eu tynnu o arferiad y prif ysgrifenwyr yw rheolau gramadeg, felly casgliadau wedi eu tynnu o arferiad y prifeirdd yw rheolau mydriad.[1] O dan yr arferiad yr oedd egwyddorion yn gweithredu'n reddfol; pan aethpwyd i'w gosod allan yn rheolau ymwybodol, ni bu'r dosbarthiad yn agos i gyflawn, ac fe dynnwyd ambell gam-gasgliad. I gyflawni diffygion a chywiro athrawiaeth y llyfrau rhaid inni fynd i lygad y ffynnon yng ngweithiau'r beirdd.

Am hynny, o'r hen feistri y dyfynnais yn bennaf; ond mi ddyfynnais o'r beirdd diweddar hefyd rai esiamplau o wychter crefft, ac aml un o'i dirywiad. Mi fernais yn oreu beidio â dyfynnu o'r beirdd byw i'r naill bwrpas na'r llall. Hyd yr oedd yn bosibl fe gymerwyd yr enghreifftiau o ganiadau argraffedig, gan nodi pa le y ceir hyd iddynt. Y mae llawer mwy o ddefnyddiau gwerthfawr ar gael yn awr nag oedd ychydig o flynyddoedd yn ol; bu argraffiad bychan yr Athro Ifor Williams o gywyddau Dafydd ap Gwilym yn arbennig o werth amhrisiadwy. Ond y mae rhai o'r beirdd pwysicaf, fel Tudur Aled a Guto'r Glyn, nad oes ond ychydig iawn o'u gwaith yn argraffedig eto, a bu raid i mi ddyfynnu o'u gweithiau hwy ac eraill yn aml o lawysgrifau. Ni thybiais yn werth rhoi cyfeiriadau at yr ysgrifau eithr unwaith neu ddwy, ond ambell waith mi nodais y cywydd y cymerwyd y llinell ohono.

Yn *Cerdd Dafod*, mae Syr John yn rhoi cyneddfau'r mathemategydd ynddo ar waith (mathemateg, cofiwch, oedd pwnc Syr John yn Rhydychen). Yn y rhagymadrodd, fe ddywed hyn: 'Yn y goleuni a daflant ar y gynghanedd a'r mesurau y mae gwerth mawr yr hen lyfrau; eithr […] gweithiau'r beirdd yw'r maen praw' (CD vii). Hynny yw, mae'n dychwelyd at lygad y ffynnon, at y deunydd crai, er mwyn llunio disgrifiad o'r gynghanedd, y mesurau a'r holl hynodion sy'n perthyn iddyn nhw, gan geisio clywed lleisiau'r beirdd eu hunain, y tu hwnt i donfeddi croesion y canrifoedd canlynol. Roedd hynny'n gryn gamp. Nid oedd ganddo fynediad at ddegfed ran yr adnoddau a fyddai ar flaenau bysedd unrhyw ysgolhaig a ddymunai ymgymryd â'r fath dasg heddiw: roedd trwch y deunydd crai, sef cywyddau ac awdlau Beirdd yr Uchelwyr, yn aros mewn llawysgrifau, a rhai o'r llawysgrifau hynny heb fod mewn dwylo cyhoeddus hyd yn oed. Roedd yn rhaid i Syr John ddibynnu i raddau helaeth ar gyhoeddiadau fel blodeugerdd enwog Rhys Jones o'r Blaenau, *Gorchestion Beirdd Cymru* (1773), cyfrol a oedd, hyd yn oed y pryd hwnnw, yn annigonol braidd ac yn dechrau dangos ei hoed, ac fe dreuliodd oriau bwygilydd yng nghartref ei gyfaill J.H. Davies, yng nghwmni 'trysorau ei lyfrgell ddigyffelyb' (CD xi). Ond er yr holl anawsterau dybryd a oedd yn ei wynebu, daeth *Cerdd Dafod* yn sylfaen gadarn ar gyfer canu caeth yr ugeinfed ganrif – fe grisielir ynddo egwyddorion y gynghanedd yn y cyfnod pryd yr ystyrir yn gyffredinol iddi fod yn anterth ei gogoniant, sef o tua 1435 hyd 1535, cyfnod a fedyddiwyd yn ddiweddarach gan Saunders Lewis (1932: 115–33) yn 'Ganrif Fawr' llenyddiaeth Gymraeg.

Cyfrol sy'n chwalu ac yn ailadeiladu yw *Cerdd Dafod*. O ran y chwalu, y rhai a ddioddefodd lach Syr John ar ei thrymaf oedd Iolo Morganwg a'i ddilynwyr. Erbyn heddiw, mae'r farn gyffredinol am Iolo'n dra gwahanol i'r farn gyffredinol ganrif yn ôl. Rydyn ni wedi dod i edmygu Iolo am ei athrylith fawr, ei ddychymyg llachar a'i feiddgarwch rhonc ond, i'r mwyafrif o ysgolheigion o'r un genhedlaeth â Syr John, roedd Iolo'n fwbach. Roedd Syr John yn casáu Iolo am iddo lygru ffynhonnau llenyddiaeth Cymru â'i ffugiadau – ffugiadau a oedd yn parhau'n rymus ganrif ar ôl dyddiau Iolo ei hun – ac am iddo yrru ambell ysgolhaig gonest, y rhai a lyncodd y syniadau cyfeiliornus hynny'n ddihalen, i'r gors. Erbyn dechrau'r ugeinfed ganrif roedd ambell un yn synhwyro twyll Iolo, a phan gyhoeddwyd cyfrol G.J. Williams, *Iolo Morganwg a Chywyddau'r Ychwanegiad*, yn 1926, cyfrol a oedd am y tro cyntaf yn codi cwr y llen ar hyd a lled ystryw Iolo, fe luniwyd rhagymadrodd iddi gan neb llai na Syr John ei hun.

Treuliodd Syr John dalp helaeth o'i yrfa'n ceisio dad-wneud camsyniadau Iolo a'i gyfoeswr, William Owen Pughe, yn ogystal â

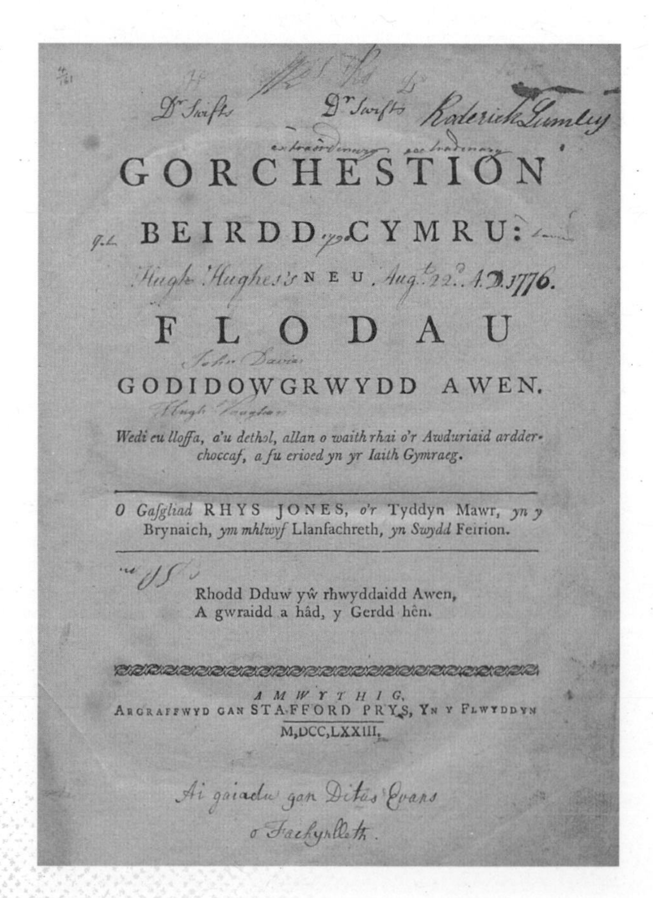
GORCHESTION
BEIRDD CYMRU:
NEU
FLODAU
GODIDOWGRWYDD AWEN.
Wedi eu lloffa, a'u dethol, allan o waith rhai o'r Awduriaid arderchoccaf, a fu erioed yn yr Iaith Gymraeg.

O *Gasgliad* RHYS JONES, *o'r* Tyddyn Mawr, *yn y* Brynaich, *ym mhlwyf* Llanfachreth, *yn Swydd* Feirion.

Rhodd Dduw yŵ rhwyddaidd Awen,
A gwraidd a hâd, y Gerdd hên.

AMWYTHIG,
Argraffwyd gan STAFFORD PRYS, Yn y Flwyddyn
M,DCC,LXXIII.

chamgymeriadau didwyll rhai o ramadegwyr y bedwaredd ganrif ar bymtheg ac, yn *Cerdd Dafod* (91), fe'i gwelir yn lambastio 'crach-ramadegwyr y ganrif a aeth heibio' yn ddidrugaredd ac yn sardonig braidd. Roedd dilynwyr Iolo'n gocynnau hitio cyfleus; un o'r dilynwyr hynny oedd Dafydd Morganwg, awdur *Yr Ysgol Farddol*, cyfrol eithriadol o boblogaidd a argraffwyd bum gwaith rhwng 1869 ac 1911 ac a werthodd yn ei miloedd. Roedd chwalu camsyniadau ei ragflaenwyr yn rhan ganolog o nod Syr John yn *Cerdd Dafod* ac, mewn ambell sylw deifiol ar weithiau'r rhagflaenwyr hynny, fe welir ei fod o bryd i'w gilydd yn mynd i hwyl gyda'i ordd.

Dair canrif cyn geni Syr John, fe gyhoeddwyd cyfrol fechan o'r enw *Dosparth byrr ar y rhann gyntaf i ramadeg Cymraeg* (1567) (Williams 1939). Gwaith Gruffydd Robert, Milan, yw'r *Dosparth byrr*, sef rhan gyntaf y gramadeg a gyhoeddwyd ganddo fesul rhan dros gyfnod o ugain mlynedd a mwy a'i anfon i Gymru dan gochl. Yn y gyfrol fechan ond pellgyrhaeddol hon, ceir cyflwyniad i ramadeg y Gymraeg ar ffurf sgwrs rhwng 'Mo.', sef Morys Clynnog, a 'Gr.', sef Gruffydd Robert ei hun. Ceir ynddi hefyd ymdriniaeth â'r gynghanedd a'r mesurau. Roedd nod Gruffydd Robert yn chwyldroadol: yn y *Dosparth byrr* fe welir yr ymgais gynharaf i briodi hen ddysg y beirdd, sef cynheiliaid traddodiadol yr iaith Gymraeg, â'r datblygiad cyffrous diweddaraf, sef y wasg argraffu.

Mewn ffordd, roedd Gruffydd Robert yn bont rhwng deufyd. Mae'n amlwg iddo gael ei drwytho yn nysg draddodiadol y beirdd yn nyddiau ei ieuenctid yng Nghymru, ond fe'i trwythwyd hefyd yng ngwerthoedd y Dadeni Dysg cyfandirol, ac fe sylweddolai'n llawn bwysigrwydd lledaenu dysg, a'r ddysg honno wedi ei seilio'n gadarn ar dystiolaeth y deunydd crai: *ad fontes*. Hynny yw, yn union fel John Morris-Jones dair canrif a mwy'n ddiweddarach, fe geisiodd Gruffydd Robert ddychwelyd at lygad y ffynnon. Ac yn hynny o beth, roedd y talcen yn un caled. Nid oedd y deunydd crai wrth law. Roedd yr hen ddysg y dymunai Gruffydd Robert ei lledaenu mewn print yn un a oedd cyn hynny wedi bod yn gyfyngedig i'r beirdd a'u disgyblion yn unig ac, yn ei ramadeg, mae Gruffydd Robert yn neidio ar ei gyfle i edliw i'r beirdd eu hamharodrwydd i rannu eu dysg. Yn y rhan sy'n ymdrin â'r cynganeddion, mae'r disgybl diniwed yn gofyn i'r athro, tybed oni fyddai'n well i'r Cymry geisio addysg 'ar dafod laferydd' gan y prydyddion yn hytrach na gorfod dibynnu ar lyfr print. Mae ateb yr athro'n ddeifiol: mae'n dweud wrth ei ddisgybl mai ofer fyddai hynny gan eu bod 'yn cadw i celfyddid yn ddirgel', ac mai'r unig rai sy'n cael etifeddu'r ddysg honno yw'r disgyblion dethol hynny sy'n tyngu llw na fyddant yn ei dysgu i neb arall, ynghyd ag ambell ŵr bonheddig mwy diwylliedig na'i gilydd sydd hefyd yn rhwym i gadw'r cyfan yn gyfrinach (Williams 1939: [207]–[8]).

I ŵr goleuedig fel Gruffydd Robert, roedd y geidwadaeth ronc hon yn wrthun. Mae ateb yr athro i gwestiwn diniwed ei ddisgybl yn y *Dosparth byrr* wedi dod yn dalp gwerthfawr o dystiolaeth wrth inni geisio cael rhyw syniad o natur geidwadol y gyfundrefn farddol yn ail hanner yr unfed ganrif ar bymtheg, cyfnod pryd roedd yr hen gyfundrefn farddol yn dechrau gwegian. Y dernyn mwyaf danteithiol, o bosib, yw'r cyfeiriad at ddysg y beirdd fel un a oedd yn cael ei throsglwyddo 'ar dafod laferydd'. Mae'n bosib bod y dyfyniad hwn yn rhannol gyfrifol am hirhoedledd y syniad mai traddodiad cwbl lafar oedd traddodiad y beirdd, syniad hyfryd o ramantus ond un sydd yn ei hanfod yn gyfeiliornus braidd.

Rhaid brysio i gyfiawnhau'r gosodiad hwn. Wedi'r cyfan, does dim amheuaeth o gwbl nad oedd yr elfen lafar yn un ganolog i fywydau'r beirdd yn yr Oesoedd Canol. Fe wyddom y byddai'r beirdd yn teithio o lys i lys i ganu clodydd gwahanol noddwyr, ac mae gennym ddigonedd o dystiolaeth i ddangos y byddai'r cerddi hynny'n cael eu datgan ar lafar, weithiau i gyfeiliant telyn. Byddai'r elfen lafar yn rhan o'r adloniant yr oedd y beirdd yn ei gynnig. Fe wyddom hefyd fod y cerddi'n cael eu trosglwyddo ar lafar, rhai o bosib am gyfnod maith, cyn cael eu cofnodi: dyna'r unig ffordd y gellir egluro'r gwahaniaethau sylweddol a geir rhwng gwahanol gopïau o'r un gerdd yn y llawysgrifau. Ac i ategu honiad Gruffydd Robert mai dysg lafar o enau'r athro i glust y disgybl oedd dysg y beirdd, fe geir nifer o gyfeiriadau at bwysigrwydd cadw'r ddysg yn gyfrinach gan y beirdd eu hunain. Er enghraifft, Wiliam Cynwal, un o gyfoedion Gruffydd Robert ac un o gynheiliaid digymrodedd yr hen drefn farddol, sy'n dweud y dylai'r *hen ddeall*, fel y galwodd Guto'r Glyn hi yn un o'i gywyddau olaf (GG.net 118.22), fod yn 'gyfrinach Rwng Beirdd Ynys Brydain', ac na ddylai'r rheolau fod 'ond ar dafod leferydd o athro i athro o herwydd kyfrinach yw llawer o honyn' (Williams a Jones 1934: xc, lii).

Mae'r agwedd lafar hon ar weithgarwch y beirdd yn un sydd wedi cydio yn nychymyg y Cymry ar hyd y canrifoedd, ac mae'n hawdd gweld pam: mae'n ffitio'n berffaith i'n canfyddiad rhamantaidd ni o athrylith y bardd. Mae rhyw rym neilltuol yn perthyn i'r syniad o fardd yn etifeddu dysg ar lafar, yn cyfansoddi ac yn datgan cerdd ar lafar, a'r gerdd honno wedyn yn cael ei throsglwyddo ar lafar o genhedlaeth i genhedlaeth. Weithiau, fodd bynnag, mae'r canfyddiad poblogaidd yn peri inni fod braidd yn ddall i'r sefyllfa a oedd ohoni mewn gwirionedd. O bryd i'w gilydd, gan leygwyr ac ysgolheigion fel ei gilydd, fe glywir honiad di-sail ond rhyfeddol o hirhoedlog, sef bod y beirdd Cymraeg yn anllythrennog, ac mai eithriadau oedd y rheini a fedrai ddarllen ac ysgrifennu. Mae'r camsyniad hwn yn deillio o gamddeall hyd a lled a natur y traddodiad llafar.

Y gwir amdani yw bod y llyfr lawn mor berthnasol a chyfarwydd i'r beirdd ag oedd y traddodiad llafar. Gallai'r ddau draddodiad gydfodoli'n llawen. Nid eithriadau oedd y beirdd hynny a fedrai ddarllen ac ysgrifennu: i'r gwrthwyneb, eithriadau oedd y beirdd *na* fedrent ddarllen ac ysgrifennu. Ar un llaw, ceir beirdd fel Lewys Glyn Cothi a Gutun Owain, dau o feirdd mawr y bymthegfed ganrif a oedd hefyd yn ysgrifwyr medrus dros ben ac yn llunio llawysgrifau godidog i rai o'u noddwyr cefnog. Ar y llaw arall – yn fwy arwyddocaol, efallai – ceir beirdd fel y Nant, bardd iselradd braidd a flodeuai tua'r un pryd â Lewys a Gutun. Yn llawysgrif Peniarth 54 yn y Llyfrgell Genedlaethol, ceir copïau o gerddi clerwraidd, carlamus y Nant, a'r rheini yn ei law ei hun (Edwards 2013). Mae'n llaw erchyll o anghymen, ond y mae'n dystiolaeth amhrisiadwy: roedd y beirdd, o'r glêr i'r pencerdd, yn greaduriaid llythrennog, a'r mwyaf dysgedig yn eu plith yn hyddysg yn Saesneg a Lladin yn ogystal. Roedd rhai – Lewys Glyn Cothi'n arbennig – yn fwy chwannog na'i gilydd i gopïo eu cerddi eu hunain. Mae'n wir mai prin iawn yw cerddi yn llaw'r beirdd eu hunain cyn tua 1450, ond camgymeriad fyddai tybio nad oedd y beirdd yn copïo eu cerddi eu hunain cyn hynny. Mewn dernyn eithriadol o werthfawr o ramadeg barddol o'r bedwaredd ganrif ar ddeg a ddaeth i'r fei'n ddiweddar, sef 'Gramadeg Gwysanau', ceir cyfeiriad cyfoes diamwys at un o feirdd mawr y ganrif honno, Iolo Goch, fel un a oedd yn *ysgrifennu y gerdd yn yawn* (Parry Owen 2010: 17), ac mae'n werth cofio bod Llawysgrif Hendregadredd yn cynnwys cyfres o englynion gan Ddafydd ap Gwilym sydd, o bosib, yn llaw Dafydd ei hun (Huws 2000: 221–3).

Mae'r un ddeuoliaeth – y llyfr a'r llafar – yn perthyn i addysg y beirdd. Er bod gennym dystiolaeth gadarn fod yr addysg honno'n cael ei thraddodi ar lafar i ryw raddau, dim ond hanner y stori yw hynny. Mae dwsinau o lawysgrifau wedi goroesi sy'n dangos bod y llyfr yn rhan anhepgor o addysg y beirdd, a hynny o gyfnod cynnar. Mae'r fersiynau cynharaf sydd gennym o ramadeg y beirdd yn dyddio o hanner cyntaf y bedwaredd ganrif ar ddeg, sef y fersiynau a gysylltir yn benodol â dau ddyn: Einion Offeiriad a Dafydd Ddu Hiraddug. Fe ddywedir bod Dafydd Ddu, rywbryd rhwng tua 1320 ac 1330, wedi mynd ati i 'olygu' gwaith Einion Offeiriad, ond fe wyddom bellach fod y berthynas rhwng y ddau ddyn a rhwng y ddau fersiwn o'r gramadeg yn gymhlethach na hynny. Rhywbeth anodd i'w esbonio, er enghraifft, yw'r cyfeiriad at Hiraddug yn fersiwn Einion Offeiriad o'r gramadeg, ac mae'n bosib bod y ddau ohonyn nhw'n gweithio, os nad yn cydweithio, ar olygiad o fersiwn cynharach o'r gramadeg.

Er nad oes ymdriniaeth â'r gynghanedd fel y cyfryw yng ngramadegau Einion Offeiriad a Dafydd Ddu (y tebyg yw bod y gynghanedd fel cyfundrefn reoledig yn dal yn ei babandod ar y pryd), ceir ynddynt ymdriniaeth â'r beiau gwaharddedig ac â'r pedwar mesur ar hugain (gan gynnwys y ddau fesur y dywedir iddyn nhw gael eu dyfeisio gan y gramadegwyr eu hunain, a hynny er mwyn cyrraedd y rhif delfrydol 24). Ceir hefyd draethawd sy'n amlinellu'n eglur sut y dylai'r beirdd fynd ati i foli pob gwrthrych: cyfarwyddiadau sut i foli penteulu, gwraig, morwyn, offeiriad, y saint, y Forwyn Fair a Duw ei hun. Dylid moli'r penteulu, er enghraifft, ymysg rhinweddau eraill, am ei eiddo, ei ddewrder, ei gadernid, ei haelioni a'i ddoethineb.

Mewn gwirionedd, mae'n anodd gwybod i ba raddau mae'r gramadeg barddol yn adlewyrchu realiti'r gyfundrefn farddol ar ddechrau'r bedwaredd ganrif ar ddeg – p'un ai disgrifiad o'r gyfundrefn fel yr oedd ynteu fel y dylai fod a geir yma. Mae'r un peth yn wir am *Statud Gruffudd ap Cynan*, dogfen ffug-hanesyddol a luniwyd ryw ddwy ganrif yn ddiweddarach sy'n amlinellu'r hyn a gâi ac na châi bardd, o'r disgybl ysbas i'r pencerdd, ei wneud.

Cafodd y gramadeg barddol sawl gwynt newydd yn ystod y tair canrif ddilynol. Nid cyfundrefn statig oedd cyfundrefn y beirdd, ac un o nodweddion trawiadol y fersiynau diweddarach yw'r modd y mae'r gramadegwyr (sef y beirdd eu hunain) yn gadael eu stamp eu hunain ar y golygiadau, gan gynnwys dyfyniadau o'u gwaith eu hunain fel penillion enghreifftiol ar gyfer y mesurau. Roedd y bymthegfed ganrif yn gyfnod o chwynnu a thwtio: dywedir bod Dafydd ab Edmwnd, mewn eisteddfod fawreddog yng Nghaerfyrddin tuag 1451 dan nawdd a goruchwyliaeth Gruffudd ap Nicolas, gŵr grymusaf Deheubarth, wedi ennill y gadair

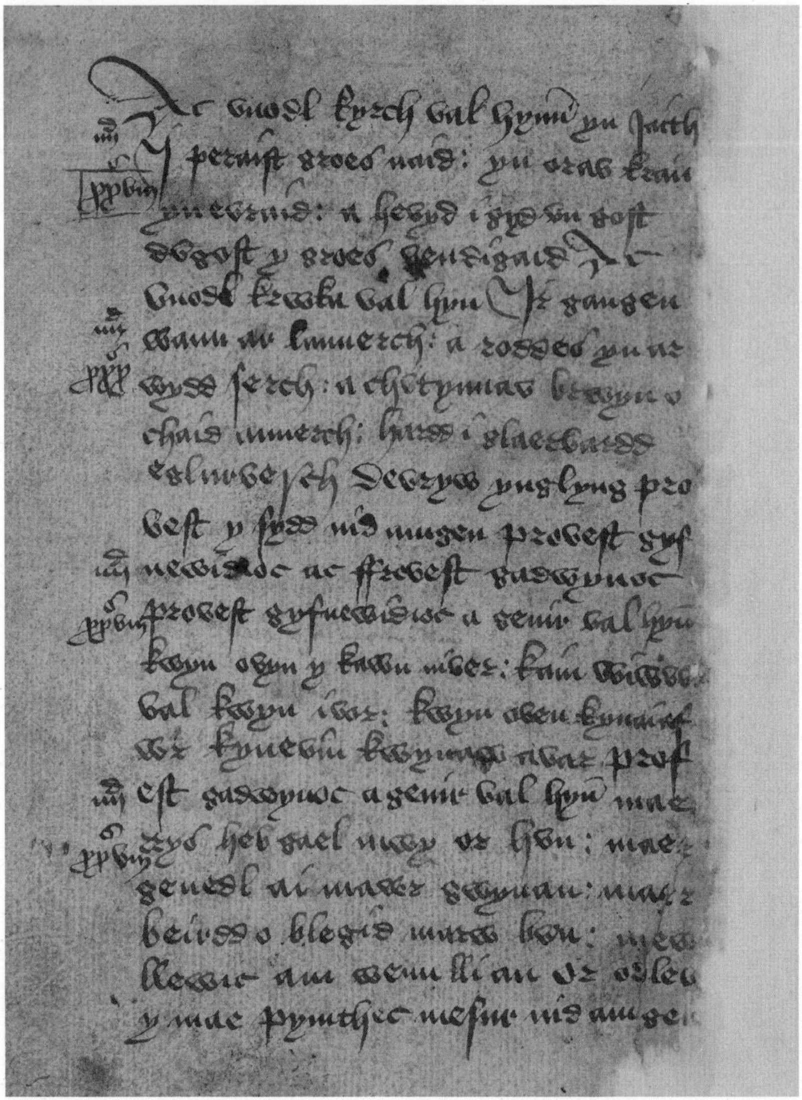

Fersiwn Gutun Owain o'r gramadeg barddol yn llawysgrif LlGC Llansteffan 28, 6v

arian am roi trefn o'r newydd ar y gynghanedd a'i mesurau. Un o ddisgyblion Dafydd ab Edmwnd oedd Gutun Owain: mae fersiwn diwygiedig Gutun o'r gramadeg wedi goroesi yn llawysgrif Llansteffan 28, llawysgrif a luniodd yn 1455–6 i Phylip ap Madog, un o'i brif noddwyr. Dyma'r cyfnod pryd y gwaharddwyd cynganeddion pengoll; fe fwriwyd rhai o'r hen fesurau, fel yr englyn milwr, o'r neilltu ac, yn eu lle, fe gyflwynwyd mesurau caethiwus fel cadwynfyr a gorchest y beirdd, mesurau sy'n ymddangos yn ynfyd i ni heddiw.

Fe welir y gyfundrefn yn graddol dynhau, ac fe ellir gweld yr un math o newidiadau yn y cerddi eu hunain. Roedd beirdd y bedwaredd ganrif ar ddeg yn ddigon bodlon yn defnyddio'r gynghanedd lusg neu'r sain ond, erbyn diwedd y bymthegfed ganrif, ceir ambell gywydd sy'n cynnwys dim ond un neu ddwy o'r cynganeddion hynny. Mae yna linellau yng nghywyddau Dafydd ap Gwilym na fyddai beirdd fel Tudur Aled, o ran cynghanedd, o leiaf, yn fodlon eu harddel dros eu crogi. Tynhau ymhellach oedd hanes y gynghanedd am ganrif ar ôl dyddiau Tudur Aled, nes i'r bwa dorri dan y straen tua chanol yr ail ganrif ar bymtheg. Roedd y beirdd yn ffyrnig o falch a gwarchodol o'u hetifeddiaeth, ond roedden nhw hefyd yn ddigon parod i addasu'r etifeddiaeth fyw honno, yn gam neu'n gymwys, yn ôl gwerthoedd eu dyddiau eu hunain.

I ryw raddau, mae'r un ysbryd yn fyw heddiw. Mae'r ganrif a aeth heibio ers cyhoeddi *Cerdd Dafod* wedi bod yn un neilltuol o lewyrchus i'r gynghanedd, yn enwedig o'i chymharu â'r ganrif ferfaidd a gafwyd cyn hynny. Aeth rhai mor bell â'i galw'n ail 'ganrif fawr' y gynghanedd ac, yn ystod y ganrif, fe welwyd yr un parodrwydd i addasu, i arbrofi ac i chwynnu ag a geid yn yr Oesoedd Canol. Prin iawn erbyn hyn yw'r enghreifftiau o gynghanedd sain drosgl neu gynghanedd lusg wyrdro gan y beirdd caeth mwyaf blaenllaw. Prin hefyd yw'r beirdd sy'n defnyddio rhagor na'r pedwar neu bum mesur mwyaf cyffredin – aeth y gweddill, i bob pwrpas, yn angof. Gwelwyd arbrofion o ran cynghanedd a mesur, rhai, wrth reswm, yn fwy llwyddiannus na'i gilydd. Mae'r beirdd sy'n caledu 'd' + 'd' = 't', 'b' + 'b' = 'p' ac yn y blaen yn prinhau. Wrth i'n gwerthfawrogiad o estheteg y gynghanedd ddyfnhau, rhoddwyd mwy o fri ar ddefnyddio amrywiaeth o gynganeddion nag ar glecian am y gorau. Cam gwag fyddai gweld hyn oll yn arwydd o laciö neu'n symptomau dirywiad – rheitiach yw ystyried y tueddiadau hyn yn rhan o'r broses hanfodol o addasu hen grefft yn nwylo crefftwyr newydd ac o gymhwyso'r hen ddeall ar gyfer y dydd hwn.

O ran *Cerdd Dafod* wedyn, mae'n bosib na ddylem synio amdani fel cyfrol sy'n cynnig llythyren y ddeddf ond, yn hytrach, fel y garreg sylfaen a wnaeth ffyniant y canu caeth yn yr ugeinfed ganrif yn bosib. Wedi'r cyfan, petai Syr John yn ymgymryd â'r un dasg heddiw, fe fyddai'r corff mawr o ganu caeth a gynhyrchwyd yn yr ugeinfed ganrif yn rhan bwysig o'i ddeunydd crai. Cymaint oedd dylanwad a grym *Cerdd Dafod* nes troi ohono'n rhyw fath o feibl anghyffwrdd ond, y tu ôl i'r gyfundrefn ymddangosiadol statig a ddisgrifir ynddo, mae yna ganrifoedd lawer o fân wahaniaethau rhwng bardd a bardd, rhwng ardal ac ardal, o ymwrthod â rhai elfennau sy'n perthyn i oes a fu a chofleidio dylanwadau newydd, o ddeall a chamddeall, o arbrofi a dychwelyd. Gellir ymfalchïo mewn etifeddiaeth a gellir bod yn barod i'w haddasu ar yr un pryd. Dyna ysbryd y canrifoedd, a dyna'r ysbryd sy'n peri bod bywyd gan y gynghanedd heddiw.

LLYFRYDDIAETH

Edwards, H.M. (gol.) (2013), *Gwaith y Nant* (Aberystwyth)

Huws, D. (2000), *Medieval Welsh Manuscripts* (Caerdydd)

James, A. (2011), *John Morris-Jones* (Caerdydd)

Lewis, S. (1932), *Braslun o Hanes Llenyddiaeth Gymraeg* (Caerdydd)

Lewis, S. (1967), *Gramadegau'r Penceirddiaid*, Darlith Goffa G.J. Williams (Caerdydd)

Matonis, A.T.E. (1990), 'Problems Relating to the Composition of the Welsh Bardic Grammars', yn Matonis, A.T.E. and Melia, D.F. (eds.), *Celtic Language, Celtic Culture* (California), 273–91

Parry Owen, A. (2010), 'Gramadeg Gwysanau', *Llên Cymru* 33: 1–31

Roberts, S.E. (2003), 'Addysg broffesiynol yng Nghymru yn yr Oesoedd Canol: y beirdd a'r cyfreithwyr', *Llên Cymru* 26: 1–16

Rowlands, E.I. (1985), 'Bardic lore and education', *Bulletin of the Board of Celtic Studies* 32: 143–55

Williams, G.J. (gol.) (1939), *Gramadeg Cymraeg gan Gruffydd Robert* (Caerdydd)

Williams, G.J. a Jones, E.J. (goln.) (1934), *Gramadegau'r Penceirddiaid* (Caerdydd)

PA RYW YSTYR MEWN PROESTIO?

TUDUR DYLAN JONES

Ymhen dwy flynedd i ysgrifennu'r erthygl hon, byddwn yn dathlu pen blwydd pwysig iawn. Bydd yr Urdd yn dathlu ei chanmlwyddiant yn 2022, ac mae'n siŵr y bydd dathliadau lu ar hyd a lled y wlad. Ond wedi i'r dathliadau hynny dewi, a ninnau'n edrych ymlaen at 2023, bydd dathliadau celfyddydol eraill ar y gweill, sef dathlu pum can mlynedd bedyddio proest i'r odl yn fai gwaharddedig!

Yn yr erthygl hon, byddaf yn cynnig rhai sylwadau ynghylch proest, proest lafarog a'r bai rhy debyg. Mae'r rhain yn enghreifftiau o'r pynciau 'niche' hynny nad oes gan 99.99% o'r boblogaeth rithyn o ddiddordeb ynddyn nhw. Ond i'r 0.01% trist sy'n weddill, maen nhw'n faterion o bwys mawr! Rhywbeth tebyg i'r groesacen mewn cerdd dant, neu hafaliadau cydamserol mewn mathemateg.

Proest

Yn Eisteddfod Caerwys 1523 y daethpwyd i'r penderfyniad bod proest i'r odl yn fai o fewn cynghanedd, ac yn rhywbeth y dylid ei wahardd yn llwyr. Cyn hynny, roedd beirdd wedi bod yn proestio heb boeni dim am y ffasiwn beth. Mae John Morris-Jones yn nodi enghreifftiau cyn Caerwys yn *Cerdd Dafod* (CD 256), er enghraifft:

> A llonydd oedd er llynedd
> Gerllaw tân y gŵr llwyd hen

Ond yn raddol teimlwyd bod hyn yn mynd yn erbyn ysbryd y gynghanedd, cymaint felly nes i Tudur Aled gyhoeddi rheolau yng Nghaerwys yn 1523 fod proest i'r odl yn fai gwaharddedig. Adnabyddir y rhain yn ddigon cyfleus fel 'Rheolau Tudur Aled'.

Y rheswm pam nad yw'r llinellau uchod yn gorwedd yn gyfforddus ar y glust yw am fod diwedd y rhan gyntaf yn mynd i swnio'n rhy debyg i'r odl. Nid oes lle yma i fanylu ar reolau proest. Mae llawer wedi ei ysgrifennu'n barod ar y mater. Digon fydd rhoi enghraifft gyfoes i ddarlunio'r sŵn:

> Daw adar mân ar dir Môn

Mae'n amlwg fod 'mân' a 'Môn' yn debyg o ran sŵn. Maen nhw'n gorffen gyda'r un gytsain, ac mae'r 'â' a'r 'ô' yn llafariaid hirion. Y ddelfryd gynganeddol yw y dylai'r llafariaid a'r cytseiniaid ar ddiwedd gair fod mor wahanol â phosib. Dyna pam, os llunnir cynghanedd gyda'r gair 'llen', fod y gair 'llwyd' yn cyfateb yn gywir (mae'r llafariaid a'r cytseiniaid ar ddiwedd y geiriau'n wahanol).

Holl sail cynghanedd yw bod elfennau'n ateb ei gilydd – er enghraifft, cytseiniaid/acen. Ond er mwyn pwysleisio'r tebygrwydd, rhaid cael gwahaniaethau hefyd. Y nod bob tro yw cael cymaint o wahaniaeth â phosib ar ddiwedd y geiriau sy'n cyfateb. Mae diwedd ll**en** a ll**wyd** yn gwbl wahanol. Eto i gyd, wrth ddilyn rheolau proest, ar rai adegau, mae'n dderbyniol gorffen y ddwy ochr gyda'r un gytsain.

Cymharer y ddwy linell hyn:

Yn y don yng nghalon dyn

Yn y dôn yng nghalon dyn

Mae'r ddwy ochr yn gorffen gyda'r un gytsain, ond mae'r gyntaf yn cael ei chyfri'n gywir gan fod 'o' yn 'don' yn fer ac 'y' yn 'dyn' yn hir. Bernir bod digon o wahaniaeth yn sŵn y llafariaid. Mae'r ail yn anghywir gan fod yr 'ô' a'r 'y' yn hir ac, felly, ychydig yn debycach. Ond mae'r glust yn amlwg yn dal i glywed yr 'n' ar ddiwedd y ddwy ochr. Oni fyddai'n well ceisio osgoi llunio llinellau'n gorffen gyda'r un gytsain, felly, p'run a ydyn nhw'n proestio neu beidio?

Rhy debyg

Trown yn awr ein sylw o'r proest, lle mae'r cytseiniaid yr un peth, at linellau lle mae'r llafariaid yr un peth ar y ddwy ochr. Fan hyn fe welwn ni ein bod ni'n mynd i fyd y 'bai rhy debyg'. Os y ddelfryd yw bod y sŵn ar ddiwedd y llinell mor wahanol â phosib i ddiwedd rhan gyntaf y llinell, beth wnawn ni gyda llinell fel hon sydd, yn ôl y rheolau, yn gwbl gywir?

Garw yw sain y gair 'saith'

Does dim proestio o gwbl yma gan nad yr un gytsain sydd ar ddiwedd y ddwy ochr. Ond mae yma debygrwydd. Nid y cytseiniaid sy'n debyg y tro hwn, ond y llafariaid. Mae'r ddeusain 'ai' yn digwydd ar y ddwy ochr. Ydyn, maen nhw'n 'debyg', felly, ond eto i gyd, nid ydyn nhw'n 'rhy debyg' yn ôl rheolau cynghanedd. Oherwydd, er mwyn bod yn euog o'r bai hwnnw, mae angen i'r ddwy ochr fod yn ddiacen, a rhaid i'r llafariaid ddilyn yr un patrwm o dan yr acen ac o dan y sillaf ddiacen:

Rh**yfe**dd oni ddaw rh**yfe**l

Felly, er gwaetha'r tebygrwydd ansoniarus yn y llafariaid, mae'r llinell ganlynol yn cael ei chyfrif yn gywir oherwydd ei bod yn gytbwys acennog:

Mwrdro m**aw**r ar dir y m**aw**n

Mae Alan Llwyd yn *Anghenion y Gynghanedd* (AyG 159) yn cyfeirio at graidd cynghanedd fel 'undod y cytseiniaid, amrywiaeth y llafariaid'. Oes, mae undod i'r cysteiniaid ar ddiwedd dwy ran y llinell uchod, ond ni welir 'amrywiaeth y llafariaid'. Y cwestiwn sydd gen i yw: pam cyfyngu'r bai 'rhy debyg' i gynganeddion diacen? Onid yw 'sain' a 'saith' yn swnio'n rhy debyg hefyd o ran y llafariaid?

Proest lafarog

Mae'r 'niche' yn fwy 'niche' yn awr! Mae'r fath beth i'w gael â phroest lafarog. Ystyr proest lafarog yw bod y ddwy ochr yn gorffen gyda llafariad neu lafariaid yn unig. Dyma enghraifft:

Yn y lle af ar fy llw

Y rheswm pam mae hon yn cael ei chyfri'n anghywir yw am fod y ddwy ochr yn gorffen â llafariad sengl, hynny yw, yn ddigytsain. Ond i'm clust i, mae'r sain 'e' ac 'w' yn gwbl wahanol! Nid wyf erioed wedi deall pam fod y broest lafarog yn fai. Y ddadl yw bod 'lle' a 'llw' yn debyg gan nad oes cytseiniaid ar derfyn yr un o'r ddau air. Yr un ddadl yw dweud bod Llundain a Chwm-sgwt yn debyg gan nad oes pyramidiau yn yr un o'r ddau le.

Os 'undod y cytseiniaid, amrywiaeth y llafariaid' yw'r nod, yna mae'r llinell 'Yn y lle af ar fy llw' yn ffitio'r disgrifiad i'r dim. Yr un yw'r cytseiniaid, ac mae'r llafariaid yn amrywio. Ystyrier y llinellau isod.

1. Yn y lla**n** rwy'n clywed llê**n**
2. Ar y gw**ai**r yn dechrau'r gw**ai**th
3. Yn y lle af ar fy llw

I'm clust i, yr un sy'n cynnig yr amrywiad gorau rhwng diwedd rhan gyntaf y llinell a diwedd y llinell yw rhif 3. Mae rhif 1 yn cynnwys 'n' ar ddiwedd y ddwy ochr, er nad yw'r ddau air yn proestio, ac mae rhif 2 yn cynnwys y sŵn 'ai' ar y ddwy ochr, er nad yw'n euog o'r bai 'rhy debyg'. Ac eto, y drydedd yw'r un anghywir o ran rheolau presennol cynghanedd. Mae rhif 1 a 2 yn cael eu cyfri'n gywir!

I mi, mae'r llinell olaf yn swnio'n fwy cywir na'r ddwy arall. Ond wedi dweud hynny, mae pum canrif o draddodiad yn fy erbyn!

ATEBED POB CLYMIAD DWBWL

ALAN LLWYD

Ers rhai blynyddoedd bellach, mae'r arferiad o ateb dwy 'd' sydd yn union yn ymyl ei gilydd, heb lafariad neu lafariaid rhyngddynt, ag un 'd' wedi bod ar gynnydd. Roedd y rheol yn yr hen ddyddiau yn ddigon clir a diamwys: d + d = t. Ond nid rheol sy'n bodoli yn y gwagle yw hi, nid rheol unigol, ar wahân, ond rheol sy'n rhan o set arbennig o reolau, a'r rheolau hynny'n creu patrwm cyfochrog, sef patrwm y 'p-t-c', 'poetic' heb y llafariaid, os mynner. Yr enw a roddais ar y patrwm hwn yn *Anghenion y Gynghanedd* (AyG 55–9) oedd 'Arch-strwythur':

b+b = p	b+h = p	b+rh = pr
d+d = t	d+h = t	d+rh = tr
g+g = c	g+h = c	g+rh = cr

Mae'r patrwm hwn eto fyth yn rhan o batrwm neu gyfundrefn ehangach, sef cyfundrefn y treigladau. Ac eithrio 'm' ac 'll', y llythrennau hyn yn unig sy'n treiglo yn y Gymraeg: b, p, d, t, g, c, rh. Yn y Gymraeg, mae llythrennau'n effeithio ar ei gilydd mewn sawl ffordd ac yn peri i eiriau newid eu ffurf a'u sain ac, yn union fel y mae'r treigladau yn meddalu cytseiniaid, oddi mewn i Arch-strwythur y 'p-t-c' ceir caledu cytseiniad. Caledu a meddalu. Y patrymau hyn, y treigladau a'r calediadau, sydd wedi peri bod y gynghanedd yn bosib. Pe bai'r patrymau hyn ddim yn bodoli yn y Gymraeg, ni fyddai'r gynghanedd ychwaith yn bod.

Y ddadl heddiw yw mai sŵn 'd' sengl a glywir yn y cyfuniad 'd' + 'd', ac nid sŵn 't', a hawdd deall y ddadl. Ond i rai ohonom, mae 'd' + 'd' o hyd yn cynhyrchu sŵn 't'. Cymerer y ddwy linell hyn:

Onid Duw ydyw ein Tad?
Onid Duw ydyw dy Dad?

I mi yn bersonol, mae byd o wahaniaeth rhwng y ddwy linell ac, o'r ddwy, yr enghraifft gyntaf yw'r gynghanedd gywiraf a mwyaf persain. Gallaf glywed sŵn 't' yn amlwg yn y cyfuniad 'd' + 'd'. I gynhyrchu sŵn un 'd', byddai'n rhaid cael saib rhwng 'Onid' a 'Duw':

'Onid … Duw'.

Cymerer y ddwy linell hyn wedyn:

> Onid Huw ydyw ein tad?
> Onid Huw ydyw dy dad?

Mae'r llinell gyntaf yn berffaith gywir, a'r ail linell yn hollol anghywir. Cofier mai 'dy fod ti' a ddywedwn ar lafar, nid 'dy fod di'.

'Paradigm' o ryw fath yw'r Arch-strwythur. O dynnu un o elfennau'r Arch-strwythur ymaith, 'd' + 'd' = 't', er enghraifft, gall y cyfan gwympo'n ddarnau. Buan iawn y bydd 'b' + 'b' = 'p' yn dilyn, a hefyd 'g' + 'g' = 'c'. Yn wir, gwelwyd sawl enghraifft o hyn eisoes.

Llacio ar reolau yw peth fel hyn, gan obeithio y bydd y llacio yn hwyluso ac yn rhwyddhau'r broses o gynganeddu. Darllenais gywydd o ryw ddeuddeg llinell dro'n ôl. Roedd saith o'r llinellau yn ateb 'd' + 'd' gydag un 'd', a chynganeddion braidd gyffwrdd oedd y gweddill. Roedd y cyfan yn flêr ac yn garbwl. Goddefiad, nid rheol, yw ateb dwy gytsain gydag un gytsain ond, erbyn hyn, fe atebir hyd yn oed dair cytsain sydd ar wahân i'w gilydd gydag un gytsain, 'Dod â Duw i'w fywyd ef', er enghraifft. Yn achlysurol iawn yr atebid dwy gytsain gydag un gan y Cywyddwyr, a chlymiad o'r tair cytsain 'l', 'n' neu 'r' a atebid gydag un gytsain gan amlaf, am y rheswm mai cytseiniaid ysgafn a meddal yw'r rhain. Cymerer y llinell hon gan Gerallt Lloyd Owen:

> Wrth ha**r**bwr iaith, wrth barhad

Ni chaiff y gytsain 'r' yn 'harbwr' ei hateb o gwbwl, a gellid dweud bod y llinell yn anghywir. Ond mae'n twyllo'r glust ac yn ein harwain i gredu ei bod yn berffaith gywir.

Erbyn hyn, trowyd goddefiad yn rheol, a dyna'r perygl sy'n ein hwynebu ni heddiw. Ceir yr un llacio ar y treigladau ar lafar ac mewn print. Gwelais 'i Llanelli' ac 'yn Pwllheli' mewn cylchgrawn ar y we yn ddiweddar. Mae pob llacio'n arwain at fwy o lacio ac, yn y pen draw, yn arwain at ddifancoll llwyr.

Y GLUST PIAU'R GLEC

MYRDDIN AP DAFYDD

Mae 'croesaw' yn odli gyda 'llaw'. Ond does neb yn dweud 'croesaw' heddiw nac yn cofio neb arall yn ei ynganu fel yna. Yn yr Oesoedd Canol, roedd beirdd yn medru dewis un o ddwy ffurf wahanol yn achos rhai terfyniadau, sef '-o' neu '-aw'. Roedd y ffurf hynafol 'croesaw' wedi troi'n 'croeso' ar lafar erbyn cyfnod y Cywyddwyr, ond roedd llawer bryd hynny'n dal i gofio am yr hen ffurf, a gallai beirdd ddefnyddio 'croeso' a 'croesaw' fel ei gilydd, yn ddibynnol ar yr odl. Tydi hi ddim yn bosib gwneud hynny heddiw. Nid torri rheolau iaith ydi hynny, ond derbyn y sain fel ag y mae.

Un nodwedd ddifyr yn yr iaith lafar – ac un sydd wedi cael ei derbyn ers tro ym myd cerdd dafod – ydi 'ceseilio'. Ceseilio mae'r 'g' yn y ddau air 'ceg cybydd'. Mae'i sain yn diflannu wrth iddi swatio yn sŵn cadarnach y gytsain 'c' sy'n dilyn. Ond ai ceseilio mae hi mewn gwirionedd, ynteu cael ei gollwng?

Dwi'n clywed mwy a mwy o dueddiad yn yr iaith lafar heddiw i 'ollwng' cytseiniaid. Mae hynny wedi digwydd erioed mewn ambell glymiad ar yr acen, er enghraifft:

Llanrug > Lla'rug
Llanrwst > Lla'rwst

Bellach, mae cytseiniaid olaf yn dueddol o gael eu gollwng hefyd:

Lla'rwst > Lla'rws
Ble ti'n mynd? > Ble ti'n myn'?

Weithiau, mae angen i lenyddiaeth ddefnyddio'r idiom lafar – nid er mwyn datod yr iaith, ond fel dyfais lenyddol. Os bydd hynny'n digwydd, yna mae'n naturiol y bydd y gynghanedd yn cadw at ei hegwyddor sylfaenol o ddilyn y glust.

O fy mlaen i mae copi o gyfrol a gyhoeddwyd gan Hughes a'i Fab, Wrecsam, ryw gant a hanner o flynyddoedd yn ôl, *Llyfr Pawb ar Bob-peth*.

Dyna'r orgraff. Fedrwn ni ddim ond dyfalu sut roedd y teitl yn cael ei ynganu ar y pryd. Ond bellach, yn sicr, dyma a glywn ni:

pob-peth > popeth

Mae'r 'b' wedi'i gollwng. Does dim hanes ohoni yn yr orgraff erbyn hyn, hyd yn oed – ac mae orgraff bob amser yn geidwadol ac, efallai, genhedlaeth neu ddwy ar ôl yr iaith lafar. Erbyn hyn, mae fy nghenhedlaeth i a rhai iau na mi'n clywed cyfuniadau fel a ganlyn:

pob bachgen > po' bachgen

ceg gam > ce' gam

coed da > coe' da

Mae'r cytseiniaid yn cael eu gollwng. Tydyn nhw ddim yn caledu i greu seiniau fel hyn:

po-pachgen, ce-cam, coe-ta

Cytsain arall sy'n cael ei gollwng yn gyson ydi 'f' ar ddiwedd gair:

ha', gaea', tre', co', plu'

Mae hyn yn hwyluso llawer o odlau, ond mae 'nghlust i'n ei chlywed yn dychwelyd os bydd y gair dilynol yn dechrau gyda llafariad. Fedra' i ddim clywed odl y gynghanedd sain yn hon, felly:

Mae eira'r gaea ar goed

Yr hyn glywa' i ydi:

Mae eira'r gaeaf ar goed.

Mae goslefau ac arferion yr iaith lafar yn newid ryw fymryn gyda phob cenhedlaeth. Dydw i ddim yn siarad yn union yr un fath â'r un o fy nau daid. Egwyddor sylfaenol unrhyw odl a chynghanedd ydi 'dilyn y glust' – ac mae hynny'n golygu cynnwys y newidiadau diweddaraf.

'FI A'M HOLL GYMDEITHION':

GOLWG NEWYDD AR FARDDONIAETH GAETH Y CYFNOD MODERN CYNNAR

EURIG SALISBURY

Dychmyga fynd i barti, a gweld yno – a dal d'afael am y naid drosiadol – bob un ganrif yn hanes barddoniaeth Gymraeg. Dacw'r bedwaredd ganrif ar ddeg yn ei helfen, yn ateb galw ei thwr edmygwyr am berfformiad bach arall, a'r bymthegfed ganrif wrth ei hymyl yn aros ei thro i ddiddanu'r partïwyr. Y ddeuddegfed ganrif hithau'n ateb yr un galw gan dwr llai o lawer, ond yr un mor llygadloyw, a'r ddeunawfed ganrif yn rhaffu rhes arall o anecdotau am helyntion lliwgar ei blwyddyn bant yn Llundain. Dacw dwr arall o westeion yn cadw cwmni i'r chweched ganrif wrth fwrdd y diodydd – rhai'n amau dilysrwydd ambell stori, ond pawb er eu gwaethaf yn mwynhau'r arswyd – a'r unfed ganrif ar bymtheg yn honni'n huawdl ddwyfol mai hi'n anad neb biau lawer o'r clod am sicrhau dyfodol i'r iaith …

Ond y mae un ganrif yn eistedd yn y gornel ar ei phen ei hun, a does neb yn siŵr iawn pwy wahoddodd honno. Nid y bedwaredd ganrif ar bymtheg yw hi. Mae hithau druan wedi hen dderbyn ei lle ar y cyrion gyda'i chriw o gyfeillion dethol. Na, yr un ddigwmni, ddisylw – yr un y gallet yn hawdd fod wedi ei methu'n llwyr – yw'r ail ganrif ar bymtheg.

Dechreuwyd y gwaith o esgymuno'r ail ganrif ar bymtheg i domen sbwriel hanes tua dechrau'r ganrif ddiwethaf. Ar olud llenyddol yr Oesoedd Canol y canolbwyntiodd John Morris-Jones, yn ddigon priodol, er mwyn dehongli o'r newydd deithi'r iaith Gymraeg ac, yn *Cerdd Dafod*, y grefft o gynganeddu, ond ei ddisgybl, Thomas Parry, a droes y ffafriaeth honno'n fflangell i gystwyo pob cyfnod diweddarach. Yn ei glasur enwog, *Hanes Llenyddiaeth Gymraeg hyd 1900*, rhoes Thomas Parry i'r ail ganrif ar bymtheg ei phennod gyfan ei hun, dim ond i'w gwarthnodi wedyn ag un frawddeg fer: 'Canrif' oedd hi, meddai, 'o ddirywiad cyson' (Parry 1944: 172).

Ac ystyried pa mor ddylanwadol a fu'r astudiaeth honno – yr 'hanes llenyddiaeth mwy neu lai cyflawn cyntaf a ysgrifennwyd gan ysgolhaig Cymraeg wrth ei broffes erioed' (Llwyd Morgan 2013: 131–43) – nid yw'n syndod gweld y gair bach cyfleus ond digalon hwnnw, 'dirywiad', yn codi ei ben drosodd a thro mewn astudiaethau diweddarach. Enghraifft nodweddiadol yw erthygl D.J. Bowen, 'Y Cywyddwyr a'r dirywiad' (1980–2), a chyfeiria ymdriniaethau â'r cyfnod yn ddi-feth at 'the marked decline in strict metre poetry' (Johnston 1994: 44) ac, yn wir, at 'the sad decline … in the standard of verse composed by the professional poets on the so-called "strict metres"' (Lewis 1997: 29).

Ar un ystyr, mae'r ddedfryd yn agos at ei lle. Yn wir, 'dirywiad' yw'r union air i ddisgrifio un agwedd ar y ganrif honno, un y bu'r beirdd eu hunain yn cwyno'n daer amdani, sef eu hanallu cynyddol i ddod o hyd i nawdd gan yr haen uchaf yn y gymdeithas. Yn yr ail ganrif ar bymtheg yn bendifaddau y daeth yn gwbl amlwg am y tro cyntaf effeithiau hirdymor y dirymu mawr a roddwyd ar waith gan y Goncwest Edwardaidd a'r Deddfau Uno. Roedd y tirfeddianwyr cefnog – yr uchelwyr, i bob diben, a fu'n cynnal system nawdd y beirdd er cwymp y tywysogion – yn graddol droi'n Saeson. A llygaid mwy o sgweieriaid nag erioed ar strydoedd breision Llundain, gwelai llai a llai ohonynt yn dda afradu eu harian ar hen gerddi yn iaith eu gwlad eu hunain.

O'r safbwynt hwnnw, roedd y dirywiad yn y nawdd bendefigaidd yn anochel ond, ar yr un pryd, fe'i cyflymwyd gan geidwadaeth y beirdd eu hunain. Gwelir twf amlwg y geidwadaeth honno mewn dwy eisteddfod a gynhaliwyd yng Nghaerwys yn y ganrif flaenorol, pan ddaeth rhai o feirdd mwyaf dylanwadol y dydd ynghyd i gadarnhau ac i dynhau rheolau eu hurdd er mwyn ei gwneud yn anos i *orweigion chwyn* – y beirdd honedig ddi-ddysg – elwa ar eu traul (Davies 1904–5; Johnston 2005: 19). Bu helynt a gwrthdaro erioed rhwng gwahanol raddau o feirdd, ac roedd yr ysfa honno i ddod ynghyd yng Nghaerwys yn ymateb digon naturiol i'r ffaith fod yr esgid yn gwasgu. Eto i gyd, ysfa glasurol adweithiol oedd hi – caewch y porth! cadwn y mur! – a hynny'r union adeg pan fyddai wedi bod yn llawer mwy buddiol croesawu aelodau a syniadau newydd i'r cylch.

Er gwaethaf pob arwydd fod y byd yn newid o'u hamgylch, dewisodd y beirdd lynu'n sowndiach nag erioed at yr hyn a fu o'r blaen, gan osod yn fesur o safon gywyddau Tudur Aled, neb llai, un o gomisiynwyr yr eisteddfod gyntaf yng Nghaerwys yn 1523 a'r sawl a anrhydeddwyd â'i phrif wobr, y gadair arian. Dewis amlwg, yn sicr, ond un angheuol hefyd i ddyfodol y system nawdd draddodiadol, am fod arddull *über*-gaeth Tudur Aled yn *cul-de-sac* llenyddol, yn ben draw naturiol i ddwy ganrif o raddol greu cynganeddion cytsain mwyfwy caeth ar fesur y cywydd. Hyd yn oed pe bai bardd wedi llwyddo i efelychu arddull y pencerdd mawr, buasai'n llythrennol – onid yn gytseiniol – amhosib iddo fynd â'r grefft gam ymhellach i'r cyfeiriad hwnnw, a chywreinio llinellau o gynghanedd fwyfwy. Hyn a hyn o gytseiniaid y gellir eu hateb, wedi'r cyfan, mewn llinell seithsill. Ystyrier y ffaith na chafwyd oddi ar hynny ganu cwbl newydd a chyffrous ar fesur y cywydd tan ddiwedd yr ugeinfed ganrif, pan oedd y beirdd i bob diben wedi hen anghofio'r pwysau i ddilyn yr hyn a elwir yn 'rheolau Tudur Aled'. Ganol yr unfed ganrif ar bymtheg, fodd bynnag, o safbwynt arddull, os dim arall, crefft stond oedd cywydda, a phrin oedd yr arwyddion fod gan y rheini ag awdurdod y dychymyg angenrheidiol i symud ymlaen.

Wrth ei fesur ei hun, methiant fu'r batno hatsys hwn. Ddiwedd y ganrif nesaf, yn Ionawr 1695, bu farw Siôn Dafydd Laes, y bardd olaf i ennill ei fywoliaeth yn unswydd fel bardd (Huws 2016). Mewn gwirionedd, mae'n ansicr sawl un o feirdd yr Oesoedd Canol, hyd yn oed, a lwyddodd i'w cynnal eu hunain fel beirdd yn unig, heb sôn am wneud hynny ar gefn un teulu o noddwyr, fel y gwnaeth Siôn Dafydd ym Mostyn yn gyntaf, ac yna yn Nannau. Ond roedd ei farw o'r hyn lleiaf yn ben ar y ddealltwriaeth a fu'n sylfaen i waith y bardd yng Nghymru mor bell yn ôl ag y gallai neb gofio, sef fod disgwyl yn ganiataol i'r rheini ag arian a thir a dylanwad ei gyflogi.

A dyna, felly, un dirywiad eglur. Ond sylwer fod y ddau ddyfyniad enghreifftiol uchod gan Dafydd Johnston a Ceri W. Lewis yn sôn yn ogystal am ddirywiad yn *ansawdd* y canu caeth. Mae'r tir dan draed yn llai cadarn yn yr achos hwn, gan mor anwrthrychol yw pob mesur o safon yn y pen draw ond, er hynny, mae'n sicr y ceir yn llawer o gywyddau'r ail ganrif ar bymtheg gryn nifer o eiriau llanw a rhai hen gysyniadau sy'n tueddu weithiau i droi yn eu hunfan. Ar y llaw arall, sylwer mai ag ansoddeiriau yn y radd gymharol yn ddieithriad y tafolir y cerddi hynny: mae'r cywyddau bob tro'n 'llai soffistigedig' mewn cymhariaeth â'r hyn a fu o'u blaen, sef yr hyn a genid yn y cyfnod rhyfeddol rhwng 1435 ac 1535 a alwodd Saunders Lewis (1932: 115–33) yn 'Ganrif Fawr' yn hanes llenyddiaeth Gymraeg. Yn erbyn cerddi'r ganrif honno, oes aur y cywydd, dim llai, y pwysir ar y glorian gerddi caeth yr ail ganrif ar bymtheg, a'u cael bob tro'n brin. Pa syndod?

O bwyllo ryw ychydig, fe welir nad yw pob dim mor ddu a gwyn â hynny. Yn wir, cenid yng nghysgod goreuon yr oes aur lawer o gywyddau digon anystwyth. Am bob meistr disglair fel Guto'r Glyn neu Lewys Glyn Cothi, ceid hefyd rai llai medrus, fel Dafydd Epynt neu Risiart ap Rhys, er mor anwrthrychol yw fy marn innau hefyd, rhaid cyfaddef, wrth ddedfrydu felly. O ystyried cerddi'r ail ganrif ar bymtheg ar eu telerau eu hunain, yn hytrach, mentraf sibrwd y gellir dod o hyd i lawer i'w edmygu ym marddoniaeth glasurol yr oes ddirywiedig honno, hyd yn oed. Nid dyma'r lle i ddadlau ei hachos yn llawn, dim ond i awgrymu mai anlwc fawr Edmwnd Prys, Huw Machno, Siôn Cain a llawer o feirdd gwych eraill oedd cael eu geni i fyw, fe ymddengys, yn y ganrif anghywir.

Mae a wnelo'r ysgrif hon, yn hytrach, â cherddi o fathau gwahanol. Y gwir amdani – a pheidiwch bawb â llewygu ar unwaith – yw nad cywyddau clasurol yn unig a genid gan feirdd yr ail ganrif ar bymtheg. Asgwrn cynnen yr ysgrif hon yw'r ffaith mai wrth y llinyn mesur hwnnw'n unig, sef iechyd y gyfundrefn farddol draddodiadol, y condemniwyd holl farddoniaeth yr ail ganrif ar bymtheg yn ei chrynswth. Mae'r gymhariaeth yn sgiwio'r ddadl, yn rigio'r gêm, i'r fath raddau fel nad oes gan yr ail ganrif ar bymtheg obaith am wrandawiad teg, ac nid oes angen chwilio fawr pellach am y sawl fu'n rigio na *Hanes Llenyddiaeth Gymraeg*. Yng ngeiriau Derec Llwyd Morgan (2013: 137), yr hyn a wnaeth Thomas Parry yn ei gyfrol ddylanwadol oedd sefydlu 'barddoniaeth yr Oesoedd Canol fel *y* peth canolog yng nghanon llenyddiaeth Gymraeg', a throi pob dim arall yn dystiolaeth o'r hyn a alwai'n 'ddirywiad cyson'. Pen draw eithaf yr obsesiwn hwnnw â barddoniaeth glasurol ar draul pob dim arall yw'r math o ddileu trwyadl – dileu cof, mewn gwirionedd – a welir yn y darn dadlennol hwn o *Anghenion y Gynghanedd* gan Alan Llwyd (AyG 337):

> [...] gyda marwolaeth Wiliam Cynwal ym 1587, a Wiliam Llŷn rai blynyddoedd o'i flaen ym 1580, ac wedyn Siôn Tudur, y pencerdd mawr olaf, ym 1602, yr oedd yr hen gyfundrefn nawdd wedi dod i ben i bob pwrpas. Parhaodd y gyfundrefn i raddau gyda gwaith Phylipiaid Ardudwy, sef Siôn Phylip, a fu'n ddisgybl i Wiliam Llŷn a Gruffudd Hiraethog, ei frawd Rhisiart, a dau fab Siôn, Gruffudd a Phylip Siôn Phylip, er mai prin yw cynnyrch Phylip Siôn. Ond wedi hynny, dirywiad a gafwyd, hyd nes i'r neo-glasurwyr Goronwy Owen ac Ieuan Brydydd Hir adfer rhywfaint ar urddas a gogoniant y gynghanedd a'i chadw rhag llwyr ddirywiad.

Sylwer ar yr obsesiwn – fel yn achos beirdd eisteddfod Caerwys gynt – â pharhad digyfnewid yr hyn a fu o'r blaen, a hynny yn nwylo'r ychydig rai o gyffelyb fryd y gellir ymddiried ynddynt i drosglwyddo'r dirgelion – o feistr i ddisgybl, o dad i fab – i'r oesau a ddêl. Dryswch hefyd: daw'r 'gyfundrefn nawdd' i ben yn 1580, yn 1587 ac yn 1602, ganrif gyfan, rywsut, cyn marw Siôn Dafydd Laes, ond yna'n sydyn fe bery 'i raddau'. Ac wedyn yn anochel, yr hen ymadrodd digalon hwnnw – 'wedi hynny, dirywiad a gafwyd' – a ddefnyddir fel sgubell i frwsio rhai cannoedd o feirdd a miloedd o gerddi i dwll ebargofiant.

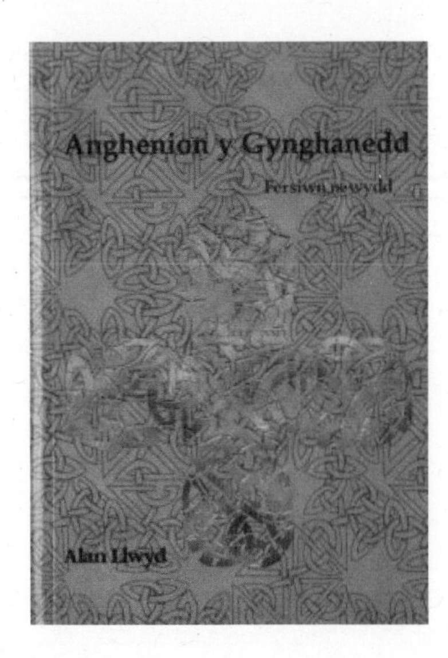

Gellid maddau i'r neb a ddarllenai'r dyfyniad uchod am dybio nad oedd dim arall o bwys yn digwydd yn y cyfnod ond canu cywyddau yn yr hen ddull. Coda gwr y llen, fodd bynnag, a buan y gweli fod llawer iawn o bethau eraill ar waith. Teg gofyn o ddifri, felly, beth oedd yn digwydd mewn gwirionedd ym marddoniaeth yr ail ganrif ar bymtheg, ac mae ceisio ateb y cwestiwn hwnnw'n dadlennu un o groesebau mawr y drafodaeth ar farddoniaeth y ganrif, sef bod y rhan fwyaf o'r cerddi'n aros hyd heddiw'n annarllenedig mewn llawysgrifau ac, ar yr un pryd, yn annheilwng ym marn llawer o gael eu darllen yn y lle cyntaf.

Beth sydd yn y bocs?

Wn i ddim, ond y mae'n siŵr o fod yn ddrwg.

Mewn gair, rhagfarn. Naw wfft i hynny. Dyma gilagor y caead, a'r peth cyntaf sy'n ein taro yw helaethrwydd y canu. Er gwaethaf rhai ymdrechion clodwiw i ddod â chyfran o'r gwaith i'r golwg – yn flaenaf yn eu mysg olygiad swmpus Nesta Lloyd, *Blodeugerdd Barddas o'r Ail Ganrif ar Bymtheg* (1993) – mae'r miloedd o gerddi sy'n aros yn y llawysgrifau, heb eu golygu, yn dyst yn y lle cyntaf i'r ffaith nad oes a wnelo'r cyhuddiad o ddirywiad ddim oll â swmp y cynnyrch. Sut felly, a ninnau wedi clywed cymaint am ddiffyg nawdd yr uchelwyr?

Fe â'r ateb â ni'n nes at hanfod y rhagfarn, oherwydd y mae llawer iawn o'r cerddi hyn, beth wmbreth ohonynt, yn rhai a ganwyd i bobl o statws gymdeithasol is nag uchelwyr o waed coch cyfan. Yn ôl Thomas Parry (1944: 172, 181–2), aelodau oedd y rhain o'r 'werin ddi-ddysg' ac, erbyn yr ail ganrif ar bymtheg, 'nid meddiant yr uchelwyr oedd barddoniaeth gywrain bellach, ond difyrrwch pob gradd mewn cymdeithas, a'r gwerinwr mwyaf cyffredin yn cael ei wala o geinder cynganeddol.' Prin y llwyddodd Syr Thomas i guddio ei ddirmyg. Sylwer yn benodol ar y gair 'di-ddysg' – nad yw bob tro'n gyfystyr ag 'anwybodus', y gair salwach hwnnw sy'n llechu'r tu ôl i ddisgrifiad Thomas Parry – ac ar un gair bach arall y bydd yn rhaid mynd i ddadl yn ei gylch, sef 'bellach'.

Honiad yr *Hanes* yw bod canu'n 'gywrain' i bob gradd yn y gymdeithas yn beth newydd yn y cyfnod hwnnw ac, felly, yn arwydd o'r dyfnder distadl yr oedd y beirdd wedi gorfod ymostwng iddo wrth i'r nawdd uchelwrol brinhau. Yn wir, mae'n debygol fod rhai beirdd wedi gorfod ehangu cylch eu noddwyr – a dadl fawr yw honno o blaid golygu'r cerddi, nid yn ei erbyn – ond fe gymerir yn ganiataol hefyd fod canu ac iddo 'geinder cynganeddol' yn beth dieithr mewn cyfnodau cynharach i bobl nad oeddynt yn uchelwyr. Tybed?

Mewn gwirionedd, o graffu ar y dystiolaeth, ceir lle i ddadlau bod barddoniaeth 'gywrain' gan feirdd is eu statws wedi bodoli erioed yng nghysgod y farddoniaeth glasurol ac, at hynny, fod cyswllt parhaus wedi bod erioed rhwng y ddau fath hynny o farddoniaeth. Dadleuir yma mai amlygrwydd newydd y cerddi is eu statws yng nghofnod llawysgrifol yr ail ganrif ar bymtheg sy'n rhoi'r argraff i ni heddiw fod y canu ei hun yn beth newydd. Yn hytrach na gweld taith barddoniaeth Gymraeg o'r Oesoedd Canol Diweddar (1300–1500) i'r Cyfnod Modern Cynnar (1500–1800) fel treigl mwyfwy dirywiedig – beirdd yn camu un ris yn is wrth i bob oes fynd rhagddi – dylid ei gweld fel proses o ddadlennu haenau a oedd wedi cydfodoli erioed. Wrth i bob dosbarth uchaf yn y gymdeithas ddihoeni yn ei dro, dôi mwy a mwy o'r hyn a genid i'r dosbarthiadau oddi tanodd i'r golwg. Cyfres o strata cydgysylltiedig oedd barddoniaeth Gymraeg erioed, peth i'w amgyffred yn ei ffurf gyflawnaf o'r ochr, yn hytrach nag o'r top i lawr.

Ystyrier y canu i uchelwyr a ddaeth i'r golwg yn sgil cwymp Llywelyn ap Gruffudd yn 1282. Afraid dweud nad oedd canu i uchelwyr yn beth newydd ar y pryd. Rhaid bod llawer o ganu i uchelwyr ac i bobl is eu statws yn nyddiau'r tywysogion ond, gyda rhai eithriadau, awdlau i deuluoedd brenhinol Gwynedd, Powys a Deheubarth a ddiogelwyd yn y llawysgrifau. Cwymp llai sydyn yr uchelwyr Cymraeg a welwyd yn yr ail ganrif ar bymtheg ac, yn ei sgil, daeth i'r golwg ganu i bobl is fyth eu statws. Eto i gyd, er gwaethaf diffygion y cofnod llawysgrifol, gellir cymryd bod y math hwnnw o ganu wedi bod erioed. O'i ystyried felly, mae'r corff helaeth hwnnw o gerddi llychlyd yr ail ganrif ar bymtheg yn sgleinio gan ddilysrwydd newydd. Nid canu digynsail ac arno warthnod dirywiad ydyw, ond canu ac iddo ei hanes a'i olyniaeth ei hun.

Y trueni mawr yw bod yr hanes a'r olyniaeth wedi eu colli bron yn llwyr. Ni oroesodd ond ychydig wybodaeth am ganu'r beirdd is eu statws yn yr Oesoedd Canol, a elwid yn ddirmygus gan rai uwch eu statws yn *groesaniaid*, yn *dreiglfeirdd* ac, yn amlach na pheidio, yn *glerwyr*, ymhlith pethau eraill. Ni ellir priodoli iddynt yn gwbl hyderus yr un gerdd cyn tua chanol y bymthegfed ganrif ac, o ganlyniad, ar dystiolaeth negyddol, mewn mwy nag un ystyr, y seiliwyd ein darlun ni ohonynt. Rhwng dirmyg y beirdd a distawrwydd y llawysgrifau, hawdd dod i'r casgliad nad oedd i'w canu rinwedd o fath yn y byd, heb sôn am 'geinder cynganeddol'. Ond y gwir plaen yw y dylid bwrw amheuaeth ar dystiolaeth beirdd na hoffent ddim yn well na chael eu dyrchafu uwchlaw eu cymheiriaid ac, at hynny, ar dystiolaeth llawysgrifau a luniwyd er diddanwch haenau uchaf y gymdeithas, uchelwyr na welent ddiben diogelu cerddi i bobl is eu statws ochr yn ochr â cherddi roeddent hwy a'u hynafiaid wedi gwario arian da'n eu noddi. Tystiolaeth gwbl unochrog ydyw, ac fe'i llyncwyd yn ddigwestiwn gan lawer, yn aml am ei bod yn cyd-daro â rhagfarnau yn erbyn barddoniaeth is ei statws ym mhob oes.

Pan drown â meddwl agored, yn hytrach, at y cerddi ar fesurau is eu statws a ddaw'n fwyfwy amlwg yn y cofnod llawysgrifol o droad yr unfed ganrif ar bymtheg ymlaen, yn aml fe welwn ynddynt – neu'n hytrach fe glywn – yr hyn na ellir ond eu galw'n gynganeddion. Dyma bennill o gerdd gan Robin Clidro (*fl.*1547), yr enwocaf o feirdd iselradd yr unfed ganrif ar bymtheg, sef marwnad ddoniol iawn i gwrcath y bardd (Davies 1997: 79; cf. Parry-Williams 1932: 149; addaswyd yr atalnodi):

> Os gŵr mewn cyfle a'i lladdodd hi ag arfe,
> Ne â chŵn dichware, hen gath wych wrol,
> Y peswch a'r meigrin a chainc o glwy'r brenin
> A'r *fors a'r *bildin i'w glwyfo bob eildydd,
> A'r cryd cymale a'r gwewyr i'w *fulgre,
> A *gwryf ar ei geillie yn gryfa' ar y galler.
>
> *bors*: tor llengig; *bildin*: poen tin; *mulgre*: llwnc, stumog; *gwryf*: gwasgiad, feis

Druan â'r sawl a laddodd y gath, a heddwch i'w llwch hithau! Fel y nodwyd o'r blaen (Davies 2004; Stephens 1997: 634), nid oedd dim yn well gan Robin na gwyrdroi'n ddeifiol hen gonfensiynau aruchel y canu mawl swyddogol yn ei ddewis o destunau ac, yn bwysicach at ddibenion yr ysgrif hon, yn ei ddefnydd o'r gynghanedd. Bob yn ail linell yn unig y ceir cynghanedd yn y darn uchod, a hynny gan amlaf o amgylch yr acen yn unig:

> Ne â chŵn dichware, hen gath wych wrol
> n ch n d **ch [acen]r** / h n g th **ch [acen]r** l

Fodd bynnag, anaml y nodwyd gwir arwyddocâd y ddwy ffaith hynny: dengys y gerdd fod Robin o'r hyn lleiaf yn gyfarwydd iawn â chonfensiynau'r traddodiad clasurol ac, at hynny, yn medru cynganeddu. Mae'r llinell olaf yn y dyfyniad yn gynghanedd groes gyflawn ddeuddecsill, a cheir wrth ei enw yn y Mynegai i Farddoniaeth Gymraeg y Llawysgrifau lond dwrn o gywyddau a lliaws o englynion. Fel bardd iselradd y cyfeirir at Robin yn ddieithriad ond, mewn gwirionedd, bardd ydoedd a bontiai ddeufyd y beirdd swyddogol ac answyddogol. Golygwyd casgliad o'i gerddi mewn traethawd ymchwil gan Cennard Davies (1964) ond, nid yn annisgwyl, efallai, ni cheir yr un golygiad cyhoeddedig o'i waith.

Nid eithriad mo Robin Clidro. Ceir cerddi ar 'fesur Clidro' – y mesur 'rhydd' a enwyd ar ei ôl ond sydd, mewn gwirionedd, yn llawer hŷn na'i gyfnod ef – wrth enwau Ieuan Brydydd Hir a bardd a elwir y Nant, dau fardd o'r bymthegfed ganrif (Bryant-Quinn 2000; Edwards 2013). A rhoi o'r neilltu am y tro'r ffaith y gallai beirdd na chawsent erioed addysg farddol ymglywed â harddwch seinegol y gynghanedd a'i rhoi ar waith wedyn yn eu cerddi – pwnc ar gyfer ysgrif arall – mae'n eglur fod y ddau fardd dysgedig hynny, fel Robin, yn hen gyfarwydd â'r traddodiad clasurol ac yn gwybod yn iawn beth oedd cynghanedd. Yn wir, ceir wrth enw Ieuan ddeunaw cywydd, a gellid yn hawdd fod wedi synio amdano fel bardd clasurol yn unig pe na bai'r ychydig gerddi o'i eiddo ar fesurau 'answyddogol' wedi eu diogelu yn y cofnod llawysgrifol. Teg gofyn sawl clerwr arall sy'n cuddio yng ngolau dydd, eu henwau'n hysbys ac yn barchus am eu bod yn y

Thomas Parry

llawysgrifau wrth gywyddau ac awdlau, ond eu cerddi llai swyddogol wedi mynd yn angof.

Mae'n sicr nad oedd y beirdd 'swyddogol' ac 'answyddogol' bob tro'n ddwy garfan ar wahân. Er cymaint yr hoffai'r rheini a ymgynullodd yng Nghaerwys i bethau fod fel arall, llithrai o leiaf rai beirdd – llawer iawn, efallai – yn ddigon rhwydd rhwng y naill garfan a'r llall, cydgroesai llwybrau eraill yn aml a chanent weithiau gerddi o'r un *genres* i'r un noddwyr. Erbyn y bymthegfed ganrif, daethai'r term cellweirus hwnnw, 'y glêr', i gwmpasu pob gradd o fardd. Er pob sôn am wrthdaro yng ngherddi'r beirdd o statws uchel, dylanwadai'r ddwy garfan yn llesol ar ei gilydd, fel y gwelir yn eglur yn achos y cywydd ei hun, prif fesur yr oes aur. Mesur digon distadl o'r enw 'traethodl' ydoedd yn wreiddiol, fe gredir, a ddefnyddid gan y glêr i ganu cerddi ysgafn. Yn sgil addurno'r mesur â phatrwm odli rheolaidd ac â'r gynghanedd ddechrau'r bedwaredd ganrif ar ddeg (fel yr amlinellir gan Cynfael Lake yn y gyfrol hon), dygwyd hefyd yn ei sgil rai o destunau ysgafn y glêr i waith y beirdd uchaf eu statws, gan fywiogi a chyfoethogi'r farddoniaeth 'swyddogol' honno (Johnston 2005: pennod 4).

Fel y gwelai Thomas Parry hi (1962: 550), '*cynghanedd* [was] superimposed, in some instances at least, on the unsophisticated poetry composed by "unofficial" bards.' Hawdd credu hynny, ac ystyried swmp y dystiolaeth a oroesodd i'n dyddiau ni, ond rhaid ystyried o ddifri a oedd elfennau o'r gynghanedd wedi bodoli erioed yng ngherddi'r beirdd 'answyddogol'. Dyma lle'n trechir ni gan ddiffyg tystiolaeth, yn anffodus. Eto i gyd, ceir digon o ganu 'answyddogol' o *c.*1450 ymlaen i ddangos fod y gynghanedd o'r hyn lleiaf yn bresennol yn y canu hwnnw cyn yr ail ganrif ar bymtheg. A yw hynny'n ddigon i wrthbrofi haeriad Thomas Parry, sef na cheid cyn y ganrif honno 'geinder cynganeddol' mewn canu 'ansoffistigedig', is ei statws?

Dyma ddod at beth a welai Thomas Parry fel ffaith ond sydd, mewn gwirionedd, yn fater o farn. Beth, yn wir, yw 'ceinder cynganeddol'? I Thomas Parry, mae'n ymddangos mai cynganeddu 'cywir' ydoedd, hynny yw, cynganeddu'n unol â'r rheolau y daethpwyd i'w harfer dros amser hir wrth lunio'n bennaf linellau seithsill y cywydd a'r englyn. O'm rhan i, credaf fod ein dealltwriaeth o farddoniaeth Gymraeg ar ei hennill o ehangu cylch yr hyn y gellir ei alw'n 'gynganeddol gain'.

Hawdd credu heddiw fod y gynghanedd a mesurau clasurol y cywydd a'r englyn wedi cydhanfod erioed. Prin y bydd neb yn ystyried y naill heb y llall. Pan ddysgir rheolau'r gynghanedd, dysgu rheolau'r gynghanedd seithsill a wneir, i'r graddau ei bod yn brofiad cyffredin clywed y sawl sy'n dysgu'n amau cywirdeb cynghanedd heb ynddi saith yn union o sillafau. Ac wrth ddysgu, creu cwpled o gywydd ac yna englyn cyflawn yw'r nod. Fodd bynnag, roedd y gynghanedd yn bod *cyn* ffurfioli'r defnydd a wneid ohoni ym mesur y cywydd ac yn y ffurf fwyaf poblogaidd ar fesur yr englyn, sef yr englyn unodl union. Ceir enghreifftiau o gynghanedd yng ngwaith y Cynfeirdd, ac fe'u gelwir yn aml yn 'egin cynghanedd' (AyG 334). Mae'r disgrifiad hwnnw'n un digon addas o'n safbwynt ni heddiw ond, i'r Cynfeirdd – ni waeth beth, os o gwbl, y galwent yr addurn hwnnw – 'cynghanedd' ydoedd, nid 'egin' dim. Rhybuddiodd Bobi Jones yntau (1997: 50–1), wrth ymateb i sylwadau Thomas Parry (1936–7) am 'dwf' y gynghanedd yng ngwaith Beirdd y Tywysogion, y dylid:

> ymdrin â'r Gogynfeirdd yn ôl eu gofynion hwy, ac nid yn ôl y potensial sydd ynddynt i fod yn Feirdd yr Uchelwyr ar ôl tyfu i fyny. Daw'r ystyriaethau a gyfyd Syr Thomas yn arwyddocaol wrth gwrs, wrth ystyried datblygiad tuag at gynghanedd Beirdd yr Uchelwyr [ond] wrth ddadansoddi cyfundrefn y Gogynfeirdd, nid yw'n cyfrif.

Gellir dweud am feirdd y Cyfnod Modern Cynnar hwythau, pan ddefnyddient gynghanedd wrth ganu ar fesurau 'rhyddion', y dylid ymdrin â'u gwaith yn ôl eu gofynion nhw, yn hytrach na gweld bai arnynt am beidio â chynganeddu'n 'gywir' yn unol â safonau aruchel oes aur y cywydd.

Ychydig iawn o sylw a roddwyd erioed gan feirniaid llên i'r math hwnnw o gynganeddu, a phan wnaed, y disgrifiad diddrwg didda 'cyffyrddiadau cynganeddol' a ddefnyddiwyd yn amlach na pheidio (Johnston 2005: 33; AyG 331), ynghyd â rhai disgrifiadau angharedig fel 'cynghanedd anafus' (Parry 1953) ac 'idiosyncratic form of alliteration' (Davies 2004). Fodd bynnag, fel y gwelwyd yn achos Robin Clidro ac Ieuan Brydydd Hir, roedd o leiaf rai o'r beirdd a ganai gerddi o'r math hwnnw'n medru cynganeddu'n unol â'r dull traddodiadol pan fynnent ac, felly, rhaid mai *dewis* peidio â chydymffurfio'n llwyr a wnaent â holl reolau'r beirdd uwch eu statws. Mae crefft ar waith yn eu llinellau na ellir ei dibrisio'n syml fel cynnyrch rhyw Binocio di-sut a ddyheai, pan feddai'r gallu i gynganeddu'n 'gywir', am gael bod yn Gywyddwr ryw dydd.

Fel y nodwyd eisoes, o amgylch yr acen yn unig y ceir cyfatebiaeth gytseiniol yn y rhan fwyaf o'r llinellau cynganeddol ym marwnad y gwrcath: *Ne â chŵn dichware, hen gath wych wrol*. Pe ceid y math hwnnw o gynghanedd anghyflawn mewn cywydd, fe'i cyfrifid yn wallus. Ond nid ar fesur y cywydd y canwyd y gerdd, ac mae'n eglur nad oedd y bardd yn teimlo rheidrwydd i lunio cynghanedd gytsain gyflawn drwy gyfateb yn ail ran y llinell yr holl gytseiniaid sydd o flaen yr brifacen yn y rhan gyntaf, fel y gwnaeth yn ddigon medrus yn llinell olaf y dyfyniad. Yn hynny o beth, ni ddylid collfarnu'r llinell honno ac eraill tebyg iddi fel rhai 'gwallus' yn unol â rheolau cydnabyddedig y cywydd, fel y gwneir, er enghraifft, yn *Cydymaith i Lenyddiaeth Cymru* (Stephens 1997: 634). A yw'r llinell honno o ddychan i'r cŵn ac o fawl i'r gath yn ffurf lai cywrain ar y gynghanedd gytsain? Ydi, am wn i. Ond cynghanedd yw hi'r un fath.

Dyffryn Ceiriog, a Phont-y-meibion yn y pellter, o ben Craig Pandy

Ystyr 'cynghanedd', yn ei hanfod, yw 'harmoni'. Fel y gwelir mewn mannau eraill yn y gyfrol hon ac, at hynny, yn ymchwil Rhian Andrews i fathau gwahanol o gynganeddion sain yng ngwaith Beirdd y Tywysogion (1998; 2003), mae'r hyn sy'n creu i'r glust 'harmoni' rhwng geiriau'n amrywio'n aml o oes i oes, o fardd i fardd ac, yn wir, o gerdd i gerdd. Gallai pawb, o'r uchelwr mwyaf gwaetgoch i'r tlotyn isaf – nad oedd y ddysg draddodiadol yn agored iddo – ymglywed â phrydferthwch yr harmoni hwnnw.

A throi o'r diwedd at yr ail ganrif ar bymtheg, ac at gerddi bardd mwyaf y ganrif honno, Huw Morys (1622–1709) o Bont-y-meibion yn nyffryn Ceiriog, nid oes angen chwilio'n hir cyn dod o hyd i enghreifftiau tebyg. Dyma ddau bennill cyntaf cyfres o dribannau hynod hoffus a chellweirus ganddo, cerdd ofyn sydd hefyd yn gerdd ar achlysur codi adeilad newydd, dau o *genres* amlycaf y Cywyddwyr. Canodd Huw'r gerdd er mwyn ceisio cymorth criw o grefftwyr i godi tŷ i'w gymdogion tlawd, Ragiar Huws a'i wraig (golygiad gen i):

> Fi a'm holl gymdeithion,
> Os gwir yw gwers y person,
> Troed y ffordd i'r nefoedd gu
> Yw adeiladu i dlodion.
>
> Trwy gariad a chymdeithas,
> Dymunwn i gymwynas
> Lle mae coed a cherrig dwr
> Yn rhywle 'nghwr y Rhiwlas.

Ceir yn llinellau'r dyfyniad byr hwn gynghanedd lusg a chynghanedd draws yn ôl y dull arferol, ond sylwer hefyd ar y gynghanedd groes yn llinell olaf y pennill cyntaf. Pe ceid yr un llinell mewn cywydd, fe'i cyfrifid yn bendrom ac yn wallus, am fod yr orffwysfa'n syrthio ar ôl y bumed sillaf ond, wrth gwrs, pennill o driban yw hwn, ac nid yr un yw'r cyfyngiadau. Ceir llinell debyg – *Yn enw Duw yn dywad* – yn nes ymlaen yn y gerdd. Dyna ail linell yr ail bennill wedyn, lle ceir – fel yn y llinell uchod o eiddo Robin Clidro – gyfatebiaeth gytseiniol o amgylch yr acen yn unig:

> Dymunwn i gymwynas
> d **m [acen]n** n / g **m [acen]n** s

Ac eithrio pe'u troid yn gynganeddion sain cywasgedig iawn, efallai, anodd gweld sut y buasai'r un o'r ddwy linell hyn wedi dod i fod ar fesur y cywydd nac, yn wir, ar unrhyw un arall o'r pedwar mesur ar hugain traddodiadol. Roedd Huw'n gynganeddwr eithriadol o fedrus, a gallasai'n hawdd fod wedi llenwi pob un llinell yn y gerdd â chynganeddion a fuasai'r un mor gartrefol mewn triban ag mewn cywydd, ond dewisodd beidio â gwneud hynny. Enghreifftiau newydd a phersain yw'r llinellau hynny o gynganeddion a ddaeth i fod – yn y Cyfnod Modern Cynnar, efallai, ond o bosib lawer iawn ynghynt – yn benodol yn sgil eu canu ar fesurau is eu statws.

A cheir mwy. Un o'r crefftwyr y galwodd Huw arno am ei wasanaeth oedd

> Huw Moris fwyn o'r Hendre
> A ddysgodd godi *cyple, (*trawstiau'r to)
> Da'i rinwedde, daw i'r Nant,
> Caiff yno gant o swydde.

Yn nhrydedd linell y pennill hwn, ceir cyfatebiaeth gytseiniol ac eithrio ar yr acen ac, at hynny, ceir gair diacen o flaen yr orffwysfa ac un acennog yn y brifodl:

> Da'i rinwedde, daw i'r Nant
> **d r n** [acen]dd / **d r n** [acen]nt

Afraid dweud fod hyn oll yn torri mwy nag un rheol aur ond, fel llysgenhadaeth mewn gwlad dramor, mae'n amlwg nad oedd pob un o reolau'r awdurdodau'n gymwys ar dir y triban. Ceir llinell arall o'r un math yn nes ymlaen yn y gerdd – *Ufudd harddwch a fydd hyn* – a gellir bwrw amcan o ran sut y daeth llinellau o'r math hwnnw i fod o graffu ar lu o rai eraill mewn cerdd farwnad deimladwy, eto ar fesur 'rhydd', a ganodd Huw i Farbra Miltwn o'r Plasnewydd ger Llansilin. Canwyd y gerdd ar ffurf ymddiddan rhwng y byw a'r marw ac, yn y chwe llinell olaf, clywir llais galarus y gŵr gweddw, Rhisiart Miltwn (Lloyd 1966: 117; addaswyd yr atalnodi):

> Nid yw ryfedd faint f'anhunedd,
> Dod amynedd, Dad, i mi;
> Dod drugaredd, rhannwr rhinwedd,
> Yn y diwedd i ni'n dau,
> A maddau i'm calon am fy ngwenfron
> Wych a ffyddlon ei choffáu.

Gwelir mai cynganeddion sain teirodl a geir ym mhob cwpled – er enghraifft, *ryfedd / anhunedd / amynedd / mi* – ond ymestynnir y gyfatebiaeth gytseiniol rhwng y ddau gymal olaf bob tro:

> Dod amynedd, Dad, i mi
> **d d m** [acen]n dd / **d d m** [acen]

Fe wnâi'r Cywyddwyr hyn yn aml yn eu cynganeddion sain seithsill – Guto'r Glyn biau'r llinell *A wnaeth deiladaeth Duw lwyd* (GG.net 90.2), er enghraifft – ac mae'n eglur mai merch i'r gynghanedd sain yw'r ffurf honno ar gyfatebiaeth gytseiniol. Yn y farwnad i Farbra Miltwn, mae'r gyfatebiaeth yn dal i fod yn sownd wrth gynffon y gynghanedd sain ond, ar yr un pryd, mae'n gyfatebiaeth seithsill sy'n sefyll fymryn ar wahân. Yn y gerdd ofyn ar ran Ragiar Huws a'i wraig, saif yr un math o gyfatebiaeth ar ei draed ei hun yn llwyr, heb fod ynghlwm wrth yr un gynghanedd sain.

Mae llawer iawn mwy i'w ddweud am y modd y defnyddid y gynghanedd mewn mesurau 'rhydd' sydd, mewn gwirionedd, yn berwi gan gynganeddion. Fe'u gelwir yn fesurau 'rhydd' yn bennaf am nad ydynt yn rhan o'r pedwar mesur ar hugain bondigrybwyll, y rhestr gwbl artiffisial honno o fesurau a glytiwyd at ei gilydd gan awduron y gramadegau barddol ar gownt y gred gyfeiliornus fod pedair llythyren ar hugain yn yr wyddor Gymraeg, ar lun yr wyddor Ladin. Y gwir amdani yw mai ychydig iawn o ganu a fu erioed ar nifer o'r mesurau 'swyddogol' hynny, er gwaethaf pob ymlyniad wrthynt – gofynnwyd am awdl ar 'fesurau Dafydd ab Edmwnd' yng nghystadleuaeth y Gadair hyd ganol chwedegau'r ganrif ddiwethaf – ond ni waeth faint o ganu cynganeddol gyffrous a fu ar fesurau 'answyddogol' fel y triban, mesur y tri thrawiad a llawer un arall, dihoeni a wna'r rheini hyd heddiw ar gyrion y traddodiad. Pe na bai'r hen geidwadaeth mor rhemp ymhlith y beirdd uchel eu statws, dyma'r math o ganu a fuasai wedi medru adfywio'r gyfundrefn farddol drwyddi yn y Cyfnod Modern Cynnar.

Ni ellir cloi'r un drafodaeth ar gerddi 'rhydd' yr ail ganrif ar bymtheg heb droi eto at waith Huw Morys. Fel yn achos Robin Clidro a'i ragflaenwyr, roedd Huw'n gwbl rugl yn gynganeddol ac, yn wir, fe ganodd gywyddau clasurol i rai o uchelwyr cyfoethocaf ei ddydd. Eto i gyd, fe gododd Huw i dir llawer uwch na'i gymheiriaid. Fe'i disgrifiwyd gan neb llai na Thomas Parry fel 'un o brif feirdd Cymru' (1944: 179) ac, yn yr *Oxford Book* ei hun, fe'i clodforir uwch pob dim am roi'r gynghanedd ar waith mewn mesurau newydd acennol a ddôi'n wreiddiol, fe dybir, o Loegr (1962: xiv):

> The particular way in which *cynghanedd* was employed was ... novel – one might almost say revolutionary.

Yr enw a roes Thomas Parry ar y datblygiad hwnnw oedd 'y canu caeth newydd', ac fe'i cymharodd â'r hyn a ddigwyddodd yn achos y cywydd ar ddechrau'r bedwaredd ganrif ar ddeg (Parry 1935: 149):

> [Ceir] Huw Morus yn yr ail ganrif ar bymtheg yn gwneuthur yn union yr un peth ag a wnaeth Dafydd ap Gwilym yn y bedwaredd ar ddeg, sef rhoi i'r gynghanedd ei lle mewn mesurau neilltuol.

Tipyn o ddweud, yn wir. Ond fe ymddengys fod pall ar ddylanwad Thomas Parry, hyd yn oed, oherwydd prin iawn fu'r ymateb i'r clod hwnnw, er gwaethaf y twf mawr mewn diddordeb yn y gynghanedd dros yr hanner canrif diwethaf. Ni chyfeirir at Huw Morys yn *Anghenion y Gynghanedd* ond wrth fynd heibio (AyG 320–1), ac erys y rhan fwyaf o'i waith – dros 470 o gerddi – heb ei olygu'n foddhaol. Gyda golwg ar ddathlu pedwar canmlwyddiant ei eni yn 2022, fy mwriad i yw golygu o leiaf rai o gerddi'r bardd a elwid yn edmygus yn Eos Ceiriog, a dod â'r canu gwirioneddol gyffrous hwnnw'n ôl i olau dydd.

Daw'r llwyth enfawr o gerddi sydd wrth enw Huw Morys â ni'n ôl at un o ogoniannau'r ail ganrif ar bymtheg, sef helaethrwydd ei thystiolaeth. Ceir yn y llawysgrifau gnwd da o gerddi 'rhydd' o'r unfed ganrif ar bymtheg, ond ar droad yr ail ganrif ar bymtheg, gyda thwf llythrennedd a gweithgarwch cadwriaethol mawr y copïwyr a'r casglwyr llawysgrifau, y mae'r canu hwnnw'n dod i'w hawl ei hun.

Helaethrwydd, ie, ac amrywiaeth. Daw i'r golwg yn y llawysgrifau feirdd o bob gradd gymdeithasol ac, yn fwy dadlennol, efallai, o bob rhyw. Ceir nifer fwy o enwau merched wrth gerddi yn yr ail ganrif ar bymtheg nag yn y ddwy ganrif flaenorol gyda'i gilydd, yn eu plith Angharad James, bardd cyffrous a'r ferch gyntaf y gwyddys iddi fod yn copïo ac yn casglu llawysgrifau (Charnell-White 2005: 7–10, 384). Cyfeiriwyd eisoes at amrywiaeth yn y mesurau a'r gynghanedd, ac at y ffaith fod noddwyr y canu hefyd yn dod o 'bob gradd mewn cymdeithas': yn ogystal ag uchelwyr, cenid cerddi ar gais ffermwyr, cryddion, porthmyn, seiri, clochyddion, cerddorion, garddwyr, tanerwyr, morynion, gweddwon a thlodion.

Cyfeiriwyd hefyd wrth fynd heibio at *genres* y cerddi ar fesurau is eu statws: yr un ydynt yn aml â *genres* cydnabyddedig y Cywyddwyr – mawl, marwnad, gofyn, diolch a dychan – ond fe'u cyfunir yn ddyfeisgar hefyd ac, ar brydiau, daw *genres* ac is-*genres* gwahanol i'r golwg, fel carolau plygain, carolau Mai, cerddi 'cwrw gwahodd', cerddi serch ar gais merch, cerddi marwnad ar ffurf sgwrs rhwng y byw a'r marw, cerddi cysur a cherddi i eiriol ar ran eraill mewn trybini. Drwy hynny i gyd, fe geir cipolwg trylwyrach nag erioed ar ddiwylliant materol ac ar ymatebion trawstoriad eang o gymdeithas y cyfnod i ddigwyddiadau mawr a chythryblus yr oes. Mae'n gwbl eglur fod y farddoniaeth honno'n ateb dibenion o bob math drwy wasanaethu pob rhan o'r gymdeithas, o fonedd i wreng. Nid oedd ac ni bu erioed, efallai, yn rhaid bod o waed uchel er mwyn noddi cerdd, a'r hyn a ddisgrifir yn y brawddegau uchod yw'r traddodiad mawl – y traddodiad Taliesinaidd a welir yn ei ffurf glasurol yng nghanu'r Cywyddwyr ac a fawrygir, o ganlyniad, yn ein diwylliant – ar wedd ehangach nag a welid erioed o'r blaen.

Ac olrhain hanes y math newydd hwnnw o ganu cymdeithasol a ddaeth i'r amlwg yn y Cyfnod Modern Cynnar, fe welir ei barhad yng nghanu beirdd gwlad y Cyfnod Modern Diweddar (James 2019: 308). Drwy eu gwaith nhw'n anad neb y trosglwyddwyd i'n dyddiau ni, drwy law beirdd gwlad y ganrif ddiwethaf, yr hyn a wna barddoniaeth Gymraeg heddiw'n unigryw yn holl lenyddiaeth Ewrop, sef ei helfen gymdeithasol gref. Ac er bod Saunders Lewis wedi rhoi ei fys ar galon y gwir pan alwodd Alun Cilie, bardd gwlad amlycaf ei ddydd, yn un o etifeddion Taliesin ac, at hynny, 'of the court poets of Llywelyn the Great, of the country house poets of the 15th century gentry' (1964), yn ei orawydd i ddyrchafu'r bardd gwlad, fe lamodd dros feirdd is eu statws yr ail ganrif ar bymtheg. O ran amrywiaeth, mentergarwch ac ysbryd hollgynhwysol eu canu, y beirdd hynny, mewn gwirionedd, yw prif ragflaenwyr anrhydeddus canu cymdeithasol ein dyddiau ni.

Gwelir bellach, fe obeithir, mai yng nghyd-destun y canu caeth traddodiadol yn unig y dioddefa'r ail ganrif ar bymtheg mewn cymhariaeth â'r Ganrif Fawr. Cymharer nhw'n awr o safbwynt y canu ar fesurau is eu statws, ac mae'n eglur pa un yw'r ganrif gyfoethocaf. Rhagora'r ail ganrif ar bymtheg nid yn unig o ran amrywiaeth noddwyr, beirdd a phynciau, ond o ran yr hyn a wyddom am y cyfeiliant a genid i'r cerddi ac o ran eu dibynadwyedd testunol hefyd. Gwnaethpwyd llawer o ymchwil flaengar yn ddiweddar i gyd-destun cerddorol cerddi'r Oesoedd Canol ond, yn sgil diffyg tystiolaeth, rhaid cydnabod yn y pen draw mai damcaniaethu'n unig y gellir ei wneud o ran union berthynas y miwsig hwnnw â'r geiriau (Harper 2013). Yn achos cerddi'r ail ganrif ar bymtheg, ar y llaw arall, ceir cofnod o'r alawon a genid yn gyfeiliant i lawer ohonynt ar frig y testunau yn y llawysgrifau ac, at hynny, mae llawer o'r alawon hynny wedi goroesi, i'r graddau y gellir ailbriodi'n hyderus yn ein dyddiau ni y geiriau a'r nodau. Ac o ran testunau'r cerddi, fe'u ceir yn aml naill ai yn llaw'r bardd neu yn llaw copïydd agos ato. Mae hynny, ynghyd â'r ffaith fod nifer lai o gopïau amrywiol o bob cerdd mewn cymhariaeth â rhai'r Oesoedd Canol – cafwyd dwy ganrif yn ychwanegol, wedi'r cyfan, i ailgopïo'r rheini – yn hwyluso gwaith y golygydd testunol yn ddirfawr.

Eto i gyd, tasg ddi-fudd yw cymharu pethau mor gyfnewidiol â chynnyrch barddol gwahanol gyfnodau mewn hanes. Mae i bob canrif ei rhagoriaethau a'i gwendidau ei hun. A dychwelyd o'r diwedd at fy mharti dychmygol, mae'r ail ganrif ar bymtheg – o ran ei barddoniaeth, yn sicr, ond o ran cynifer o agweddau eraill ar ei hanes hefyd – yn dal i sefyll yn unig ar y cyrion. Yn unig, ie, ond nid yn gwbl amddifad o gyfeillion. Yng ngeiriau trawiadol wrthryfelgar Geraint Jenkins (1983: 234–5), er enghraifft, 'adfywiad barddol' a gafwyd yn yr ail ganrif ar bymtheg, nid dirywiad, a bu Nesta Lloyd yn cenhadu'n frwd hefyd ar ran y beirdd yn rhan gyntaf ei golygiad o ganu'r cyfnod, *Blodeugerdd Barddas o'r Ail Ganrif ar Bymtheg* (1993). Mae'n drueni mawr na ddaeth o'r wasg yr ail ran, i gyfro barddoniaeth ail hanner y ganrif ryfeddol honno. Teg cloi â'i galwad hi i'r gad yn ei rhagair i'r flodeugerdd (xxiv):

... rhyw hwylio o gwmpas y glannau'n unig a wneir yn y gyfrol hon gan obeithio y bydd rhai o'r cerddi sydd ynddi'n ennyn chwilfrydedd pobl eraill i fentro i mewn i fywyd anturus a chyffrous y ganrif. Y mae'r defnyddiau'n doreithiog, yn ddihysbydd bron, ac mae'r wobr yn fawr i'r sawl sy'n barod i wrando gyda chlust fain ac i edrych trwy lygaid sydd heb eu dallu gan ragfarn.

LLYFRYDDIAETH

Andrews, Rh.M. (1998), 'Sain broest', *Llên Cymru* 21: 166–71

Andrews, Rh.M. (2003), 'Sain dro', *Llên Cymru* 26: 151–7

Bowen, D.J. (1980–2), 'Y Cywyddwyr a'r dirywiad', *Bwletin y Bwrdd Gwybodau Celtaidd* 29: 453–96

Bryant-Quinn, M.P. (gol.), (2000), *Gwaith Ieuan Brydydd Hir* (Aberystwyth)

Charnell-White, C.A. (gol.) (2005), *Beirdd Ceridwen: blodeugerdd Barddas o ganu menywod hyd tua 1800* (Llandybïe)

Davies, C. (1964), 'Robin Clidro a'i Ganlynwyr', traethawd MA anghyhoeddedig, Prifysgol Cymru

Davies, C. (1997), 'Early free-metre poetry', yn R.G. Gruffydd (ed.), *A Guide to Welsh Literature* c.*1530–1700* (Cardiff), 75–99

Davies, C. (2004), 'Clidro, Robin', Dictionary of National Biography Online <https://www.oxforddnb.com/view/10.1093/ref:odnb/9780198614128.001.0001/odnb-9780198614128-e-68669?rskey=WHp4qt&result=1> (cyrchwyd Mai 2020)

Davies, J.H. (1904–5), 'The roll of the Caerwys Eisteddfod of 1523', *Transactions of the Liverpool Welsh National Society*: 87–102

Edwards, H.M. (gol.) (2013), *Gwaith y Nant* (Aberystwyth)

Harper, S. (2013), 'Musical imagery in the poetry of Guto'r Glyn', yn D. Foster Evans, B.J. Lewis ac A. Parry Owen (goln.), *'Gwalch Cywyddau Gwŷr': ysgrifau ar Guto'r Glyn a Chymru'r bymthegfed ganrif* (Aberystwyth), 177–202

Huws, D. (2016), 'Siôn Dafydd Laes: seren wib o fardd', yn Rh. Griffiths (gol.), *Blodeuglwm: ysgrifau i anrhydeddu Lionel Madden* (Aberystwyth), 26–47

James, E.W. (2019), 'Popular poetry, Methodism, and the ascendancy of the hymn', yn G. Evans and H. Fulton (eds.), *The Cambridge History of Welsh Literature* (Cambridge), 306–34

Jenkins, G. (1983), *Hanes Cymru yn y Cyfnod Modern Cynnar* (Caerdydd)

Johnston, D. (1994), *A Pocket Guide: the literature of Wales* (Cardiff)

Johnston, D. (2005), *Llên yr Uchelwyr: hanes beirniadol llenyddiaeth Gymraeg 1300–1525* (Caerdydd)

Jones, R.M. (1997), 'Gogynghanedd y Gogynfeirdd', *Ysgrifau Beirniadol XXII*: 41–79

Lewis, C.W. (1997), ‘The decline of professional poetry’, yn R.G. Gruffydd (ed.), *A Guide to Welsh Literature* c.*1530–1700* (Cardiff), 29–74

Lewis, S. (1932), *Braslun o Hanes Llenyddiaeth Gymraeg* (Caerdydd)

Lewis, S. (1964), ‘A member of our older breed’, *The Western Mail: Literary Review* (4 Rhagfyr): 4

Lloyd, N. (1966), ‘Cerddi Huw Morys i Barbra Miltwn’, *Ysgrifau Beirniadol II*: 79–119

Lloyd, N. (gol.) (1993), *Blodeugerdd Barddas o’r Ail Ganrif ar Bymtheg* (Abertawe)

Llwyd Morgan, D. (2013), *Y Brenhinbren: bywyd a gwaith Thomas Parry 1904–1985* (Llandysul)

Parry, T. (1935), *Baledi’r Ddeunawfed Ganrif* (Caerdydd)

Parry, T. (1936–7), ‘Twf y gynghanedd’, *Transactions of the Honourable Society of Cymmrodorion*: 143–60

Parry, T. (1944), *Hanes Llenyddiaeth Gymraeg hyd 1900* (Caerdydd)

Parry, T. (1953), ‘Clidro, Robin’, Y Bywgraffiadur Cymreig Ar-lein <https://bywgraffiadur.cymru/article/c-CLID-ROB-1580?&query=robin%20clidro&searchType=nameSearch&lang[]=cy&sort=sort_name&order=asc&rows=12&page=1> (cyrchwyd Mai 2020)

Parry, T. (ed.) (1962), *The Oxford Book of Welsh Verse* (Oxford)

Parry-Williams, T.H. (gol.) (1932), *Canu Rhydd Cynnar* (Caerdydd)

Stephens, M. (gol.) (1997, trydydd arg.), *Cydymaith i Lenyddiaeth Cymru* (Caerdydd)

PURDEB CYNGANEDDOL

PHILIPPA GIBSON

Nid purdeb cynghanedd yw fy niléit i! Rwy'n un ddiog iawn sy'n mynd am y gynghanedd 'lite' bob tro ac yn ddigon bodlon taro llinell ar bapur neu ar sgrin os caf wneud heb fy nghosbi. Mae fy nghydwybod yn llac iawn yn y cyd-destun hwn. Nid 'a yw'n iawn?' yw'r cwestiwn i fi ond, yn hytrach, 'a fydd y beirniad hwn yn ei dderbyn?' Serch hynny, rwyf wrth fy modd yn clywed ac yn darllen cynghanedd raenus o'r safon uchaf, ac yn falch iawn bod eraill yn ddigon cydwybodol a galluog i lunio llinellau o'r fath, ac rwy'n rhyfeddu'n aml at eu gwaith.

PAM FOD CYWIRDEB CYNGANEDDOL YN BWYSIG?

RHYS DAFIS

Cefais fy nghodi o fewn cwta hanner milltir i Garth Geri, a fu'n gartref, yn fy marn i ac eraill, i Tudur Aled, pencerdd Eisteddfod Caerwys 1523, pan 'ddeddfwyd' ynglŷn â'r rheolau cerdd dafod a ddilynwn ni â balchder 500 mlynedd yn ddiweddarach. Yn naturiol, mae'n dipyn o arwr i mi'n bersonol, a fydd neb yn synnu fy mod i'n cyfri cywirdeb cynganeddol yn bwysig dros ben.

Mae gwaddol Tudur Aled a'i gyd-feirdd yn un o drysorau unigryw'r iaith Gymraeg, ac yn grefft y dylem ei harfer, ei gwarchod a'i throsglwyddo i'r cenedlaethau sy'n codi, fel y cawson ni'r fraint o'i hetifeddu. Ond nid am y rheswm hwnnw'n bennaf y mae cywirdeb cynganeddol yn bwysig imi. Mae'n ymwneud â cheinder crefft.

Yn union fel ag y mae cyfuniad sŵn a mydr nodau mewn cynghanedd bersain yn dyrchafu'r profiad o wrando ar gerddoriaeth, felly hefyd y mae cyfuniad sŵn a mydr geiriau mewn cynghanedd bersain yn dyrchafu'r profiad o wrando ar farddoniaeth. Yn fy marn i, y canlyniad mwyaf gwerthfawr o drafodaeth penceirddiaid Caerwys, wrth gadarnhau rheolau'r cynganeddion a'r mesurau caeth a'r safonau i'w cyrraedd gan feirdd, oedd crisialu'r grefft sy'n creu miwsig geiriau.

Mae'r un miwsig hudol i'w glywed wrth arfer y grefft honno ar ei gorau yn ein Cymraeg modern heddiw. Mae'r grefft yn hen, ond y mae'r un mor werthfawr ei harfer. Ni ddylem ei hesgeuluso drwy ostwng ei safonau.

> Mwynhau hen ymgom newydd – a wna Siôn
> a Siân yn dragywydd;
> cynnau y swyn cynnes sydd
> i'w gael yng nghwmni'i gilydd.

MERCHED A'R GYNGHANEDD:
AILYSTYRIED HANES LLENYDDIAETH GYMRAEG

GRUG MUSE

‘Merched a’r gynghanedd’ oedd y testun a awgrymwyd gan y golygyddion ar gyfer yr ysgrif hon. Ac am destun. Difyrrach, efallai, fyddai ysgrif yn edrych ar wrywdod tocsig a’r gynghanedd, neu’r gynghanedd ac iaith ffalig. Ond dyna ni, mae’r safbwynt benywaidd yn parhau i fod yn safbwynt yr ‘Arall’ dieithr ym myd barddoniaeth Gymraeg. Mae eu profiad yn destun i’w astudio, i’w gategoreiddio a’i ddadansoddi, ac mae’r profiad gwrywaidd yn ‘normal’ a naturiol.

Creadigaeth gwrywdod yw ‘Merch a’r gynghanedd’. O’r safbwynt benywaidd, ‘bardd’ yw ‘merch a’r gynghanedd’. Ond mi chwaraewn ni’r gêm at bwrpas yr ysgrif hon, er mai ailwampio a chrynhoi dadleuon wedi eu gwneud hyd syrffed gan feirniaid eraill a wneir. Mater arall i’w drafod yw’r defnydd o’r gair ‘merched’. Mae’n air â chynodiadau gwahanol i ddarllenwyr deheuol, lle gall ‘merch’ olygu ‘hogan ifanc’ neu ‘eneth’, yn hytrach na ‘dynes’. Fe ddefnyddir y gair yn yr ysgrif hon yn ei ystyr ogleddol, sef ‘dynes’, a hynny oherwydd mai Arfoneg yw fy iaith i, oherwydd fod ganddo (yn wahanol i ‘dynes’) ffurf luosog hwylus, ac oherwydd fod ‘menyw’, i mi, yn teimlo fel term meddygol.

Sut beth yw’r Ferch-a’r-gynghanedd hon, felly? Anifail prin ydyw, ac edrych ar ffynonellau safonol ac addysgol y flodeugerdd, y canon a’r fanyleb. Nid oes sôn amdani yn yr ugeinfed ganrif, yn ôl *Blodeugerdd Barddas* o farddoniaeth y ganrif honno, na chwaith yn y cyfnod rhwng y flwyddyn 500 ac 1960 yn ôl yr *Oxford Book of Welsh Verse*, casgliad o gerddi a ddewiswyd yn ôl y rhin amwys ac anniffiniedig hwnnw, ‘poetic merit’ (Parry 1962: xvi).

Cawn snwffiad ohoni ar fanylebau cyrsiau llenyddiaeth Cymraeg TGAU (14–16 oed) a TAG (16–18 oed) (CBAC 2015a; 2015b), sydd wedi eu seilio i raddau helaeth ar y blodeugerddi ‘safonol’ uchod. Ar y cwrs TAG a Safon Uwch, Karen Owen yw un o ddwy brydyddes y mae eu gwaith wedi ei gynnwys ar y cwrs dwy flynedd, mewn cymhariaeth â 13 o ddynion (Menna Elfyn yw’r llall). Mererid Hopwood sydd ar y cwrs TGAU, ynghyd ag wyth o feirdd gwrywaidd. Er bod y ddwy’n adnabyddus fel cynganeddwyr, cerddi rhydd o’u heiddo sydd ar y fanyleb. Bron iawn, ond dim sigâr, ys dwed y Sais.

Mae’r dystiolaeth gyntaf o fodolaeth y Ferch-a’r-gynghanedd yn y record ffosil i’w chael yng nghyfrol cyfansoddiadau a beirniadaethau’r Eisteddfod Genedlaethol yn 2001, ar ffurf Mererid Hopwood, ac yna eto yn 2008 ar ffurf Hilma Lloyd Edwards, y brydyddes gyntaf a’r ail yn eu trefn i ennill y Gadair.

Dyma lwyddo i olrhain ei hymddangosiad yn y cofnodion, felly, i droad y trydydd mileniwm, ac mae gennym dri sbesimen: y Karenws Owenws, Mereridws Hopwoodws a’r Hilmalloydws Edwardws. Ond ni wnaiff hyn mo’r tro o gwbl, a rhaid tyrchu’n ddyfnach i’r gwelâu ffosil. Rhaid mentro i gorneli dwfn y llyfrgell, i drobyllau enbyd y Dewey Decimal System, er mwyn canfod Magdalen fawr llenyddiaeth Gymraeg, y Werful Mechain gocwyllt, bornograffig honno o bellafion y bymthegfed ganrif sy’n gwneud i lyfrgellyddion parchus gochi at fôn eu clustiau.

Dyna gyfri pedair enghraifft swyddogol o’r rhywogaeth brin hon, gyda bron i 500 mlynedd o fwlch rhwng y gyntaf a’r lleill. Gadewch i ni droi un tro olaf yn ôl at berfeddion y llyfrgell, efo het galed â lamp ar ei chorun, rhaff a brechdanau jam a fflasg o de. Crwydrwn i gornel dywyllaf, dampiaf a phellaf un y llyfrgell ddofn hon, at y silff a labelwyd 'Gwaith Amatur, Ansafonol, Ffasiynol ac Anniddorol'.

Y beirdd 'amatur', i ddechrau, y rhai na chawsant fynediad at addysg ffurfiol, nac at addysg farddol ffurfiol yn benodol, am ganrifoedd maith. Defnyddir y gair yn aml fel ansoddair difrïol, ond dengys rhai fel Dafydd Johnston (1997: 30–1) y gallai statws amatur olygu rhyddid barddol i arbrofi ac i wthio ffiniau o ran cynnwys a ffurf. Y gair 'ansafonol' wedyn. Defnyddir y gwaith o amddiffyn cysyniadau amwys fel 'safon' a 'theilyngdod' (Llwyd 1988: 12) yn aml fel esgus dros beidio â chynnwys cerddi gan feirdd benywaidd mewn casgliadau, ond y mae'r 'safon' honno'n aml wedi ei seilio ar ragdybiaethau rhywiaethol ac ar chwaeth wedi ei magu gan draddodiad patriarchaidd. Camsyniad yw honni fod y ffasiwn beth â safon oesol, safadwy, ddiduedd yn bodoli. Ac o ran y term 'ffasiynol', defnyddir hwnnw'n aml iawn i ddifrïo gwaith gan feirdd benywaidd, neu waith sy'n trafod themâu a ystyrir yn fenywaidd. Gweler disgrifiadau Alan Llwyd (1988: 12; 1987: 4) a Bobi Jones (1988: 7) o gerddi ffeministaidd. Mae'r ansoddair yn un rhyweddol ac wedi ei wreiddio yn y syniad fod merched yn greaduriaid arwynebol, a bod eu diddordebau, felly, yn arwynebol ac yn gyfnewidiol. Ac wrth reswm, os ystyrir darn o waith yn amatur, yn ansafonol ac yn ffasiynol, yna'n amlwg mae'n rhaid ei fod yn 'anniddorol' hefyd, a 'wiw i neb drafferthu ag o.

Dyma hi, silff y cyfrinachau yr esgymunwyd iddi weithiau beirdd fel Catrin ferch Gruffudd ap Hywel, Gaenor ferch Elisau ab Wiliam Llwyd, Marsli ferch Hywel ap Gruffudd, Liws Herbart a llaweroedd eraill. Wedi eu claddu mewn cyfrolau a chyfnodolion academaidd a all fod yn ddrud ac yn anhygyrch.

Dyma sy'n wynebu'r Ferch-a'r-gynghanedd heddiw. Camsynio amdani ei hun ar y naill law fel creadures eithriadol, ac ar y llall ddioddef parhad yr un syniadau a chonfensiynau a greodd y camargraff hwnnw yn y lle cyntaf. Dyma fynd ati â phwrpas deublyg yn yr ysgrif hon, felly, er mwyn gwneud rhywfaint i gywiro'r camsyniadau hynny, a dangos sut y crëwyd hwy yn y lle cyntaf.

—•••—

Gor-ddweud fyddai galw Gwerful Mechain (*c*.1460–1502) yn enw cyfarwydd, ond y mae ymwybyddiaeth ohoni ar gynnydd (Jones 2017; Gramich 2018). Hi'n sicr yw'r brydyddes amlycaf o gyfnod Beirdd yr Uchelwyr (1300–1600), pan

oedd y gyfundrefn farddol yn dosbarthu beirdd yn ddisgyblion ac yn benceirddiaid, a merched wedi eu hesgymuno bron yn llwyr o'r gyfundrefn honno. Gallwn briodoli tua phymtheg o gerddi i Werful â lled sicrwydd, sy'n tystio i boblogrwydd ei cherddi yn ei chyfnod ac am ganrifoedd wedyn. Roedd copi o un o'i chywyddau mewn llawysgrif (LlGC Cwrtmawr 1491) a gedwid yn Nolwar Fach yng nghyfnod Ann Griffiths, dair canrif yn ddiweddarach, ac mae'n anodd peidio ag ildio i'r demtasiwn i dynnu llinyn cyswllt rhwng y ddwy, dau ffigwr amlycaf barddoniaeth fenywaidd Gymraeg, yn enwedig a hwythau wedi eu claddu yn yr un fynwent.

Dyna'n union a wna O.M. Edwards (1896: 85) yn ei gyfrol *Cartrefi Cymru*, ar ôl iddo ymweld â mynwent eglwys Llanfihangel-yng-Ngwynfa:

> Y mae'n ddiamau mai Gwerfyl Fychan [*sic*] ac Ann Griffiths ydyw dwy brydyddes oreu Cymru. Yr oedd Gwerfyl yn byw yn amser adfywiad dysg, a rhoddodd ei hathrylith ar waith i weu caneuon aflendid, – ac y mae bron â medru gwneud yr aflan yn brydferth. Yr oedd Ann yn byw yn amser adfywiad crefydd, a daeth emynau pur o'i chalon [...] y mae'r un ymddigrifodd mewn meddyliau cnawdol yn huno ochr yn ochr â'r hon ymhyfrydodd mewn meddyliau sanctaidd.

Efa'n wylo, ffenestr liw yn Eglwys Sant Gabriel, Abertawe

Yma, mae Edwards yn ailadrodd yr ystrydeb gyffredin am waith Gwerful Mechain. Er iddi ganu'n angerddol ar destunau crefyddol, fel yn ei chywyddau 'Angau a Barn' a 'Dioddefaint Crist' (cywydd poblogaidd y mae 71 o gopïau llawysgrif ohono wedi goroesi, gw. Howells 2001: cerdd 1; Haycock 2010: 101), bardd yr 'aflan' a'r 'cnawdol' yw hi hefyd, yn ôl Edwards. Mae'r emynyddes Ann Griffiths hithau'n 'ymhyfrydu mewn meddyliau sanctaidd', chwedl yntau, er bod 'cnawdol', mewn gwirionedd, yn sicr yn ansoddair y gellid ei ddefnyddio i ddisgrifio ei cherddi o ran y modd yr ysgrifennai am ei chariad at Grist ag angerdd nwydus.

Dyma gam cyffredin a wneir â llenyddiaeth gan ferched, ac un sy'n rhannol esbonio pam y diflannodd gwaith Gwerful o gof gwlad ac o'r cofnod llenyddol erbyn yr ugeinfed ganrif. Dau 'deip' a ddisgrifir yma gan Edwards, wedi eu gosod yn dwt mewn deuoliaeth sy'n mynd â ni'n ôl i ddeuoliaeth y ferch mewn Cristnogaeth: y ferch syrthiedig ar y naill law, Efa neu Fagdalen, a'r ferch rinweddol (mam, gan amlaf), Mair neu Ruth, ar y llaw arall.

Mae cyfoeswyr gwrywaidd Gwerful yn cael eu hadnabod, yn gywir, fel beirdd a ganai gerddi am bob math o bethau mewn amrywiaeth o wahanol gyweiriau. Lleiheir Gwerful yn gyfran fechan o'i gwaith, sef y canu maswedd, gan anwybyddu'r gweddill. Yn sgil hynny, daethpwyd i'w hystyried fel bardd pornograffig, ac mae'r broses honno'n un niweidiol, fel y dywed Ceridwen Lloyd-Morgan (1996: 190):

> […] she, more than any other Welsh woman poet, has been the victim of prejudice within *the present century* [pwyslais gen i], for she has been deliberately and consistently excluded from anthologies, scholarly editions and textbooks. Many twentieth-century critics have dismissed her as no more than an author of 'salacious verse', or as no better than a prostitute, ignoring her status as a poet in the intervening centuries.

Yn ei llyfr *How to Suppress Women's Writing*, mae Joanna Russ (2018) yn disgrifio sut y mae'r hyn a eilw'n 'gamddosbarthiad' ('false categorization') yn fodd i fygu llenyddiaeth gan ferched. Gall camddosbarthu ddigwydd wrth i'r brydyddes ei hun gael ei chamddisgrifio yn ôl ei pherthynas â dyn, yn hytrach nag fel bardd/llenor yn ei hawl ei hun. Neu, os cydnabyddir hi fel bardd/llenor, fe'i lleiheir yn 'deip' dau ddimensiwn, gan anwybyddu pob rhan o'i gwaith nad yw'n ffitio'r 'teip' hwnnw. Disgrifia sut y bu i lenorion benywaidd Saesneg gael eu dosbarthu'n wahanol deipiau rhywiaethol yn y canon Seisnig (Russ 2018: 68):

> For six poets Untermeyer has substituted other categories, the familiar, sexist stereotypes of women: Aphra the Whore, Anne the Lady, Elizabeth the Wife, Christina the Spinster, and Emily Dickinson the Madcap […] Thus it becomes futile to ask about the category "poet" – how did these writers write? – and instead we learn that whores are promiscuous, ladies delicate, wives devoted […] spinsters sad, and madcaps whimsical.

Portread o Aphra Behn (1640–89), un o'r merched cyntaf i ennill ei bywoliaeth fel llenor yn Lloegr

Lleiheir corff gwaith Gwerful, ac fe'i lleiheir hithau'n deip rhywiaethol, yr hwren. Ac felly, er bod O.M. ei hun yn ei chydnabod fel athrylith, yn ail i Ann yn unig, ac er bod ei gwaith wedi para'n fyw ar gof gwlad hyd y bedwaredd ganrif ar bymtheg yn ôl rhai ffynonellau (Edwards 1896: 86), ni welodd canonwyr mawr yr ugeinfed ganrif yn dda i'w chynnwys yng nghanon llenyddol yr iaith Gymraeg. A pha syndod? Pwy a drafferthai gynnwys gwaith y Fagdalen hon y tu mewn i'r pyrth euraidd hynny, a hwythau yn y broses o greu cenedl gyda'u canon, ac yn ymladd bron yn barhaus â melinau gwynt y Llyfrau Gleision? Gwnaeth y cyfrolau gwrthun hynny gam mawr â merched Cymru pan gyhoeddwyd hwy yn 1847, a hynny drwy eu cyhuddo o fod yn llac eu moesau, a bu'r Cymry am ganrif a mwy wedi hynny'n ceisio adfer eu henw da. Syrthiodd y cyfrifoldeb o adfer anrhydedd cenedl gyfan ar ysgwyddau'r merched yn benodol, fel y dengys Jane Aaron yn y gyfrol *Pur fel y Dur* (1998: 4–32). Roedd yn rhaid i'r llenores o Gymraes, os oedd hi am gynrychioli'r genedl yn y canon, fod o'r un ddelw â'r Fam Gymraeg rinweddol.

Ond rhag mynd i sôn am Werful fel iâr unig ymhlith y ceiliogod, dyma ei chyd-destunoli fel Merch-a'r-gynghanedd. Fel y dywed Aaron (1998: 37), 'tuedd yr elfen wryw-ganolog mewn beirniadaeth lenyddol yw mawrygu un awdures fel y fenyw symbolaidd, a thynnu llen dros y gweddill', ac ym myd Merched-a'r-gynghanedd, Gwerful sydd wedi derbyn swyddogaeth y fenyw symbolaidd honno. Er bod mwy o waith Gwerful wedi goroesi na'r un brydyddes arall o'r bymthegfed ganrif, gellir ei disgrifio fel bardd anarferol yn hytrach nag eithriadol. Roedd merched eraill yn ymhél â'r gynghanedd cyn ac ar ôl Gwerful. O'i blaen, roedd Gwerful Fychan, prydyddes a chanddi enw tebyg iawn i Gwerful Mechain, ffaith anffodus sydd wedi peri dryswch mawr i ymchwilwyr dros y blynyddoedd. Ganed hi tua 1430 ac roedd ei merch, Gwenllïan ferch Rhirid Flaidd, hefyd yn brydyddes ac yn ei blodau tua 1460 (Charnell-White 2005: 45–50). Cred Johnston (1997: 29) iddi fod yn ddylanwad ar Gwerful Mechain: 'Fe ymddengys fod Gwenllïan wedi bod yn batrwm i Gwerful nid yn unig fel merch yn barddoni, ond hefyd o ran ei pharodrwydd i sôn am bynciau a ystyrid yn anweddus'.

Tua diwedd oes Gwerful, mae dwy arall yn ymddangos, sef Alis ferch Gruffudd ab Ieuan ap Llywelyn Fychan, a Chatrin ferch Gruffudd ap

Hywel, y naill wedi ei geni tua 1500 a'r llall yn ei blodau rhwng 1500 ac 1555. Mae Merched-a'r-gynghanedd eraill o'r cyfnod hwnnw, rhai y cyfeirir atynt fel prydyddesau er nad yw eu gwaith wedi goroesi. Yn eu mysg, mae prydyddes o'r enw Gwladus Hael, a oedd, mae'n debyg, yn canu mewn llysoedd tua 1440 (Edwards 2019: 23).

Rhoddwyd sylw i Werful ar draul y ffigyrau eraill hyn, ac ni ellir ei disgrifio fel eithriad. Roedd yn aelod o grŵp bychan o brydyddesau benywaidd y ceir o leiaf rywfaint o le i ddadlau eu bod yn cydymwneud â'i gilydd, hyd yn oed os na ellir honni bod yr hyn a elwir heddiw'n draddodiad benywaidd yn gysyniad a fyddai wedi bod yn ystyrlon iddynt (Charnell-White 2017: 413). Ond o'r hyn lleiaf, fe lwyddodd y prydyddesau hynny i dorri drwy gyfyngiadau eu hoes i fyd y beirdd caeth.

Ac aros ar yr un trywydd, dyma symud ymlaen at gyfnod llai ymddangosiadol lewyrchus yn hanes y gynghanedd yn gyffredinol, sef 1600–1800. Yn Ewrop, dyma'r Cyfnod Modern Cynnar pan welwyd twf eithriadol mewn llythrennedd a datblygiadau pellgyrhaeddol chwyldro'r wasg gyhoeddi. Yng Nghymru'n benodol, dyma'r oes a ddilynodd y Deddfau Uno. Cafodd yr uno â Lloegr effaith fawr ar y gyfundrefn farddol, a dyma'r oes pan ddaeth nawdd yr uchelwyr yn raddol i ben, ynghyd â barddoniaeth fel proffesiwn ffurfiol. Ond gan mai traddodiad anffurfiol oedd traddodiad y merched beth bynnag, gellid dadlau mai'r chwyldro llythrennedd oedd y newid diwylliannol pwysicaf yn eu hachos hwy, yn hytrach na dirywiad y gyfundrefn farddol nad oeddynt erioed wedi bod yn aelodau llawn ohoni.

Ganed Angharad James yn Nyffryn Nantlle yn 1677. Tuag 1697, priododd hen ŵr musgrell a symud i Ddolwyddelan i esgor ar ei blant ac i redeg ei fferm. Roedd gan Angharad grap ar Ladin, ar y gynghanedd ac ar y gyfraith, a hoffai, mae'n debyg, ysmygu a chwarae ei thelyn yn y caeau. Yn fwy arwyddocaol, efallai, gallai ysgrifennu, a gwnaeth y mwyaf o'r ddawn honno drwy gopïo gwaith beirdd eraill mewn llyfr o'r enw Llyfr Coch Angharad, a enwyd felly am ei bod hi'n ysgrifennu ynddo mewn inc coch. Collwyd y llawysgrif, er ei bod yn bosib ei bod yn goroesi yn rhywle o hyd, a gwnaethpwyd rhestr o'i chynnwys yn llaw Griffith Williams 'Gutyn Peris' (LlGC 10257B, 1800–33). Fodd bynnag, hyd y gwyddom, Angharad James oedd y copïydd cyntaf o ferch (Charnell-White 2005: 384), ac mae hynny ynddo'i hun yn arwydd o bwysigrwydd llythrennedd i ferched yn y Cyfnod Modern Cynnar.

Cyfoeswraig rywfaint yn iau na hi oedd Marged Dafydd, a aned tua 1700 ar fferm o'r enw Coedgae-du, i'r gogledd o Drawsfynydd. Roedd Marged yn ddibriod ac roedd ganddi annibyniaeth economaidd, amodau delfrydol ar gyfer llenor o ferch. Ymddengys iddi dderbyn rhywfaint o addysg ac, fel Angharad James, roedd yn fardd ac yn gopïydd. Ond yn wahanol i Angharad, goroesodd rhai o lawysgrifau Marged, a cheir ynddynt waith nifer o brydyddesau. Honnai Marged iddi ddysgu'r gynghanedd gan ei mam, ac roedd ei modryb Margaret Rowland hithau'n Ferch-a'r-gynghanedd. Yn wir, mae tystiolaeth fod ciwed gyfan o ferched yn cynganeddu ac yn gohebu yn y cyfnod hwnnw. Mae Lloyd-Morgan (1996: 189) yn awgrymu bod y rhwydwaith yn cynnwys yr Angharad James oedrannus, ynghyd â Margaret Rowland ac Alis ach Wiliam:

> Such women [...] seem to have belonged, as did Angharad James, to a comparatively privileged economic background, and had more leisure not only to compose but also, as references in their surviving work and in Margaret Davies's manuscripts suggest, to travel some distance to socialise with other women and exchange poems. Margaret Davies, the best-documented member of what might be described as an informal *cénacle* of women poets, seems also to have taken advantage of these contacts to collect the poems which are preserved in her manuscripts.

Yn ogystal â gohebu â beirdd benywaidd eraill, roedd Marged yn rhan o'r gymuned farddol wrywaidd hefyd. Roedd Rhys Jones o'r Blaenau a Dafydd Jones o Drefriw'n gyfoeswyr iddi, a bu'n athrawes farddol i Michael Prichard (Charnell-White 2005: 38, 389).

Yn wahanol i brydyddesau'r bymthegfed ganrif, mae tystiolaeth sicrach fod y merched hyn yn yr ail ganrif ar bymtheg a'r ddeunawfed ganrif yn ymwybodol o'i gilydd ac o'u rhagflaenwyr. Gallwn dybied fod enw Gwerful yn dal yn fyw ar gof gwlad bryd hynny, oherwydd ceir copïau o'i gwaith yn llaw Marged Dafydd (Lloyd-Morgan 1996: 193). Mae Charnell-White (2005: 31) wedi tynnu sylw at dystiolaeth bellach yn yr englyn canlynol gan Ddafydd Jones o Drefriw, un a oedd mewn cysylltiad ag Angharad ac â Marged:

> Angharad gariad ddigweryl – ddistaw
> Dda ystyr, fwyn annwyl,
> A'i gyrfa megis Gwerful,
> Un wedd â hi 'nhuedd hwyl.

Yn yr englyn hwn, tyn Dafydd Jones gymhariaeth rhwng Angharad a Gwerful Mechain ac, yn wahanol i feirniaid mwy diweddar, canmola'r ddwy am amrywiaeth eu hawen.

Mae corff helaeth o waith Marged Dafydd wedi goroesi, ond diystyriwyd y corff hwnnw bron yn llwyr gan feirniaid diweddarach. Disgrifir ei cherddi yn y *Bywgraffiadur Cymreig* fel rhai heb 'ryw lawer o gamp arnynt' (Williams 1953: 131). Fodd bynnag, ni ellir dibrisio ei chyfraniad fel copïydd. Hebddi, byddai gwaith sawl Merch-a'r-gynghanedd wedi mynd yn angof.

Yr hyn y mae'r ddwy Ferch-a'r-gynghanedd hyn yn ei adlewyrchu'n eglur yw effaith y dadeni llythrennedd ar hanes Merched-a'r-gynghanedd ac ar hanes llenyddiaeth merched yn gyffredinol, sef y gallu newydd i greu ac i reoli'r hanes hwnnw yn y lle cyntaf. Mae creu hanes yn dibynnu'n llai ar weithredoedd mawrion, ac yn fwy ar fod â'r gallu i gofnodi'r peth ar gyfer cenedlaethau'r dyfodol. Bron na ellid disgrifio'r datblygiad hwn o ran twf llythrennedd ymysg merched fel trothwy rhwng cyfnod hanesyddol a chynhanesyddol, pan welir beirdd fel Gwerful Mechain yn cyrraedd y cofnod 'hanesyddol' diweddarach yn llawysgrifau'r ddeunawfed ganrif. Wrth gwrs, does dim angen mynd dros ben llestri – roedd nifer o gyfoedion gwrywaidd Gwerful Mechain yn anllythrennog, ac roedd parhad gweithiau gan feirdd gwrywaidd a benywaidd fel ei gilydd yn ddibynnol i raddau helaeth ar waith copïo ac ailgopïo gan ddynion. Ond rhaid aros tan ddiwedd yr ail ganrif ar bymtheg cyn y gellir dweud i sicrwydd fod merched yn ymgymryd â thasg y copïydd, ac ni ellir tanbrisio effaith y grym newydd hwnnw a ddaeth i'w rhan yn sgil y dadeni llythrennedd. Ceir rhai eithriadau – ni chofnododd Ann Griffiths, er ei bod yn llythrennog, ei hemynau ei hun, ac roedd goroesiad ei gwaith yn ddibynnol ar waith ei pherthnasau gwrywaidd a'u copïodd – ond gallwn ystyried Marged Dafydd ac Angharad James fel rhagflaenwyr i ffigyrau fel Cranogwen a chylchgrawn *Y Frythones* yn oes Fictoria, yn ogystal â beirniaid ffeministaidd Cymraeg yr wythdegau a weddnewidiodd hanes llenyddiaeth merched.

—• • •—

A dyna ddod â ni'n ddigon taclus at y Ferch-a'r-gynghanedd heddiw.

Nid oedd yr ugeinfed ganrif yn ganrif dda i Ferched-a'r-gynghanedd. Gellid dadlau bod y bymthegfed ganrif yn ganrif lawer mwy llewyrchus o ran cynnyrch cynganeddol gan ferched fel cyfran o gynnyrch llenyddol y cyfnod, a hynny er gwaethaf cyfyngiadau ffurfiol y ganrif honno a oedd, yn ôl rhai, wedi diflannu erbyn yr ugeinfed ganrif.

Y gwir amdani yw bod yr ugeinfed ganrif yn ganrif lawer mwy ceidwadol o ran statws merched na chanrifoedd blaenorol, ond bod ein rhagfarn ni o blaid 'datblygiad' yn peri inni ddychmygu bod cynnydd mewn hawliau merched yn broses liniol. Fel y soniwyd eisoes yng nghyswllt Gwerful Mechain, roedd syniadau am y ferch ar ddechrau'r ugeinfed ganrif wedi eu siapio gan fursendod Fictoraidd, a syniadau am y Gymraes yn benodol wedi eu siapio gan yr adwaith i Frad y Llyfrau Gleision.

Dyma hefyd gyfnod creu'r canon llenyddol Cymraeg, a sgubwyd ohono bob cyfeiriad at lenyddiaeth gan ferched cyn 1900 heblaw am Ann Griffiths. Dymuniad y pyrth-geidwaid hyn – beirniaid llenyddol uchel eu parch fel Thomas Parry ac Alan Llwyd – oedd gwneud inni gredu bod eu chwaeth yn seiliedig ar safonau oesol. Y gwir amdani yw bod y chwaeth honno wedi ei siapio gan brofiadau a chan ddaliadau gwleidyddol y dynion a luniai'r canon, ynghyd â gwerthoedd gwrywaidd-ganolog y gymdeithas y'u magwyd ynddi.

Pan sefydlwyd Cymdeithas Barddas yn 1976, er bod tua 14% o'r hanner cant o aelodau cyntaf y cyhoeddwyd eu henwau yn y rhifyn cyntaf o'r cylchgrawn yn ferched, englyn yn gwrthwynebu iaith rywiaethol *Barddas* gan Ann o Lŷn, sef Ann Griffiths o Fryn-croes, oedd yr eitem gyntaf gan ferch i ymddangos rhwng ei gloriau, a hynny yn y deuddegfed rhifyn. Cythruddwyd Ann gan y ffaith mai at yr 'hogiau' yn unig y cyfeiriwyd mewn englyn ymaelodi, a chyhoeddwyd ei hymateb o dan y pennawd 'Digio'r rhyw deg'! (Anhysbys 1977: 6):

> Ow! hegar yw'r hen hogiau, – a menyw
>   Yn mynnu ei hawliau;
> Ai lol yw didol rhwng dau?
> Ai'r fanw, ai'r gwrw yw'r gorau?

Ni chafwyd ysgrif yn *Barddas* gan gyfrannydd benywaidd tan 1984 (James) ond, o fynd i dyrchu, gellir dod o hyd i frith olion estrogen rhwng ei dudalennau, fel y lluniau o Gwen Edwards a Dwysan Rowlands, aelodau o dimau ymryson y Parc a'r Bala, yn y chweched rhifyn, yn 1977, er na chyhoeddwyd eu gwaith yn y cylchgrawn.

Y gwffas arall ddrwgenwog y bu Cymdeithas Barddas ynddi gyda'r prydyddesau oedd honno'n ymwneud â *Blodeugerdd Barddas o Farddoniaeth yr Ugeinfed Ganrif*. Hepgorwyd ohoni'r rhan fwyaf o awen merched y ganrif, a hynny oherwydd mai gweithred ddi-fudd o 'ffasiynol' fyddai cynnwys ynddi waith merched, yn ôl un o'r golygyddion, sef golygydd *Barddas* ar y pryd, Alan Llwyd (1988: 134).

Ni roddwyd lle amlwg i feirdd benywaidd ar dudalennau *Barddas*, cylchgrawn y Gymdeithas Gerdd Dafod a phrif ladmerydd y grefft o gynganeddu yng nghyfnod ei dadeni cynganeddol honedig. Ceir sylwadau dadlennol am *Barddas* yn *Y Faner*, a hynny'n gynnar yn hanes y gymdeithas, sy'n tystio i bwysigrwydd nawdd a chefnogaeth y Gymdeithas Gerdd Dafod i gyw beirdd. Sonia'r erthygl am ddau fardd ifanc addawol, a darogenir eu twf fel beirdd (Anhysbys 1980: 21):

> [...] un o'r rhai ifanc aeddfed hynny yw Elin ap Hywel. Bydd hi'n siŵr o gamu'n fras iawn yn ystod y blynyddoedd nesaf yma, – gyda thipyn o nawdd a swcr. Ond pwy, atolwg, sy'n cynnig nawdd a swcwr i'r math o lenor ag yw Elin ap Hywel? Hedfanodd Peredur Lynch yn syth o fuddugoliaeth Maesteg i nyth Barddas, a'r holl gynhesrwydd gofal y mae hynny'n ei olygu. Caiff ei gefnogi a'i ganmol; caiff ei feirniadu a'i gynghori; caiff ymrysona a thalyrna. Mae rhyw sicrwydd diogel yn amgylchynu ei rawd barddol.
>
> Llwybr mwy unig o lawer fydd un Elin ap Hywel. Dyw hi ddim yn cynganeddu, ac felly dyw hi ddim yn ymrysona. Y verse libre, mae'n amlwg, yw ei hoff fesur. Ond nid ffurf y canu sy'n wahanol: mae'r cynnwys yn wahanol hefyd. Nid am Gymru-wedi'r-refferendwm y mae hi'n canu: nid yw'n llenor 'ymrwymedig' yn yr ystyr honno. Ing enaid, trallod a llawenydd unigolyn [...] dyna yw ei themâu.

Clywir ceidwaid y pyrth yn honni mai cylchgrawn i gynganeddwyr yw *Barddas*, fel pe bai hynny'n esgusodi absenoldeb beirdd benywaidd fel Elin ap Hywel ar ei dudalennau. Fodd bynnag, mae *Barddas* o'r dechrau'n deg wedi cyhoeddi cerddi rhydd. Yn yr ail rifyn, cyhoeddwyd pump o gerddi rhydd gan Gwynn ap Gwilym ac, yn yr un flwyddyn, cyhoeddwyd sawl cerdd rydd yn y cylchgrawn, ynghyd ag erthyglau'n trafod cerddi rhydd gan Moses Glyn Jones, I.D. Hooson a Bryan Martin Davies, ac erthyglau ar ffurfiau'r canu rhydd, fel 'Techneg y Soned'. Na, nid oedd cyfyngiadau ffurfiol ar hawl merched i gynganeddu ond, yn achos Cymdeithas Barddas, roedd rhagfarn a diffyg croeso, nawdd a chefnogaeth yn y dyddiau cynnar hynny. A'r dynion wrthi'n mwynhau eu dadeni cynganeddol, felly, trodd y merched at ffurfiau lle nad oedd y nawdd a'r gefnogaeth honno lawn mor bwysig.

Ond fel yn achos Beirdd yr Uchelwyr, llwyddodd ambell un i ffynnu. Un o'r rheini oedd y prifardd cadeiriog cyntaf o ferch, Mererid Hopwood. 'Merch ddiymhongar o Langynnwr' oedd y prifardd yn ôl *Barddas*, un a oedd 'wedi swyno gwylwyr a gwrandawyr gyda'i serenedd arbennig' (Anhysbys 2001: 13). Eir ati wedyn i sôn am 'Martin, ei gŵr [...] cyfreithiwr uchel ei barch', ac am yr holl baneidiau y bu'n rhaid i'r prifardd eu hwylio ers iddi ennill y Gadair. Nid tan y pumed paragraff yn yr erthygl honno y defnyddir y gair 'bardd' i'w disgrifio. Gwerful y bardd pornograffig, Mererid y wraig wasanaethgar.

—•••—

Mae'r ddarpar-gynganeddwraig, felly, wedi ei hamddifadu o'i hanes ac o'i heilunod, yn wahanol i'w chyfoedion gwrywaidd, sydd â llu o arwyr i'w hefelychu, fel y dywed Russ (2018: 106):

> Models as guides to action and as indications of possibility are important to all artists – indeed to all people – but to aspiring women artists they are doubly valuable. In the face of continual and massive discouragement, women need models not only to see in what way the literary imagination has [...] been at work on the fact of being female, but also as assurances that they can produce art without inevitably being second-rate or running mad or doing without love.

Nid modelau o ferched fel beirdd sydd eu hangen ond, yn hytrach, fodelau o feirdd sydd hefyd yn ferched, a'r rheini'n rhydd i fyw bywydau hapus a chyflawn yn hytrach na rhai ymddangosiadol un dimensiwn. Hynny yw, yn wyneb y byd Saesneg, lle cynrychiolir yn aml y syniad o fardd benywaidd gan ffigyrau trasig fel Sylvia Plath, gadewch i ni ganolbwyntio ar dystiolaeth sy'n dangos nad oes angen aberthu statws, parch a hapusrwydd er mwyn cynganeddu. Mae'r deunydd crai ar gael, a'r cam nesaf yw ei ail-gyflwyno fel rhan greiddiol o hanes ein llên.

Nid oedd cyfyngiadau ffurfiol ar y Ferch-a'r-gynghanedd yn yr ugeinfed ganrif, ond profa ei habsenoldeb llwyr o'r canon fod cyfyngiadau anffurfiol llawer mwy effeithiol mewn grym. Erbyn hyn, yn ugeiniau'r trydydd mileniwm, mae gwaith beirniaid ffeminyddol a ddechreuodd yn yr wythdegau a'r nawdegau, ac sy'n parhau hyd heddiw, ynghyd â'r broses o ddemocrateiddio gwybodaeth a thanseilio grym y pyrth-geidwaid gyda dyfodiad y we, wedi newid ein dealltwriaeth o'r modd y ffurfiwyd yr hyn a elwir yn 'hanes llenyddiaeth Gymraeg'. Mae'r gwaith hwnnw wedi cywiro nifer o'r camsyniadau a ddyrchafwyd fel gwirioneddau oesol yn yr ugeinfed ganrif. Mae cynganeddwragedd Cymru wedi dechrau ailddarganfod ac ailfeddiannu eu hanes, a thrwy hynny, y gynghanedd. Nid ydynt yn ynysig.

LLYFRYDDIAETH

Aaron, J. (1998), *Pur fel y Dur: Y Gymraes yn Llên Menywod y Bedwaredd Ganrif ar Bymtheg* (Caerdydd)

Anhysbys (1977), 'Tim y Sarnau ar eu tomen eu hunain' a 'Tim y Parc' [ffotograffau], *Barddas* 6: 4

Anhysbys (1977), 'Digio'r rhyw deg!', *Barddas* 12: 6

Anhysbys (1980), 'Eisteddfod Bro Colwyn', *Y Faner* (Mehefin 6): 4, 21

Anhysbys (2001), 'Mererid – portread', *Barddas* 264: 13

ap Gwilym, G. a Llwyd, A. (goln.) (1987), *Blodeugerdd o Farddoniaeth Gymraeg yr Ugeinfed Ganrif* (Llandysul)

CBACa (2015), *Manyleb: TGAU Llenyddiaeth Gymraeg* (Caerdydd)

CBACb (2015), *TAG UG a Safon Uwch Cymraeg (Iaith Gyntaf)* (Caerdydd)

Charnell-White, C.A. (gol.) (2005), *Beirdd Ceridwen: Blodeugerdd Barddas o Ganu Menywod hyd tua 1800* (Llandybïe)

Charnell-White, C.A. (2017), 'Problems of Authorship and Attribution: The Welsh-Language Women's Canon Before 1800', *Women's Writing* 24: 398–417

Edwards, A.M. (2019), 'Ein mamau llenyddol', *Barddas* 343: 22–3

Edwards, O.M. (1896), *Cartrefi Cymru* (Wrecsam)

Gramich, K. (ed., trans.) (2018), *The Works of Gwerful Mechain* (Peterborough)

Haycock, M. (2010), 'Dwsin o brydyddesau? Achos Gwladus "Hael" ac eraill', *Dwned* 16: 93–114

Howells, N.A. (gol.) (2001), *Gwaith Gwerful Mechain ac Eraill* (Aberystwyth)

James, L. (1984), 'Barddoniaeth 1984', *Barddas* 92–3: 7–10

Johnston, D. (1997), 'Gwenllïan ferch Rhirid Flaidd', *Dwned* 3: 27–32

Jones, B. (1988), 'Y Ffeminydd f/beirniadol', *Barddas* 134: 6–11

Jones, G.S. (2017), 'Gwerful Mechain – y Spice Girl cyntaf?', *Y Stamp* 1: 19–21

Lloyd-Morgan, C. (1996), 'Women and their poetry in medieval Wales', C.M. Meale (ed.), *Women and Literature in Britain 1150–1500* (Cambridge)

Llwyd, A. (1987), 'Golygyddol', *Barddas* 118: 4–5

Llwyd, A. (1988), 'Golygyddol', *Barddas* 135–7: 12–15

Parry, T. (ed.) (1962), *The Oxford Book of Welsh Verse* (Oxford)

Russ, J. (2018), *How to Suppress Women's Writing* (Austin)

Williams, G.J. (1953), 'Margaret Davies', J.E. Lloyd, R.T. Jenkins a W.Ll. Davies (goln.), *Y Bywgraffiadur Cymreig hyd 1940* (Llundain)

Y GYNGHANEDD A FI

ANNES GLYNN

Nid mathemategydd mohonof. Creodd y syniad o 'syms' gyfuniad o ddiflastod a phanig afresymol ynof ers pan oeddwn yn blentyn yn yr ysgol gynradd. Ac ni newidiodd ddim dros y blynyddoedd. (Rwy'n dal i ryfeddu fy mod wedi llwyddo yn fy arholiad Mathemateg Lefel O – ar yr ail gynnig, a hynny o drwch blewyn.) Os oeddwn yn chwysu a'm llygaid yn troi'n bŵl am yn ail yn y gwersi 'syms', mi wirionais ar eiriau ers yn blentyn ifanc iawn, ac ar sŵn a rhythm barddoniaeth yn enwedig.

A dyna pam, mae'n debyg, na wnes i fentro dysgu'r grefft o gynganeddu nes oeddwn i dros fy hanner cant. Rhyw syniad cyfeiliornus – yn deillio o'r ymarfer dadansoddi cynganeddion ar bapur yn yr ysgol uwchradd gynt – fod angen sgiliau mathemategol a doniau rhesymu o'r radd flaenaf er mwyn mynd i'r afael â'r grefft.

Drwy roi heibio fy niffyg hyder yn fy ngallu technegol, a rhoi rhwydd hynt i'm hawydd ysol ers sawl blwyddyn i fedru cyfansoddi cerddi drwy gyfrwng y gynghanedd, y dechreuais i arni. Ac fe fûm i'n eithriadol o ffodus yn fy athrawes farddol, Karen Owen. Fe ddylai ei chymwysterau fod wedi fy nychryn – bardd *a* mathemategydd! – ond drwy ei dull o ddysgu, llwyddodd i wneud i mi ac i weddill y dosbarth cyntaf hwnnw ym Methesda ymlacio a mentro.

Fe wreiddiodd Karen ni'n sownd yn yr egwyddorion a'r rheolau sylfaenol, ond roedd yn credu'n gryf mewn peidio â'n gorlethu ni â rheolau. Ac am hynny, fe fydda' i'n fythol ddiolchgar. Dysgu drwy ddulliau hwyliog a chefnogol oedd y drefn, ynghyd â'n hannog i ddibynnu ar y glust yn hytrach na'r llygad a dysgu i beidio â bod ofn nac i deimlo cywilydd o wneud camgymeriadau wrth ddatblygu a symud ymlaen. O ddilyn y llwybr hwnnw, mi wnes i ddarganfod a deall sawl un o'r amrywiol reolau sydd ynghlwm â'r grefft drwy brofi mwy nag un codwm, sychu'r gwaed oddi ar fy mhengliniau, ailgodi ac ailafael.

Rwy'n grediniol fod darganfod fy nhraed cynganeddol yn y modd hwnnw wedi fy nghadw rhag anobeithio. O fod wedi cael fy llwytho â rhes o reolau, byddai'r rebal ynof wedi anelu am y drws ac wedi ffoi ymhen dim o'r ystafell ddosbarth yn y Cefnfaes, gan addunedu i daflu *Anghenion y Gynghanedd* a'r *Odliadur* i'r bin agosaf!

Er fy mod yn mwynhau gwrando ar gewri Premier League y gynghanedd yn trafod y manylion technegol sy'n eu diddori a'u cynhyrfu – dynion, yn amlach na pheidio, yn fy mhrofiad i – fedra' i ddim dweud fod hynny'n cyflymu fy ngwaed i yn yr un modd. Bwrw iddi i lunio cerdd yw'r diléit – ymlafnio ac ailweithio nes ei bod yn fy mhlesio i, ni waeth am farn neb arall. A does dim i guro'r teimlad o ddarganfod y gair anghyffwrdd hwnnw fu'n cuddio rhagof am oriau neu ddyddiau weithiau, eiliad a fynegwyd mor afieithus mewn dau air gan Dic Jones unwaith – 'Got it!'

Peidiwch â'm camddeall. Mi wna' i amddiffyn y lusg wyrdro a goddefiad Mei i'r eithaf, a dadlau'n groch nad yw 'd' + 'd' = 't'. Cwffio fy nghornel hefyd, a thynnu sawl un yn fy mhen, mae'n siŵr, wrth ddweud nad yw llacio staes y gynghanedd yn mynd i arwain at ei neilons yn llithro i lawr at ei fferau. Ond yn y pen draw, llunio cerdd sy'n canu yw'r pleser a'r hyn sy'n fy nghadw i rhag mygu (ac aralleirio dywediad enwog Brenhines ein Llên ryw fymryn). Y gobaith yw y bydd ambell gerdd yn llwyddo i gyffwrdd calon hefyd.

Dyma her y gynghanedd. Fe all, oherwydd ei seiniau hyfryd, guddio niwlogrwydd mynegiant weithiau, ac rwy'n gwybod fy mod yn medru bod yn euog o hynny. Fe all rhywun fod yn llawer iawn rhy agos at gerdd ac at yr hyn y mae'n ceisio ei fynegi. Mae mor bwysig bod â darlun eglur yn eich pen o'r hyn rydych chi am ei gyfleu cyn mynd ati i wneud i'r geiriau alw ar ei gilydd drwy gyfrwng y gynghanedd.

Wrth lwc, mae gen i wyddonydd o ŵr sydd â'r ddawn – boenus, ond treiddgar – i ddarganfod ble mae union wendid cerdd o ran mynegiant, ac sydd wedi achub sawl ymdrech dywyll o'm heiddo rhag gweld golau dydd. Prawf, os bu erioed, y gall priodas rhwng system resymegol a chrefft greadigol fod yn un gynhyrchiol a hapus!

NA PHOTSIER Â'R ORFFWYSFA!

CERI WYN JONES

Oes, mae dyletswydd ar gynganeddwyr pob oes i geisio'u gorau glas i sicrhau bod y gynghanedd yn cael ei gwthio i'r eitha' ond, wrth inni ystwytho ac ymestyn, gêm beryglus yw ceisio honni bod yr orffwysfa'n fwy hyblyg nag yw hi go iawn.

Gêm beryglus hefyd yw ceisio synied am y gynghanedd heb ystyried y fframwaith o ddisgwyliadau sydd wedi ei greu gan gonfensiynau gramadeg a semanteg, a chan ffurf a mesur, sy'n cyflyru'r glust i glywed – neu i beidio â chlywed – y gynghanedd mewn uned benodol o eiriau.

Cymerwch y llinell hon, er enghraifft:

Daw eilwaith hud – a diawliaf

Llinell o gynghanedd groes gytbwys ddiacen yw hon o ran ei bwriad. Ac o'i dadansoddi yn ôl yr angen hwnnw, mae'n 'edrych' yn gywir:

Daw eilwaith | hud – a diawliaf

Ond o'i darllen yn uchel, er bod pwyslais ar 'eilwaith', mae mwy o bwyslais ar y gair 'hud', gan fod y gystrawen yn mynnu'r pwyslais: 'Beth sy'n dod "eilwaith"? Wel, yr "hud", wrth gwrs.' A beth sy'n cadarnhau'r pwyslais hwnnw hyd yn oed ymhellach yw'r atalnod mawr sy'n dod ar ôl y gair 'hud'. Hynny yw, mae yna oedi ar ôl y gair 'hud' sy'n gosod gorffwysfa naturiol iawn – o ran cystrawen, ystyr ac atalnodi – yn y fan honno:

Daw eilwaith hud – | a diawliaf

Mae peryglon, felly, wrth atalnodi'n ddramatig o fewn llinell. Ond nid yw'n broblem yn y llinell

Daw hud eilwaith – a diawliaf

Oes, mae pwyslais ar y gair 'hud', ond mae mwy o bwyslais ar y gair 'eilwaith', oherwydd ei leoliad o flaen yr orffwysfa.

Mae anhawster tebyg yn dod i'r amlwg mewn llinellau lle mae ansoddair acennog yn dilyn enw diacen ym mhedwaredd sillaf llinell ddiacen, er enghraifft:

Y lleuad hardd a'i llewyrch

Mae'r bardd yn awyddus i ni glywed llinell draws anghytbwys ddiacen:

Y lleuad | hardd a'i llewyrch

Ond mae'r gwrandäwr yn clywed

Y lleuad hardd | a'i llewyrch

o ran cystrawen, ystyr ac aceniad, gan fod yr ansoddair yn hawlio pwyslais o raid.

Cymharer hyn â'r llinell

Y lleuad yn ei llewyrch

lle nad oes pwyslais ar y bedwaredd sillaf ac, felly, dim ond dwy acen sydd yn y llinell, y naill yn galw'n glir ar y llall:

Y LLEUad | yn ei LLEWyrch

Gan mor gyffredin yw'r llinellau a weithir ar batrwm 'Y lleuad hardd a'i llewyrch', mae'n amlwg nad yw pawb yn ystyried hyn yn fai. (Mae'n wir i awdl fuddugol 1997 gynnwys y llinell 'Ar wegil crwm y brigyn', ond efallai fod awdur honno wedi cael achos i ailystyried ers hynny!)

Yr hyn sydd o blaid y llinellau hyn yw'r apêl gerddorol sy'n deillio o'r ffaith fod ganddyn nhw fydr rheolaidd (peth prin iawn yn y mesurau caeth), a bod y mydr hwnnw'n gosod pwyslais ar yr ail sillaf, y bedwaredd a'r chweched, sef patrwm curiadau llinell seithsill y triban:

y LLEUad HARDD a'i LLEWyrch = – / – / –

Ond, yn eironig iawn, mae cerddoriaeth y llinell honno'n amharu ar ei chynghanedd.

YR ORFFWYSFA, TATWS A SI-SO

RHYS IORWERTH

Gwell imi ddechrau ar nodyn cymodlon, gan gydnabod bod sylwadau Ceri Wyn Jones am yr orffwysfa'n gwneud synnwyr ar lawer golwg. Wnes i ddim darllen ei bwt a gofidio bod y meuryn yn dechrau hurtio a cholli arno'n lân.

Ond pan fydd o'n drwgdybio llinellau fel 'Y lleuad hardd a'i llewyrch' a 'Daw eilwaith hud a diawliaf', mae'n wir y bydda' i'n crychu wyneb. Nid â'm bryd ar achub cam y cynganeddion hyn i'r lleuad ei hun ac yn ôl ond, yn hytrach, i gyfleu: 'Ia, rydw i'n hanner cyd-weld, ond ...'

Mae'n amlwg mai ei fyrdwn yw na ddylid fyth osod yr orffwysfa rhwng dwy elfen gystrawennol sy'n cyplu yn ei gilydd – fel 'lleuad' + 'hardd', neu 'daw eilwaith' + 'hud'. A hynny gan fod yna 'fwy o bwyslais' ar yr 'hardd' a'r 'hud' nag ar yr elfen flaenorol, yn sgil y berthynas ystyr rhwng y geiriau hynny. Sydd wedyn, wrth gwrs, yn dinistrio'r gynghanedd; mae'n amhosib gwadu hynny os yw'r ddamcaniaeth hon yn gywir.

Ond *a oes* yna *fwy* o bwyslais ar yr 'hardd' a'r 'hud', go iawn? Dyna fyddai fy nghwestiwn i. Wrth gwrs, mae'r modd y mae rhywun yn adrodd llinell, neu'n ei chlywed wrth ei darllen, yn go dyngedfennol. Ac mae'n wir y gall unrhyw ymhonnwr symud gorffwysfa ddoji drwy ddweud ei lein yn annaturiol. Ond i mi, o ddifrif rŵan, pan ddaw hi at bwyslais, mae'r 'hardd' a'r 'hud' yn chwarae rhan go niwtral yn y llinellau uchod. Ac mi hoffwn gredu nad ymhonnwr ym myd y gorffwysfeydd doji mohonof. Yn sicr ddigon, mae'n anodd gen i glywed *mwy* o bwysau ar 'hardd' a 'hud' nag ar 'lleuad' ac 'eilwaith'. Ar sail hynny, mae'n anodd gen i gollfarnu'r llinellau'n llwyr.

Dyma ichi fy rhesymeg ar waith: dychmygwch ein bod ni'n rhoi'r llinell 'Y lleuad hardd a'i llewyrch' ar glorian bwyso hen ffasiwn. Gan adrodd y llinell, mae angen gosod taten drom ar ochr chwith y glorian wrth glywed 'lleuad'. Wrth ddod at 'llewyrch', mae angen symud y daten i'r ochr dde. Job yr 'hardd'? Wel, hwnnw ydi'r ffwlcrwm. A diolch i'r gynghanedd, mae rhywun wedyn yn clywed y trawiad ar y naill ochr a'r llall yn glir.

Si-so fyddai'r ddelwedd arall amlwg. Yn y llinell 'Ar wegil crwm y brigyn', mae'r 'crwm' yn gorffwyso (gair addas iawn) ar y 'pivot' yn ddiog a disymud, wrth i 'wegil' a 'brigyn' gael hwyl yn yr uchelfannau yn eu tro.

Pe bai'n rhaid darlunio hyn oll â glyffiau, fel hyn y byddwn i'n bwrw ati:

Ar wegil | crwm | y brigyn

Dydi'r glyffiau hyn ddim yn ddelfrydol at ddibenion ateb cytseiniaid, rydw i'n cyfadde'. Ond i ddangos pwyslais, maen nhw'n eithaf defnyddiol, gan fod y 'crwm' i mi'n hawlio lle yn nhir neb y canol. Gan nad ydi'r gair hwnnw'n ymyrryd yn ormodol, rydan ni'n clywed digon ar yr acenion y naill ochr iddo i wneud y llinell yn un dderbyniol.

Mae'n bosib bod pwynt Ceri ynghylch apêl gerddorol y llinellau hyn yn atgyfnerthu fy mhwynt innau yn ei dro. Dyma'r patrwm mydr prin y cyfeiria'r meuryn ato:

– / – / –

Dyna ichi batrwm cymesur, ac rydw i'n tybio mai'r cymesuredd hwnnw ydi hanfod apêl gerddorol llinellau o'r fath. Onid gwaith y sillaf ganol ydi bod yn ffwlcrwm cyfartal drachefn, i'r ddau ben gael canu?

BU'R IAITH HON RHWNG BRYTHONIAID:
GOLWG AR Y GYNGHANEDD YN LLYDAWEG

ANEIRIN KARADOG

Ers y mudo mawr yn y bumed ganrif, pan aeth carfan o Frythoniaid o Ynys Prydain i ymsefydlu yn Armorica, fel y'i gelwid gan y Rhufeiniaid, mae diwylliant trigolion y ddau le wedi tyfu ar wahân i raddau helaeth. Rwy'n sôn am y Brythoniaid ynysig ar y naill law, y rheini a ddaeth maes o law'n Gymry ac yn Gernywiaid, ac ar y llaw arall y Brythoniaid a aeth i hen diroedd y Galiaid Celtaidd, sef y bobl rydyn ni erbyn heddiw'n eu galw'n Llydawyr.

I mi, sy'n fab i Gymro a Llydawes, mae pont ddiwylliannol ac ieithyddol gadarn y medraf ei thramwyo rhwng y ddwy wlad bob dydd, hyd yn oed wedi i Brexit a Covid-19 newid ein byd. I nifer o Gymry di-Gymraeg, efallai nad yw'r cysylltiadau rhwng Cymru a Llydaw mor amlwg ond, i nifer o Gymry Cymraeg, gall rhai geiriau sy'n gyffredin rhwng y ddwy iaith, megis 'bara', 'dŵr' a 'gwin', yn aml fod yn destun difyrrwch.

Eto i gyd, y tu hwnt i rannu'r un anthem a'r un eirfa gynhenid, efallai mai prinhau y mae'r cysylltiadau y gall y Cymry sylwi arnynt wrth ymweld â Llydaw. Yr hyn a deimla'r Cymro yn aml ar wyliau haf crempoglyd o hirfelyn yw siom nad yw Llydaweg i'w chlywed yn amlwg wrth deithio o le i le. Ac er bod O.M. Edwards, Ambrose Bebb, Rita Williams, Gwyn Griffiths a Heather Williams, ac enwi dim ond rhai, wedi ceisio rhannu gogoniannau Llydaw a'r Llydaweg â chynulleidfaoedd llengar yng Nghymru, erys un wythïen gyfoethog inni ei chloddio o hyd. Yn 1994, unwyd Ynys Prydain â chyfandir Ewrop drwy gyfrwng Twnnel y Sianel. Mewn ffordd debyg, gall Cymru a Llydaw uno eto yn yr ysgrif hon drwy gloddio a thyrchu ac ailagor twnnel o fynd a dod cynganeddol rhyngom. Oherwydd y mae un peth sy'n sicr yn ein cysylltu fel gwledydd, a'r gynghanedd, neu 'kenganez', yw hwnnw.

Awn i'r afael yn gyntaf â'r gair 'kenganez'. Nid yw'n air y mae'r Llydawyr Llydaweg ar y cyfan yn gyfarwydd ag e, gan taw 'klotennoù diabarzh' (odlau mewnol) neu, weithiau, 'enklotennoú', yn hytrach na 'kenganez', yw'r termau sy'n gwneud i bobl ebychu eu dealltwriaeth. Ond fe gofnodir y gair 'kenganez' yn y geiriadur Llydaweg hanesyddol ar-lein, www.devri.bzh, lle nodir mai 'cytseinio neu gyflythrennu' yw'r ystyr, addasiad uniongyrchol, fe ddywedir, o'r gair Cymraeg 'cynghanedd'. Mae'r cydrannau 'ken' a 'kan' (a dreiglir i 'gan' mewn gair cyfansawdd, fel yn Gymraeg) yn golygu 'cyd', ac ystyr lythrennol 'kenganez', felly, yw 'cydganu'. Ac ystyried taw gair arall am 'cynghanedd' yw 'harmoni', mae'r Llydawegeiddiad hwnnw'n rhoi esboniad eglur inni o'r gair gwreiddiol Cymraeg.

Cyfeirir at 'kenganerez' hefyd yn y cyfeirlyfr ar grefft barddoni yn Llydaweg, *Kevrin Barzed Breizh* gan Kaledvoulc'h, sef Erwan Berthoù (1912: 11), Archdderwydd cyntaf Goursez Breizh, ac er taw cyfeirio a wna at y brifodl a glyma linellau mesurau ynghyd ac at yr odl fewnol, mae'n ddisgrifiad arwyddocaol o ran y gynghanedd:

> Ar c'henganerez a zo, kouls laret, hualou a vez lakaet d'ar gwerzennou evit staga aneze en eil ouzeben.
>
> 'Kenganerez', cystal dywedyd, felly, yw'r hualau a roddir ar linellau/mesurau er mwyn eu clymu wrth ei gilydd.

Yn wir, gellir mynd mor bell â chwestiynu'r syniad y mae cynganeddwyr yn hoff o'i fynegi â balchder i'r byd, sef bod y gynghanedd yn drysor unigryw i'r Gymraeg. Aeth y Brythoniaid mentrus hynny yn y bumed ganrif â hadau'r gynghanedd gyda nhw, heb wybod a fyddai yna diroedd ffrwythlon yn eu disgwyl ym mhen y daith …

O leiaf, dyna rwyf i wedi dod i'w gredu. Mae rhai academyddion amlwg yn Llydaw'n honni mai cyd-ddigwyddiad llwyr yw'r ffaith fod system o gyfateb seiniau o dan yr acen yn bodoli yng Nghymru ac yn Llydaw. Dadl Yves Le Berre, a gefnogir gan Ronan Calvez, yw bod mydryddu cymhleth ac, at hynny, odli cain, yn bodoli yn oes y Rhufeiniaid a'r Groegiaid, a'u bod i'w canfod mewn barddoniaeth Ffrangeg yn ogystal ag mewn ieithoedd eraill ar gyfandir Ewrop (Le Berre 2012: 82). Ymddengys taw sail y ddadl yw nad oes tystiolaeth o blaid bodolaeth y gynghanedd mewn llawysgrifau Llydaweg cyn tua 1350, ac nad oes chwaith dystiolaeth fod cyfundrefn farddol wedi bodoli yn Llydaw fel yng Nghymru.

Mae perygl mewn dadlau nad oedd rhywbeth i'w gael am nad erys prawf o'i fodolaeth, fodd bynnag. Cyfeiria Rhisiart Hincks (1995: 39–42) at hen gerdd Ffrangeg (yn eironig ddigon), o ddiwedd y ddeuddegfed ganrif a dechrau'r drydedd ganrif ar ddeg, sy'n disgrifio gŵyl yn Llydaw y byddai pob Cymro'n ei hadnabod fel eisteddfod. Digwyddiad blynyddol ydoedd pan fyddai'r gerdd orau'n cael ei dewis gan y tyrfeydd, a mawl a bri'n mynd i'r bardd buddugol. Does dim sôn am gadeiriau, ond gwyddom yn iawn am hoffter Llydawyr o ddawnsio hyd oriau mân y bore. A ddylem, felly, ddiystyru pob posibilrwydd fod traddodiad, os nad cyfundrefn farddol yn seiliedig ar nawdd, wedi bodoli un tro yn Llydaw gan nad oes dim i awgrymu bod Llydawyr yn teimlo'r awydd i wobrwyo ei gilydd â chadeiriau?

Mae rhai ffeithiau, fodd bynnag, na ellir eu gwadu, sef bod cynghanedd lusg a chynghanedd sain bengoll yn y Llydaweg, yn ogystal â rhai elfennau o gyflythrennu a rhai mesurau caeth penodol, fel sydd i'w canfod hefyd wrth edrych yn ôl drwy'r canu caeth Cymraeg dros y canrifoedd. Ond y mae hefyd yn deg nodi nad oes modd profi'n derfynol y naill ffordd na'r llall, mewn gwirionedd, ai cyd-ddigwyddiad rhyfeddol yw bodolaeth y gynghanedd mewn dwy chwaer-iaith sydd gannoedd o filltiroedd ar wahân yn ddaearyddol, ynteu ai cydberthynas naturiol ydyw. Dyma ddadlau o blaid yr ail.

Mae llai o lawysgrifau wedi goroesi yn Llydaw nag yng Nghymru, a rhoddodd hynny'r argraff i rai nad oeddynt yn rhan o fyd llenyddol y Llydaweg a bod yr iaith yn amddifad o gyfoeth llenyddol. Roedd hynny, yn ei dro, yn atgyfnerthu'r syniad o ddiffyg traddodiad barddol Llydaweg. Eto i gyd, gallwn fentro credu bod traddodiad yn rhagflaenu'r hyn sydd wedi goroesi, yn yr un modd ag y gallwn dybio y byddai wedi bod yn amhosib i Aneirin a Thaliesin ganu cerddi o gystal safon fydryddol yn eu hoes nhw pe na buasent wedi bod yn rhan o draddodiad barddol llawer hŷn. Hefyd, fe wyddom am fodolaeth cyfoeswyr neu ragflaenwyr Aneirin a Thaliesin a rhai megis Cian, Talhaearn Tad Awen a Blwchfardd (Thomas 1976: 20), er nad yw eu cerddi wedi goroesi. Ond erys y cofnod o'u henwau yn arwyddocaol, ac atgyfnertha'r ddadl nad yw'r gweithiau caeth Llydaweg yn bodoli mewn gwagle. Fel y noda Gwenolé Le Menn (1999: 13–21), byddai wedi bod yn agos amhosib i feirdd Llydaw gyfansoddi'r corff helaeth – 23,000 o linellau – o gerddi mydryddol caeth rhwng 1350 ac 1650 pe na bai ysgolion barddol yn bod yno, ynghyd â'r gallu i dynnu ar draddodiad hir o ddysg farddol:

Per-Vari Kerloc'h, archdderwydd Gorsedd Llydaw yn 2020

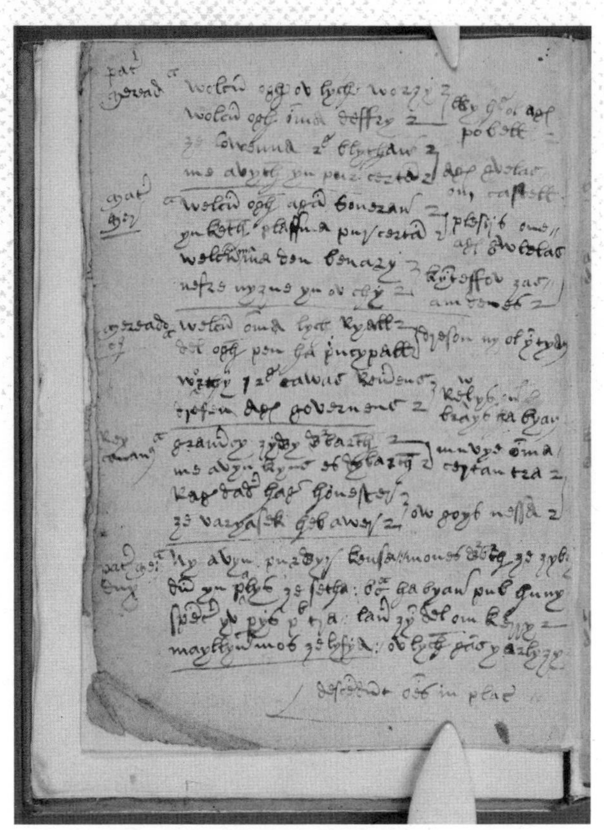

'Bewnans Meriasek' yn llawysgrif LIGC Peniarth 105, 15

Dans ce cas, ce n'est pas pendant trois siècles (1350–1650), mais pendant plus de 1000 ans que cette tradition poétique aurait vécu. Même dans le cas où l'on admettrait que le système s'est développé en 1350, le fait qu'il ait vécu pendant plus de trois siècles implique qu'il y avait des écoles de poésie au sujet desquelles nous n'avons malheureusement aucun renseignement.

'Yn yr achos hwn, nid yn ystod tair canrif (1350–1650), ond yn ystod mwy na 1,000 o flynyddoedd, y byddai'r traddodiad barddol hwn wedi bodoli. Hyd yn oed pe byddem yn derbyn fod y system wedi ei datblygu yn 1350, mae'r ffaith ei bod wedi parhau am dros dair canrif yn awgrymu bod ysgolion barddol wedi bodoli, er nad oes gennym, ysywaeth, ddim gwybodaeth amdanynt.'

Tybed, o edrych tua Chernyw, a welwn enghreifftiau o gynghanedd yn y dramâu yr oedd bri arnynt mewn digwyddiadau mawr awyr agored yn yr Oesoedd Canol, sef 'Plen an Gwari'? Dyma brif gyfrwng llenyddol y Gernyweg. Ceir yn y dramâu hynny, sef '*Pascon agan Arluth*', '*Ordinalia*', '*Bewnans Meriasek*' a '*Bewnans Ke*', dros ddau gant o wahanol fesurau (Bruch). Er hynny, ni welir dim patrymau odli mewnol na chyseinedd cyson, a phethau a ddigwyddodd ar hap, i bob golwg, yw'r ychydig enghrefftiau ynddynt o ganu cywrain. Ar y llaw arall, rhaid cydnabod fod ynddynt fydryddu tyn, llinellau seithsill a phedeirsill a defnydd cyson o'r odl gyrch. Er enghraifft, fe welir yn Nyfyniad 1 isod bennill o ddrama tair rhan '*Ordinalia*' (*c*.1350–75) lle clywir Adda'n siarad.

Ceir penillion tebyg eu patrwm yn y canu caeth Llydaweg, megis y pennill o '*Buhez Santes Barba*' (Dyfyniad 2 ar dudalen 87; Botrel 1985: 672), a ymddangosodd mewn print am y tro cyntaf yn 1557, lle ceir odl gyrch yn ogystal â phrifodl.

Yn y pennill Llydaweg, fodd bynnag, gwelir hefyd y gynghanedd lusg a'r gynghanedd sain bengoll, ynghyd â llinellau wythsill, yn hytrach na'r llinellau seithsill a geir yn y pennill Cernyweg. Yn y pennill o *'Buhez Santes Barba'*, gosodwyd y cynganeddion llusg mewn print trwm, gan wneud hynny hefyd ag ambell elfen gytseiniol debyg i'r hyn a gaed yn oes yr 'ogynghanedd' yng Nghymru (megis yng Nghanu Llywarch Hen). Dangoswyd hefyd wrth danlinellu y modd y mae'r brifodl yn cael ei chario fel odl gyrch ac yna fel odl fewnol sy'n cwblhau'r gynghanedd lusg (noder bod y sain 't' yn y brifodl ac yn y cynganeddion llusg yn meddalu i greu sain 'd' wrth ei hynganu). Gwelir, felly, y 'ceinder' y soniodd Thomas Parry amdano wrth drafod y gynghanedd (Parry 1936). Gellir hefyd gymharu siâp y pennill yn Nyfyniad 2 gyferbyn â mesur caeth Cymreig nas defnyddir yn ddigon aml, yn fy marn i, sef y cywydd llosgyrnog.

Gellir ystyried fod y Llydawyr, yn y canrifoedd wedi'r mudo mawr, wedi dal gafael ar un elfen greadigol sy'n amlwg yn y Gymraeg ac un arall yn y Gernyweg, sef y gynghanedd a'r ddrama. Mae adeiledd y gweithiau pwysicaf yn hanes llenyddiaeth Llydaw nid yn unig yn llawn o ganu caeth ond hefyd yn cynnwys bucheddau

Dyfyniad 1: pennill o *'Ordinalia'*

Ythwanaf bugh a Tar**ow**	Enwaf fuwch a tharw
A margh yw best hep par**ow**	a march, anifail heb ei ail,
The vap den rhag ymwer**es**	i roi cymorth i'r ddynoliaeth,
Gaver ywег**es** kar**ow**	gafr, carw, hydd
Dav**es** war ve lavar**ow**	a defaid o'm geiriau i
Hy han**ow** da kemer**es**.	i gymryd eu henwau da.

Dyfyniad 2: pennill o *'Buhez Santes Barba'*

En pal**es** entren guerch**es**et
Ma quer autrou hu**ec** ma l**eq**uet
Ha **r**eceu**et** ma **r**equ**et**ou
Dre guir carant**ez** ham b**ez**et
An re ameux cr**enn** goul**enn**et
Pardon**et** net ho **p**ech**ed**où.

Yn eich palas, rhwng gwyryfon,
gosodwch fi, o feistr tyner, annwyl,
a derbyniwch fy mhaderau
a thrwy gariad pur gwireddwch
imi'r hyn a ofynnais,
a maddeuwch iddynt yn llwyr eu pechodau.

a chwedlau wedi eu dramateiddio. Dramâu mydryddol ar gynghanedd yw un ffordd i ddisgrifio gweithiau fel '*Buhez Mab Den*', '*Buhez Santes Barba*' ac '*An dialog etre Arzur ha Guynglaff*'. Hefyd, yn wahanol i gynifer o gerddi caeth Cymraeg, ni wyddys pwy a gyfansoddodd swmp y gweithiau caeth-ddramatig yn Llydaw'r Oesoedd Canol ac, yn yr un modd, ni wyddys chwaith beth oedd enwau dramodwyr gweithiau mwyaf y tradoddiad 'Plen an Gwari' yng Nghernyw. Peidied neb ag anghofio chwaith am y mynd a dod cyson a fu rhwng y tair gwlad drwy'r canrifoedd, o'r seintiau i'r morwyr, a'r gyfeiriadaeth at Lydaw a welir yng nghanu'r beirdd Cymraeg, fel yn y gerdd ddarogan 'Armes Prydain' o'r ddegfed ganrif, lle gelwir ar y Llydawyr i ymuno â'r Brythoniaid a'r Celtiaid yn ehangach i frwydro'n erbyn y Saeson (Thomas 1976:65). Gellir hefyd droi at farwnad enwog Gruffudd ab yr Ynad Coch i Lywelyn ap Gruffudd yn 1282. Dengys yr awdl hon ymwybyddiaeth amlwg y bardd a'i gynulleidfa o chwaerwledydd Cymru. Gwelir hefyd, fel mae'n digwydd, gynganeddu odledig tebyg i'r dull Llydaweg yn y dyfyniad hwn o'r gerdd (Parry 1962: 49; Hincks 1995: 34):

Gwyndëyrn orthyrn wrthaw, – gwendorf gorf,
Gorfynt hynt hyd Lydaw.

'Boed Duw'r Gwyndeyrn rhyfeddol wrtho
– golofn yr harddlu,
yr un uchelgeisiol ei hynt hyd Lydaw.'

A ellir dweud, felly, fod y Gernyweg wedi colli ei chynghanedd wrth i Gernyw golli ei sofraniaeth a'i hiaith yn raddol, ganrifoedd yn gynharach na dirywiad diweddar y Gymraeg, ond bod y Gymraeg, ar y llaw arall, wedi profi ffrwydrad esblygol yn y trysor a gariai i bobman gyda hi, sef y gynghanedd? Ynteu ai mater syml yw hi yn achos y Gernyweg o ddiffyg tystiolaeth?

Os derbynnir y ddadl taw o'r un gwraidd y daw'r gynghanedd yn Gymraeg ac yn Llydaweg, mae achos cryf i ddadlau bod canu caeth wedi bodoli ar un adeg yn y Gernyweg hefyd, er nad etifeddwyd y prawf ysgrifenedig. O ystyried hyn oll, a'r ffaith fod y gynghanedd yn dal i fodoli heddiw yn Llydaw, onid yw'n fwy tebygol taw mynd â cherdd dafod, cario'r trysor gyda nhw, a wnaeth y darpar Lydawyr wrth fudo i Armorica?

Gallwn i hefyd dynnu cymhariaeth bersonol sy'n berthnasol yn hyn o beth. Symudodd fy mam i Gymru a magodd ei phlant drwy gyfrwng y Llydaweg, ond ni bu i'w brodyr a'i chwiorydd a fagodd deuluoedd yn Llydaw ddal gafael mor gadarn ar y famiaith. A oedd mudo o'r famynys ganrifoedd yn ôl wedi gwneud i'r Llydawyr ddal mwy o afael ar eu treftadaeth Frythonaidd, gannoedd o filltiroedd ar draws y môr, drwy barhau i arfer elfennau o'r gynghanedd?

Mae dau fath o gynghanedd yn Llydaweg, fel y nodais, sef y gynghanedd lusg a'r gynghanedd sain bengoll (a dyma nodi mai myfi, yn ddigon ymhongar, a roddodd yr enw hwnnw i'r ail yn Llydaweg!). Yn fwyaf diweddar, aeth rhai beirdd Llydaweg ati i arbrofi â chynganeddion sain, croes a thraws ar batrwm y cynganeddion Cymraeg ond, yn y testunau sy'n dyddio o'r cyfnod rhwng y bedwaredd ganrif ar ddeg a'r ail ganrif ar bymtheg, gwir drysorau'r iaith Lydaweg, gwelir defnydd cyson a bwriadol o'r ddwy gynghanedd hynny yn unig. Ceir elfennau o gyflythrennu, ond nid ar batrymau cyson fel safonau'r gynghanedd yn Gymraeg.

Dyma drafod yn gyntaf y gynghanedd lusg yn Llydaweg, a'r pwynt cyntaf yw bod acenion siaradwyr cynhenid yr iaith, drwy'r rhan fwyaf o Lydaw, yn acennu'r goben mewn ffordd drawiadol. Mae acen bwys amlwg ar y goben yn eu hynganiad cynhenid, a gallai hynny atgyfnerthu dadl y rhai sy'n gwadu bod cysylltiad cynganeddol rhwng y Gymraeg a'r Llydaweg. Hynny yw, mae'r pwys ar y goben mor amlwg yn yr ynganiad fel y byddai'n beth cwbl amlwg a naturiol odli ag e ac, felly, gellid dadlau taw cyd-ddigwyddiad llawen yw hi fod cynghanedd lusg i'w chael yn Llydaweg fel yn Gymraeg. Erbyn hyn, ysywaeth, clywir dylanwad aceniad y Ffrangeg – lle mae'r pwyslais ar sillafau o fewn geiriau gyfwerth â'i gilydd – ar dafodau llawer o'r plant sy'n dysgu Llydaweg fel ail iaith yn Llydaw. Mae hyn yn gwrthgyferbynnu â hen aceniad gobendrwm y to hŷn, sydd fel pe bai'n prysur golli tir.

Fel y noda Thomas Parry (1936: 147), ceir cynganeddion llusg yng ngwaith cynharaf y Gogynfeirdd yn y ddeuddegfed ganrif. Dywed R.M. Jones taw yn ystod yr unfed ganrif ar ddeg y dechreuodd yr aceniad newid yn Llydaweg o'r dull Brythonaidd o acennu geiriau ar y sillaf olaf i'r dull 'gobendrwm' a ddisgrifir uchod, sef yr aceniad sy'n nodweddu Cymraeg, Cernyweg a Llydaweg heddiw (Jones 1977: 100). Er bod llinell enwog o gynghanedd lusg mewn cerdd gan Taliesin – 'A roddai feirch i eirchiaid' – rhaid cydnabod taw 'eirchiáid' oedd yr ynganiad yn y chweched ganrif, ac mae hynny'n chwalu'r egwyddor sy'n sail i'n dealltwriaeth ni o'r gynghanedd lusg. Ond fe geir yng ngwaith y Gogynfeirdd, fel yng ngweithiau caeth enwocaf y Llydaweg hithau, enghreifftiau o odli â sillaf cyn y goben, a daw hynny â ni'n ôl at enw'r Llydawyr ar eu dull nhw o ganu caeth, sef 'klotennou diabarzh' ('odlau mewnol'). Hawdd yw credu, os taw gwaith gwreiddiol o'r chweched ganrif, mewn gwirionedd, yw gwaith Taliesin – ac nid gwaith naill ai a grëwyd, a olygwyd neu a ddiweddarwyd yn sylweddol cyn iddo gael ei gofnodi yn Llyfr Taliesin chwe chanrif yn ddiweddarach – y byddai gwaith y bardd wedi cyrraedd clustiau'r Brythoniaid anturus a fentrodd i Armorica. Ni waeth a oedd yr ynganiad ar y goben ai peidio, mae'r odl '-eirch' yn sicr yn addurn yn y llinell honno.

Rhwng oes Aneirin a Thaliesin a diwedd cyfnod y Gogynfeirdd, tua 1300, defnyddio addurniadau pwrpasol a wnâi'r beirdd, heb fod arnynt reidrwydd i'w cynnwys ym mhob llinell, fe ymddengys. Yr hyn a geir ganddynt yw cyfatebiaeth gytseiniol, cymeriad llythrennol, odlau mewnol neu brifodlau a churiadau fel rhan o fesurau penodol. Yng Nghymru, tyfodd y gynghanedd o fod yn system a oedd yn magu grym ohoni ei hun yn awdlau'r Gogynfeirdd i fod yn system o addurno eithafol, yn rhywbeth y byddai beirdd yn ei fireinio. Er nad yw'r gair 'cynghanedd' yn ein hystyr ni i'w weld yn y llawysgrifau tan *c.*1400 (gw. GPC d.g.), mae'n eglur fod addurno o'r math hwnnw'n llawer hŷn. Efallai mai rhyw reddf Frythonaidd yw addurno'r canu ag odlau mewnol ac, yn achos y Cymry, ei addurno i'r fath raddau nes bod y gwaith yn ymdebygu i gamp Olympaidd: 'extreme alliteration'!

Cyfeiriais uchod at y gred fod y Llydawyr wedi symud i acennu eu hiaith yn bennaf ar y goben yn yr unfed ganrif ar ddeg, a bod hynny wedi digwydd yn achos y Gymraeg hefyd wrth iddi esblygu. Ond yn Llydaw, mae un dafodiaith, sef 'Gwenedeg', tafodiaith Bro-Wened, lle acennir geiriau ar y sillaf olaf hyd heddiw (Jackson 1986: 67). Gwelir bod y dafodiaith yno, 'Gwenedeg', yn ymgysylltu'n uniongyrchol â Hen Gymraeg a Hen Lydaweg, sef yr ieithoedd Cymraeg a Llydaweg fel yr oeddent wedi iddynt ddatblygu o'r Frythoneg. Dros gyfnod o 1,500 o flynyddoedd, ni symudodd yr acen o'r sillaf olaf. Ac felly, onid yw'n hollol bosib ac yn rhesymegol ystyried y canlynol: os llwyddodd dull acennog o ynganu 'Gwenedeg' i oroesi yn Llydaweg am ryw 1,500 o flynyddoedd, aceniad a arhosodd yn driw i'r aceniad mewn Cymraeg Cynnar a Hen Lydaweg, onid yw'n hollol bosib fod dull o addurno barddol, drwy gyfrwng odlau mewnol, wedi teithio hefyd gyda'r anturwyr Brythonaidd hynny a ymsefydlodd yn Llydaw?

Hoffwn gynnig mai canlyniad naturiol esblygiad yr addurno barddol hwnnw oedd y gynghanedd lusg, addurn yr oedd beirdd Cymru a Llydaw yn hoff iawn ohono am ei fod yn foddhaol i glust Cymro ac i glust Llydäwr fel ei gilydd. Mae dadl y 'nay sayers' (term sydd, yn ddigon eironig, yn creu cynghanedd lusg!) yn dal i fod yn ddamcaniaethol bosib yn hynny o beth, sef bod y gynghanedd lusg wedi esblygu'n naturiol yn y Gymraeg ac yn y Llydaweg yn annibynnol ar ei gilydd. Ond – ac i mi, mae'n 'ond' sy'n pwyso mwy nag ynganiad gobendrwm yr hen Lydawyr – erys un peth pwysig arall i'w ystyried, sef presenoldeb y gynghanedd sain bengoll yn Llydaweg fel ffosil o'r canu hynaf yn y Gymraeg, canu Aneirin a Thaliesin, fel y dadleuir maes o law. Cam hollol resymegol wrth fynd o odli geiriau ar guriadau mewnol llinell yw cyrraedd pwynt lle ceir odli â'r goben. Dyma ddod yn ôl at y syniad fod hadau'r gynghanedd wedi mynd o Brydain i Lydaw ac wedi ffynnu yno mewn tiroedd ffrwythlon.

Wrth imi ddod yn ymwybodol o fodolaeth y gynghanedd yn Llydaweg – ac i'r prifardd Twm Morys y mae'r diolch am ei chyflwyno i mi – fe'm rhyfeddwyd gan y prif ddarganfyddiad, sef bodolaeth y gynghanedd lusg. Roedd hynny'n codi gwên ac yn destun dirgelwch, difyrrwch a thrafodaeth imi. Ond yna, wrth sylwi ar linellau acennog (lle mae'n amhosib creu cynghanedd lusg), cododd y sain bengoll ei phen. I gynganeddwr o Gymro, gall deimlo'n rhwystredig darllen cynghanedd sain bengoll, gan nad yw'r gair acennog sy'n ffurfio'r brifodl fel rheol yn clymu'n gytseiniol â'r odlau yn y llinell.

Ond dyna gael moment 'eureka' un diwrnod, wrth sylweddoli fod yna enghreifftiau cyson o'r math hwn o linell mewn cerddi cynnar yn Gymraeg. Ystyrier, er enghraifft, rai o linellau enwocaf yr Aneirin mwy hwnnw a oedd yn byw yn y chweched ganrif (Williams 1938: 3):

> Gwŷr a **aeth** Gatr**aeth** oedd ffr**aeth** eu llu.
> Glasfedd eu hanc**wyn** a gwen**wyn** fu.
> Trich**ant** trwy beiri**ant** yn catáu
> Ac wedi el**wch** tawel**wch** fu.

Cymerwch gwpled agoriadol y darn cynharaf a gofnodwyd o gynghanedd yn Llydaweg, gan y clerigwr Ivoned Omnez, darn y daethpwyd o hyd iddo mewn llawysgrif Ladin o'r enw Speculum Historiale a luniwyd rhwng tua 1330 a thua 1350. Yn ôl pob golwg, diflasodd y clerigwr hwnnw ar gopïo'r testun Lladin, a mynd ati i ychwanegu penillion Llydaweg am ei gariad ar ymyl y testun (Hincks 1995: 44):

> An gu**en** hegu**en** am lou**en**as
> an hegar**at** an **l**ag**at** g**l**as.

> Yr un wen ei grudd a'm llawenhaodd,
> yr hygar, y lygatlas.

Ceir yn y dyfyniad byr hwn y ddau fath o gynghanedd Lydaweg, sef cynghanedd lusg yn y llinell gyntaf, a chynghanedd sain bengoll yn yr ail. Yn wir, gellir dadlau bod yr ail linell honno'n cydweddu â chynghanedd sain y Gymraeg, ar batrwm 'anthemau o leisiau plant', llinell ddrwgenwog o awdl 'Gwanwyn' gan Dic Jones a gollfarnwyd gan rai, yn cynnwys un o feirniaid y Gadair yn 1976, Gwyn Thomas (1976: 18).

O edrych ar gyd-destun cerdd gaeth Lydaweg y clerigwr, mae modd dweud yn go saff nad canu mewn gwagle'r oedd Ivoned Omnez. Yn wir, saif ei dystiolaeth gynganeddol fel ymchwydd a ddaeth i'r wyneb yn y cofnod ysgrifenedig – mynegiant byrlymus, yn hytrach na man cychwyn, o draddodiad hynafol y gynghanedd yn Llydaweg. O ystyried egin-gynganeddion y Cynfeirdd a'r cannoedd, os nad miloedd, o linellau mydryddol Llydaweg sy'n cynnwys odlau mewnol a chynganeddion llusg, gellir lleoli Omnez mewn traddodiad o ganu caeth Brythonaidd a barhaodd yn y Llydaweg yn ogystal â'r Gymraeg. Yn y ganrif ddilynol, y bymthegfed ganrif, y ceir y gyfran sylweddol gyntaf o weithiau caeth yn Llydaweg, yn ogystal â gwaith o ddiddordeb penodol i Gymru, sef '*Buhez Santes Nonn'*, ac un gwaith o safon wirioneddol uchel, sef '*Buhez Mab Den'*. Wedi'r bymthegfed ganrif, ceid gweithiau caeth eraill o bwys llenyddol, megis '*Mirouer de la Mort'*. Wrth i'r Ffrangegeiddio anorfod ddwysáu yn Llydaw o ganol yr ail ganrif ar bymtheg ymlaen, fe drodd y beirdd i fabwysiadu'r 'alexandrines' Ffrengig fel cyfrwng mydryddol eu canu Llydaweg. Prin y gellir cymharu'r dull clasurol Ffrengig hwnnw o ganu, dull hynod syml ei strwythur, â cheinder a chymhlethdod cynganeddol y dulliau Llydaweg a Chymraeg, ac efallai mai dyna a gymhellodd lawer o feirdd Llydaw i ailddarganfod y ceinder hwnnw yn eu gwaith yn yr ugeinfed ganrif.

Nid oes gofod yn yr ysgrif hon, ysywaeth, i fanylu ar fanion technegol (a difyr, i'r gîc cynganeddol) y cynganeddion Llydaweg, ond sylwer bod dadansoddiad trylwyr yn erthygl R.M. Jones, 'Llenyddiaeth Lydaweg y 15fed ganrif' (1977). Yn ogystal â manylu ar y patrymau odli mewnol ac ar y cynganeddion llusg – gan nodi bod llinellau sydd dros bedair sillaf ar ddeg yn rhannu'n dair rhan, a bod disgwyl i'r bardd greu cynganeddion llusg o fewn y tair rhan yn ogystal ag ar draws y llinell ar ei hyd – sylwa hefyd ar enghreifftiau o gymeriad llythrennol ac ar sangiadau, dwy elfen amlwg yn y canu caeth Cymraeg.

Yn yr un modd ag y gellir rhannu'r gynghanedd Gymraeg yn ei hanfod yn dri chategori – sef y cynganeddion cytseiniol (traws a chroes), y gynghaendd sain (cyfuniad o odl a chyseinedd) ac yna'r gynghanedd lusg (odli'n unig) – mae modd rhannu'r gynghanedd Lydaweg yn ddau brif gategori, sef y gynghanedd lusg mewn llinellau diacen a'r sain bengoll mewn llinellau acennog. Ond fel yn achos y cynganeddion Cymraeg, mae modd rhannu'r ddwy brif gynghanedd hynny'n is-gategorïau sy'n dibynnu wedyn ar hyd llinellau ac ar y defnydd a wneir ohonynt mewn gwahanol fesurau. Gwelir yn nadansoddiad R.M. Jones a hefyd, yn fwy fyth, ym meibl cynganeddol Emile Ernault, *L'ancien Vers Breton* (1991), fod yna reolau ac arferion caeth iawn i'w dilyn os yw bardd am gyflawni'r cywreinder a ddisgwylir yn nhraddodiad y canu caeth Llydaweg. Nid mater o ddysgu'r gynghanedd lusg ac yna 'bant â chi!' yw hi.

Yn *Diazezoù Ar Sevel Gwerzioù* ('Sylfeini Cyfansoddi Penillion'), mae Frañsez Kervella (1965: 30–3) yn amlinellu rheolau a phatrymau ac yn rhoi arweiniad eglur a phendant i'r canu caeth. Mae hefyd yn enghreifftio cynganeddion traws, croes a sain y Gymraeg, gan ddyfynnu llinellau gan y Cywyddwyr. Mae Kervella'n amlwg yn cysylltu ei draddodiad o ganu caeth â Chymru ac, at hynny, yn mynegi cydberchnogaeth. Cytuna Emile Ernault (1991: 11) ag R.M. Jones, sef taw rhan o gontinwwm a deithiodd i Lydaw yw'r 'klotennou diabarzh' a'r gynghanedd fel ei gilydd:

> La rime intérieure est, en moyen breton, un héritage da la poésie du vieux breton, qui nous a laissé aucun fragment. Elle remonte même plus haut: avant l'émigration bretonne qui a donné naissance au rameau armoricain du brittonique, elle était employée dans la Grande-Bretagne, ou elle est restée vivante en gallois. Elle n'était pas étrangère à l'autre branche de la famille néo-celtique: on en retrouve des traces en vieil irlandais. C'était, comme l'allitération ou rime intérieure, des consonnes *avant* la voyelle, une façon d'établir un lien harmonieux entre les membres d'une phrase poétique.
>
> 'Mewn Llydaweg Canol, mae'r odl fewnol yn rhan o dreftadaeth farddol yr hen Frython na adawodd inni'r un tamaid yn ei sgil. Mae'r odl fewnol yn dyddio'n ôl ymhellach: cyn y mudo Brythonaidd a esgorodd ar adain Armorica o'r Frythoneg, fe'i defnyddid yn Ynys Prydain, lle bu iddi fyw drwy'r Gymraeg. Nid oedd hi'n ddieithr i'r gangen arall o deulu'r Celtiaid: gellir canfod ei holion mewn Hen Wyddeleg. Boed yn gyflythreniad neu'n odl fewnol, roedd y cytseiniaid cyn y llafariad yn fodd i sefydlu cyswllt harmonïol rhwng cydrannau brawddeg farddonol.'

Rhaid gofyn, felly – hyd yn oed os cyd-ddigwyddiad llwyr yw bodolaeth y gynghanedd yn Llydaweg, ffenomen a dyfodd yn annibynnol ar y Gymraeg – os yw Llydäwr yn teimlo ymlyniad wrth draddodiad sy'n hŷn na'r iaith fodern y mae'n ei siarad, pwy ydyn ni i wadu iddo'r hawl i'r ymdeimlad hwnnw o berthyn?

Cyn ddifyrred â'r uchod i ni'r Cymry sydd â diddordeb yn y gynghanedd fyddai cael gwybod mwy am y defnydd a wnaethpwyd o'r gynghanedd yn Llydaw yn yr oes fodern. Gelwir y gynghanedd lusg Lydaweg yn fwyaf diweddar (ac o bosib dan ddylanwad y Gymraeg) 'ar genganez stlejañ' (yn llythrennol, 'y gynghanedd lusgo'), ac mae hi'n gweithio bron yn union fel y gynghanedd lusg yn Gymraeg, ac eithrio'r ffaith nad yw'n arfer ateb yr ail gytsain sy'n dilyn llafariad yn y goben. Ymddengys fod y patrwm yn gwbl gyson yn hynny o beth. Er enghraifft (Botrel 1985: 565, 707):

Me menn hep qu**em** ober l**em** un t**em**pest
Roe Glazren zo en **Ys** bez gant avys d**ys**cret

Yn y ffurf Lydaweg ar y sain bengoll, ceir o leiaf ddau air yn odli mewn llinell seithsill neu wythsill, ac yna dri neu bedwar gair yn odli mewn llinellau hwy. Gall y sain bengoll swnio'n rhwystredig i'r cynganeddwr o Gymro, gan fod y glust yn disgwyl clywed y gyfatebiaeth gytseiniol. Rhennir rhai llinellau hirion yn isrannau lle ceir cynghanedd lusg (Botrel 1985: 53):

E deu**iz** t**iz** m**at** / h**ep** n**ep** d**eb**at / batant

Hoffwn ganolbwyntio o hyn ymlaen ar waith tri bardd Llydaweg o'r ugeinfed ganrif ac ar weithiau beirdd caeth Llydaweg sy'n dal i gyfansoddi heddiw. Y tri bardd dan sylw yw Roparz Hemon (1900–78), Kerverzioù (Gwilherm Berthoù) (1908–51) – dau a fu yng nghanol y diwylliant Llydaweg a'r ymdrechion i ddiogelu, i boblogeiddio ac i ddyrchafu'r iaith a'i diwylliant yn hanner cyntaf yr ugeinfed ganrif – a thrydydd bardd y gwn i lai amdano, ond sy'n gynganeddwr llawn mor gywrain â'r ddau arall, sef Morliguen (Gwion Letard) (1910–73), bardd a ddisgrifiwyd fel 'ur barzh divrud ha diglod' (Faverau 2001), 'bardd heb fri a di-glod', ac un sy'n haeddu mwy o sylw o daflu'r llifoleuadau ar y canu caeth yn Llydaweg. Roedden nhw wedi sylwi fod mwy yn ein cysylltu na thebygrwydd rhwng ein hieithoedd, a bod y gynghanedd yn bont gadarn, neu'n dwnnel diogel, efallai, sy'n ein galluogi i groesi'n ôl ac ymlaen rhwng Cymru a Llydaw.

Er mwyn i'r darllenydd lleyg fedru ynganu'r Llydaweg a gwerthfawrogi sain y cynganeddion, nodaf yn gyntaf ambell beth a all fod o gymorth. Iaith a ysgrifennir mewn ffordd gymharol seinegol ffonetig yw'r Llydaweg ac, er nad yw'r dull sillafu'r un mor seinegol â'r hyn sydd gennym yn Gymraeg, mae'n dal i fod yn haws na Ffrangeg neu Saesneg! Sylwyd eisoes fod yr acen yn syrthio'n naturiol ar y goben, fel yn Gymraeg. Dyma un nodwedd sy'n golygu ei bod yn gymharol rwydd cynganeddu ynddi. Wele ambell bwynt defnyddiol:

- Cewch ynganu 'r' naill ai drwy ei rowlio fel yn Gymraeg, fel y gwna'r hen bobl mewn rhai mannau yn Llydaw, neu drwy ei hynganu yn y dull Édith Piaffaidd, Ffrengig, sef 'rrr'!
- Mae'r llythrennau 'ou', fel yn Ffrangeg, yn creu sain nid annhebyg i 'w';
- Mae'r 'u' bedol yn debyg i'r 'u' bedol Ffrangeg;
- Mae 'c'h' (gyda chollnod, fel y gwelir, rhwng yr 'c' a'r 'h') yn cael ei hynganu'n weddol debyg i 'ch' Gymraeg, ond gall fod yn 'h' gref ar lafar, ac mae 'ch' (heb gollnod yn y canol) yn cael ei hynganu fel 'sh' yn 'Siân';
- Mae 'eu' yn lled debyg i sain 'y' dywyll yn Gymraeg, neu'r sain yn y gair Ffrangeg am 'wy', sef 'oeuf';

- Mae 'zh' fel arfer yn creu sain 's' fain ac nid 'sh';
- 'Ha' – er bod tafodiaith Bro Dreger yn arddel y sain 'h', nid yw'n gyffredin yn fy nhafodiaith i ym Mro Leon na, hyd y gwn i, mewn tafodieithoedd eraill;
- Yngenir 'll' fel 'l' yn Gymraeg;
- Mae 'ñ' yng nghanol gair yn dynodi bod y llafariad o'i blaen yn drwynol;
- Dylid ynganu'r 'a' yn y gair 'tamm' (a welir yn llinell olaf y gerdd isod) fel 'tom', neu â sain sydd rhwng 'a' ac 'o';
- Mae 'v' ar ddiwedd gair, ac yn aml yn debyg i sain 'w' neu 'o' yn Gymraeg.

Edrychwn yn gyntaf ar y gerdd hyfryd isod gan Roparz Hemon, sy'n ffefryn gen i, o'r enw 'Ar Melezour' ('Y Drych'). Wrth ddarllen y gerdd (Al Liam 1967: 124), sylwch ar y cynganeddion, ac ar y modd y mae pob llinell a ddiwedda â gair diacen yn cynnwys cynghanedd lusg ac, yna, sylwch ar y llinellau acennog. Yn y rheini y mae'r sain i'w chael, a bydd o leiaf ddau air yn y llinell yn odli â'i gilydd cyn cyrraedd y gair acennog sy'n cynnal y brifodl ar ddiwedd y llinell. Ond gwyliwch! Cadno cynganeddol cyfrwys oedd Roparz Hemon, ac mae odlau cudd yn yr ail bennill sy'n cwblhau ei gynganeddion sain pengoll ...

A welwch chi'r odlau cudd yn yr ail bennill? Dyma nhw:

He mousc'hoarzh ab**af**), leun **a f**)ent
Skedus ha teñv**al**), feuls h**a l**)ent.

Ar Melezour

Ha mirout a rez, melezour,
Kuzhet e donder da werenn,
Eus an dremmig kisidig flour
A sellas ennout, ur roudenn?

Mar gres, e vires marteze
He mousc'hoarzh abaf, leun a fent,
Hag he sell kuñv, leun a huñvre
Skedus ha teñval, feuls ha lent.

O, na c'hoazh ma c'hallfes daskor,
Dreist latar yen an tremened,
Ar skeudenn a weñv em eñvor,
Ha tamm ha tamm a ya da get!

Y Drych

A wyt ti'n gwarchod, ddrych,
yn guddiedig yn nyfnder dy wydr,
oddi wrth yr wyneb tyner a llyfn
a syllodd drwot, rych?

Os wyt ti, efallai y gwarchodi
ei gwên wylaidd, lawn ffraethineb,
a'i hedrychiad cêl, llawn breuddwydion,
disglair a thywyll, gwyllt a swil.

O! na allet eto adfer
drwy niwl oer yr amser a fu
y llun sy'n gwywo yn y cof
ac sy'n diflannu, damaid wrth damaid!

Roparz Hemon

Yr hyn sy'n fy nharo i, wrth gamu'n ôl ac ystyried y gerdd, yw ei bod yn llwyddo i greu'r un effaith arnaf â phan ddarllenaf gerdd gaeth Gymraeg. Trafod heneiddio a wneir, gan geisio troi'r drych yn ddyfais a all adfer ieuenctid neu atal treigl amser. Mae'n thema fawr ond, eto i gyd, ychydig linellau o hyd yw'r gerdd, rhai wythsill sy'n drawiadol o debyg i linellau seithsill cryno trwch helaeth ein canu caeth yng Nghymru. Drwy geinder ei grefft gynganeddol, mae Roparz Hemon yn llwyddo i ddweud llawer mewn ychydig eiriau, ac mae'r gynghanedd hefyd yn cloi pob un gair yn ei le'n berffaith. Trafodir sut y gall y gynghanedd gyrraedd perffeithrwydd fel hyn gan Alan Llwyd yn *Crefft y Gynghanedd* (2010), ac rwy'n tybied y gellir cymryd yr egwyddorion a drafodir yn y gyfrol honno am undod, am berffeithrwydd ac am geinder, a'u gweld hefyd ar waith yma. Dyma gynganeddwr a ganodd gerdd o'i galon sy'n safadwy ac, i mi, yn berffaith. 'Cyfuniad perffaith sydd yma o grefft gadarn, angerdd eirias a mynegiant cofiadwy, ac mae'r tri pheth yn un, yn elfennau anwahanadwy' (Llwyd 2010: 242). Trafod cywydd enwog Lewys Glyn Cothi, 'Marwnad Siôn y Glyn', a wna Alan, ond gellir priodoli'r sylw i gerdd Roparz Hemon hefyd. Pan fo'r gynghanedd a'r ysgogiad awenyddol yn dod ynghyd, fe gynhyrchir perffeithwaith cynganeddol, yn Llydaweg fel yn Gymraeg.

A symud ymlaen at y gerdd nesaf, gan Kerverziou̇ (un o gyn-archdderwyddon Llydaw, gyda llaw), rhaid nodi ei bod wedi gwneud imi dagu ar fy nghrempogen un noson pan welais hi mewn e-bost gan Ronan Hirrien, cyfaill a chynhyrchydd teledu Llydaweg. Cerdd natur yw 'Delioù-bleuñv' (sef 'blagur' neu, yn llythrennol, 'flodau'r dail'), ac fe'm trawyd yn syth, yn glep ar fy nhalcen, gan y drydedd linell yn yr ail bennill: 'lann ha *raden,* lenn ha *roudour*'.

Efallai mai fy nislecsia a achosodd imi fethu'r cynganeddion cytseiniol eraill sydd yn y gerdd, ond dyma weld o'r diwedd, wedi cyfnod hir o chwilio a dod i gredu mai *dim ond* y gynghanedd lusg a'r gynghanedd sain bengoll a geir mewn barddoniaeth gaeth Lydaweg, fod cynganeddion cytseiniol i'w cael hefyd. Roedd Ronan Hirrien wedi fy syfrdanu â cherdd gaeth Lydaweg sy'n cynnwys cynganeddion croes, traws a lled gytseiniol sy'n efelychu'r cynganeddion Cymraeg! Gellir tybied fod dysgu Cymraeg, i Kerverziou̇, wedi arwain at fewnforio'r cynganeddion cytseiniol, cymhlethach sydd gennym yn Gymraeg i'w waith ei hun. Mae cynghanedd sain gadwynog yn y drydedd linell, hyd yn oed (er nad yw honno'n dilyn y patrwm 'cywir', yn ôl yr hyn a amlinellir gan Twm Morys yn un o'i gyfraniadau yn y gyfrol hon). Dyma'r gerdd (Al Liamm 1967: 48: Genver 1955):

Trafod dyfodiad y gwanwyn y mae Kerverziou̇ yn 'Deliou̇ Bleñv', ac mae'r defnydd a wna o'r cynganeddion cytseiniol yn golygu fod y gynghanedd, wrth i'r gerdd (fer, unwaith eto) fynd rhagddi, yn blodeuo, yn magu blagur ei hunan. Yn sgil y twf cynganeddol hwn – o'r llinell gyntaf ag egin cynghanedd groes o gyswllt (er nad yw'n cynganeddu'n gyflawn, am fod 'p' yn ateb 'b' ac 'n' yn mynd heb ei hateb) a'r odlau mewnol cychwynnol, wrth adeiladu drwy'r cynganeddion croes a sain gadwynog yn yr ail bennill – mae'r gair 'nevedva' ('cysegrfan' neu 'seintwar'), yn y gynghanedd lusg yn y llinell olaf, yn drymlwythog o seiniau cyfoethog y gynghanedd ac yn ategu ac yn dwysáu cynnwys a thestun y gerdd.

Ym mis Mai 2019, derbyniais her i gynnal gwers gynghanedd ym Mrest, yn sgil cyflwyno rhaglen ddogfen a ddarlledwyd ar deledu Llydaw ac a gynhyrchwyd gan Ronan Hirrien, *Aneirin Karadog: Barzh e Douar ar Varzhed*. Bu'n dasg heriol o ran yr hyn y gallwn ei fynegi'n hyderus drwy gyfrwng fy Llydaweg. Ni chefais addysg ffurfiol yn Llydaweg y tu hwnt i fagwraeth

Deliou̇-bleuñv

Ar pokou̇ hir a baken haer
'vel evned bliv war da ziweuz
'zo arouez kuñv bleun ar gwez kaer
a brof d'an den o stumm heneuz,

el liorzhou̇ a liv arzour
an nevez-hañv, pa zigañva
lann ha raden, lenn ha roudour,
pa dro ar bed da nevedva.

Blagurddail

Y cusanau hir a gasglwn â phleser
fel adar hardd ar dy wefusau
sy'n arwydd cudd o flodau'r coed
a ry i ddyn ei wedd olygus,

yn y gerddi o liw'r artist,
y gwanwyn pan â gaeaf;
eithin a rhedyn, llyn a rhyd,
pan dry'r byd yn seintwar.

gadarn yn yr iaith ar yr aelwyd ac, felly, gallaf ei siarad yn naturiol, ond ffiniau ieithyddol fy mam yw terfyn fy iaith i neu, fel y nododd Wittgenstein, 'terfynau fy iaith yw terfynau fy myd'. Wn i ddim faint a ddysgodd fy nisgyblion truain y prynhawn hwnnw, ond bu'r profiad o gyflwyno'r gynghanedd i Lydawyr yn llwyddiant sicr o ran ymestyn terfynau fy myd, oherwydd fe gysylltodd gŵr o Frest a ddaeth i'r wers gynganeddu, Bernez Gestin, â mi wedi'r wers i rannu cerddi caeth Llydaweg y daeth ar eu traws, sef gwaith y bardd Morliguen mewn cyhoeddiad misol o'r enw *Kêr-Vreizh*.

Gwelir isod bennill cyntaf un o'i gerddi, sef 'Mil Meuriad Houl', lle gwelir y patrymau cynganeddol Llydaweg yn eglur, ynghyd ag ambell drawiad o gynghanedd sain gyflawn y Gymraeg. Nid cyd-ddigwyddiad yw hynny, oherwydd fe geir mewn cerddi eraill o'i eiddo gynganeddion cyflawn a rhai cytseiniol, ac fe ddyfynna neb llai na Thaliesin ei hun uwchben cerdd arall o'i eiddo, sef 'Na Dav Ket': *A wdosti cwd vyd / Nos yn arhos dyd*. Dyma fardd caeth Llydaweg yn dal tusw o flodau a dyfodd o hadau gwaith Taliesin, yr hadau a gludwyd i Lydaw (Morliguen 1970).

Roedd darganfod gwaith Morliguen yn awgrymu imi fod rhai unigolion, o leiaf, a fu'n dal ati i weithio tiroedd ffrwythlon y gynghanedd yn Llydaw yn ystod yr ugeinfed ganrif. Mae hefyd, ymysg y garfan o siaradwyr Llydaweg, adnabyddiaeth o weithiau caeth mawr yr Oesoedd Canol. Drwy ddyrchafu'r gweithiau hynny a thrwy ddal i ymddiddori ynddynt ac, mae'n siŵr, drwy droi at rai llawlyfrau cynganeddol defnyddiol fel *L'ancien Vers Breton* a *Diazezoù ar Sevel Gwerzioù*, y llwyddodd rhai beirdd Llydaweg yn yr ugeinfed ganrif i efelychu'r patrymau cynganeddol a mynd i ganu'n gaeth. Fe welwn wedyn fod edrych tua Chymru am ysbrydoliaeth, o sefydlu Goursez Breizh i fewnforio cynganeddion cytseiniol, wedi egnïo'r Llydaweg yn ei thro.

Soniais ar ddechrau'r ysgrif hon fod y gynghanedd yn fyw heddiw yn Llydaw, hynny yw, bod yna feirdd sy'n ei harddel fel dull i fynegi eu hawen. Pan ffilmiwyd y rhaglen ddogfen y soniais amdani, deuthum i a Ronan Hirrien i'r casgliad fod tri bardd sy'n canu'n gaeth yn Llydaweg heddiw – heb gyfrif Twm Morys, sydd wedi fy nghyfarch yn bersonol â chywyddau ac englynion yn Llydaweg – sef Alan Botrel (1954–),

Mil Meuriad Houl

Mil meuriad houl a goumoul du
A blav, hevelep a bep tu.
Nep gwent, na trouz na ruz ouzh tir,
ha'n tir, a-bell, a eñvel dir
ha, difiñv tenn evel lenn lor
gant lun na bar e hun ar mor.

Tonnau fel Mil o Lwythi

Tonnau fel mil o lwythi a chwmwl du
yn hofran, yn gyffelyb o bob ochr,
heb wynt, na sŵn na symudiad o'r tir,
a'n tir, o bell, yn debyg i ddur
ac yn ddisymud fel llyn llonydd,
mewn llun nad yw'n para fe huna'r môr.

Herve Seubil gKernaudour (1957–) a Pascal Tabuteau (1962–).

Fe welir yng ngwaith Alan Botrel arbrofi cynganeddol ac ymgais i dynnu rhai o'r pedwar mesur ar hugain i mewn i'r Llydaweg, fel yr englyn unodl union, yr englyn milwr a'r cywydd. Fe gana'n gytseiniol gaeth ar hen batrwm cynganeddwyr Llydaw yn yr Oesoedd Canol. Awen ramantaidd o'r iawn ryw sydd gan Herve Seubil gKernaudour, awen atgofus a delweddol, a gwna'r bardd hwn ddefnydd tyner o'r gynghanedd. Mae awen eang Pascal wedyn yn cynnwys ar y naill law gerddi *vers libre* modern ac, ar y llaw arall, y dasg anferthol o ail-greu chwedl Trystan ac Esyllt ar gynghanedd Lydaweg, sef 'Lae Izold'.

Sylwais wedyn, wrth ddarllen y cylchgrawn *Al Liamm* un dydd, fod bardd arall wedi cydio yn y gynghanedd, neu efallai fod y gynghanedd wedi cydio ynddo yntau, sef Alan Kersaudy (1998–) o ochrau Douarnenez (2019). Mae'r ffaith mai gŵr yn ei ugeiniau yw Alan yn cynnig gobaith o ran parhad y grefft i'r dyfodol a thwf y gynghanedd yn Llydaw.

Os byw yw'r diddordeb yn y gynghanedd heddiw, mae nifer y siaradwyr Llydaweg yn dal i ostwng, a golyga hynny mai canolbwyntio eu hymdrechion ar gynnal gwersi nos Llydaweg y mae'r beirdd, yn hytrach na gwersi nos cynghanedd, fel sy'n digwydd ledled Cymru. Ac un peth sy'n cysylltu'r saith cynganeddwr a enwir uchod, o Roparz Hemon i Alan Kersaudy, yw eu bod oll wedi astudio'r Gymraeg ac yn ei deall, ac yn ei medru hi hefyd i raddau gwahanol. Ai'r gynghanedd a'u denodd at y Gymraeg, ynteu ai'r Gymraeg a'u deffrôdd i glywed ac i arfer y gynghanedd?

Nid mewn gwagle y mae'r gynghanedd yn bodoli heddiw yn Llydaw. Mae hi'n dal i hiraethu am ei chwaer fawr ar yr ynys y tu hwnt i'r dŵr.

I gloi, hoffwn drafod un nodwedd ar y canu hwn sydd, mae'n siŵr, yn taro'r cynganeddwr Cymraeg wrth iddo ddysgu mwy am gynganeddion y Llydaweg, sef bod y cynganeddion hynny'n ymddangos yn syml ac yn amaturaidd mewn cymhariaeth â chymhlethdod ein cynghanedd ni. Clywaf y llais cynganeddol Cymraeg yn gweiddi'n groch yn fy nghlust: 'Ond … ond … dim ond un math o gynghanedd odledig, fwy neu lai, maen nhw'n ei ddefnyddio ym mhob un llinell! Ble mae'r amrywio ar draws penillion er mwyn arafu'r rhythmau, er mwyn dwysáu'r dweud – yr holl bethau a ddysgon ni wrth ddysgu sut i gynganeddu? Onid oes y fath beth â'r bai "gormod odl", Nei?!'

Mae hwnnw'n sylw teg, ar un olwg, ond rhaid sylweddoli mai'r hyn a wnawn ni yw gweld cynganeddion Llydaw drwy ein llygaid caethiwus, Cymraeg ni. Ond yn Llydaweg, efallai fod prinder geiriau unsill a geiriau a acennir ar y sillaf olaf wedi cyfyngu ar y posibiliadau cynganeddol. Mae natur y ddwy iaith, er eu bod yn dod o'r un gwraidd, yn wahanol. Yng Nghymru, datblygodd yr arfer o ymgaethiwo i'r fath raddau nes ein gwneud ni'n ddiogel gaeth mewn cyffion o gytseiniaid ac odlau o dan bwysau'r acen. Mewn bydysawd paralel, mae yna Gymru lle bu farw'r gynghanedd yn llwyr, a Chymru arall lle ffafriwyd y gynghanedd braidd gyffwrdd neu'r gynghanedd groes bengoll ar draul mathau eraill. A Duw a waredo holl John Morris-Jonesiaid y byd, mae yna Gymru arall mewn bydysawd paralel sy'n dilyn ac yn dyrchafu mesurau dosbarth Morgannwg yn eu holl ogoniant! Mae'r posibiliadau'n ddiddiwedd. Yr hyn sy'n wir am ein byd ni a phob un arall yw y gallwn ddysgu oddi wrth ein gilydd ac adeiladu perthynas o barch ar seiliau ein gwahaniaethau diwylliannol.

Mae'r Llydawyr sy'n ymddiddori yn y maes hwn yn rhyfeddu at gymhlethdod a chywreinder ein cynganeddion, ynghyd â'r modd y dyrchafwn ganu caeth a beirdd yn gyffredinol yn ein cymdeithas heddiw, hyd yn oed, yn yr unfed ganrif ar hugain. Ond gallwn ninnau, o ddarllen cerddi caeth Llydaweg yn uchel, diwnio i mewn i gerddoriaeth unigryw 'an enklotennoú', sef y rhythmau a'r nodau amgen sy'n cael eu creu ac sy'n corddi fel llanw a thrai a thonnau'r môr, neu alaw rymus pibau o'r cynfyd. Gallaf hefyd dystio (yn sgil ambell gyfarfyddiad) i'r ffaith fod beirdd caeth Llydaweg yn ymhyfrydu yng nghaethiwed eu crefft a bod eu llygaid, fel rhai beirdd caeth Cymraeg, yn goleuo wrth gael cyfle i drafod hanfodion eu crefft â rhywun arall sy'n eu deall. A gallwn ninnau ailymgysylltu â gwreiddiau ein hiaith, ail-weld yr hyn y collwyd golwg arno wrth golli ein pennau (yn y modd mwyaf gogoneddus, unigryw a rhyfeddol) yn ateb cytseiniaid ac yn canu ar fesurau clasurol, sef egin ein hiaith, y dull cynhenid Frythonaidd o addurno cerddi. Ailafaelwn yn y dull hwnnw eto, y dull a fu mewn grym cyn i'r mudo mawr beri inni ffarwelio â'n cymdogion anturus a fentrodd i Armorica fil a hanner o flynyddoedd yn ôl.

LLYFRYDDIAETH

Berthou, E. (1912), *Kevrin Barzed Breizh pe Reizadur ar Werzoniez vrezonek* (Paris)

Botrel, A. (1985), *Un dibab Testennoù Krennvrezhonek* (Roazhon)

Botrel, A. a Tangi, L. (2004), *Per atzar auella veu* (Vic)

Bruch, B. (dim dyddiad), http://www.kernewegva.com/PDFs/Cynghanedd.pdf (cyrchwyd Mai 2020)

Coleman, W. (2015), *Plen an Gwari: The Playing Places of Cornwall* (Pennsans)

Ernault, E. (1991), *L'ancien Vers Breton* (Brest)

Favereau, F. (2001), *Lennegezh ar brezhoneg en XX vet kantved 3 1945 1968: Al lennegezh a spered broadel Al liamm tir na n'og Hervez spered ar Batrioted Brud ha Brud Nevez* (Montroulez)

Hincks, Rh. (1995), *I Gadw Mamiaith Mor Hen* (Llandysul)

Jones, R.M. (1977), 'Hanes Llenyddiaeth Lydaweg y 15fed ganrif', *Y Traethodydd* CXXXII: 90–108

Jackson, K.H. (1986), *A Historical Phonology of Breton* (Dublin)

gKernaudour, H.S. (2016), *Keridwal* (Dirinonn)

Kersaudy, A. (2019), 'Dinamit', *Al Liamm* 433: 6

Kervella, F. (1965), *Diazezoù ar Sevel Gwerzioù* (Brest)

Le Berre, Y. (2012), *Entre le riche et le pauvre: La littérature du breton entre 1450 et 1650* (Brest)

Le Menn, G. (1999), 'La prosodie des chants en moyen breton (1350–1650)', yn J. Quéniart (gol.), *Le Chant Acteur de l'histoire* (Roazhon), 13–21

Llwyd, A. (2010), *Crefft y Gynghanedd* (Abertawe)

Morliguen (1970), 'Mil Meuriad Houl', *Kêr-Vreizh* 48

Parry, T. (1936), 'Twf y gynghanedd', *Transactions of the Honourable Society of Cymmrodorion*: 143–60

Parry, T. (ed.) (1962), *The Oxford Book of Welsh Verse* (Oxford)

Tabuteau, P. (2012), *Lae Izold* (Dirinonn)

Thomas, G. (1976), *Y Traddodiad Barddol* (Caerdydd)

Thomas, G. (1976), 'Beirniadaeth y Gadair', *Cyfansoddiadau a Beirniadaethau Eisteddfod Genedlaethol Frenhinol Cymru Aberteifi a'r Cylch 1976* (Llandysul)

Williams, I. (gol.) (1938), *Canu Aneirin* (Caerdydd)

AMRYWIADAU: CERDDI AR LAFAR A CHERDDI AR BAPUR

LLŶR GWYN LEWIS

Pan oeddwn yn ifanc ac yn ffôl, ac yn perfformio cerddi'n gyson ar lafar mewn stompiau a nosweithiau barddol tebyg, rhaid cyfaddef nad oeddwn yn poeni rhyw lawer am union hyd llinellau. Roedd hyn yn enwedig gan fod perfformio ar lafar yn rhoi cyfle i'r darllenydd gywasgu sillafau a cheseilio llawer mwy nag y byddai'n cael getawê ag o ar bapur. Dydi'r gynulleidfa mewn stomp ddim yn cyfri sillafau, ond maen nhw'n gwybod yn iawn sut mae cynghanedd a chwpled ac englyn i fod i swnio. Pwysicach na'r union sillafau i mi, felly, oedd ail-greu'r sŵn hwnnw drwy sicrhau bod y curiadau, y trawiadau, y traed hynny yno, a bod y rheini'n 'stompio', ac yn bodloni'r gynulleidfa. Hynny yw, bod pob llinell mewn cywydd yn *swnio* fel cynghanedd, er ei bod, efallai, cyn fyrred â chwe sill neu cyn hired, weithiau, â naw.

Rhaid priodoli cryn dipyn o'r 'bai' am hyn i ddiffyg profiad a disgyblaeth y prentis-gynganeddwr. Ond hyd yn oed wrth gyfansoddi rŵan ar fesurau sy'n cynnwys llinellau hirion fel gwawdodyn neu hir-a-thoddaid, mi all fy sillafau amrywio o linell i linell rhwng tua 8 a 12, yn enwedig mewn cynganeddion sain, heb yn wybod i mi fy hun, gan fod fy nghlust yn gwrando mwy am y curiad nag am y cyfri. Dyna pam y mae'n bwysig i mi fynd yn ôl dros y gerdd wedyn a chyfri sillafau'n llafurus ofalus. Mae hyn yn arbennig o wir wrth gofnodi cerdd ar bapur, pan fo pethau'n gorfod sefydlogi a llonyddu. Cofiaf i un o hybarch olygyddion y gyfrol hon fod yn hallt ei feirniadaeth ar fy sillafau blêr, anghyson mewn cystadleuaeth yn yr Eisteddfod Genedlaethol unwaith, a chwbl briodol hynny, gan fod yn rhaid i bawb chwarae wrth yr un rheolau, siŵr, ac ymddisgyblu.

Bûm yn amau ar un adeg a oedd a wnelo fy ymagwedd weddol lac at nifer sillafau – a minnau'n rhoi mwy o bwys ar guriadau, ar draed yr acen – â'r ffaith imi wneud hanner fy ngradd yn Saesneg, ac â'm diddordeb mewn barddoniaeth Saesneg. Nid yw mydryddiaeth Saesneg yn cael ei mesur yn ôl sillafau ond, yn hytrach, yn ôl 'traed' neu guriadau. Yn y soned, er enghraifft, er mai deg sillaf sydd fwyaf arferol, gall llinell amrywio o tua 9 i 11 neu 12 sillaf. Yr hyn sy'n bwysicach yw fod ynddi bum 'troed', iambig gan amlaf, sef pum prif bwyslais. Gellir amrywio o fewn hynny wedyn, wrth gwrs, a rhoi 'troed' trocäig neu ddactylaidd neu beth bynnag i mewn yn lle un o'r rhai iambig. Ond chwilio a gwrando am guriadau mae rhywun, nid am sillafau.

Wrth gwrs, mae ystyriaethau unigryw, fel lleoliad arferol disgyniad naturiol yr acen yn y ddwy iaith, yn golygu bod achos y Gymraeg a'i goben yn wahanol iawn i'r Saesneg. Ond o feddwl am y curiadau hyn, dychwelais at y Gymraeg a chael f'atgoffa, yn y pen draw, mai'r *acen* yw'r peth pwysicaf yn ein cerddi ninnau hefyd, ac nid y cyfri sillafau. Yr acen yw hanfod y gynghanedd. O'r fan honno y mae'n tarddu, ac mae popeth arall fel petai'n tyfu o'i chwmpas. Difyr i mi oedd canfod, wrth sgwrsio ag Emyr Davies yn ddiweddar, nad fi yw'r unig un sydd o'r farn hon! Dywedodd yntau fod y diweddar Emyr Oernant hefyd yn daer nad oedd union nifer y sillafau mewn hir-a-thoddaid, dyweder, nac yma nac acw, gan mai'r acen oedd y peth. A phwy a ddyfynnai'r ail Emyr yntau fel enghraifft lachar o'r egwyddor hon? Neb llai na Dic Jones ei hun.

Arweiniodd hyn fi i synio am ein ffordd o feddwl am holl gyfundrefn rheolau cerdd dafod. Hynny yw, rydym yn tueddu i feddwl am y symudiad tuag at reolau cynyddol gaeth fel rhyw fath o esblygiad llinellol ac iddo ben draw teleolegol: y symud o fraidd-gyfatebiaeth y Cynfeirdd i orddefnydd y Gogynfeirdd o'r gynghanedd sain, i gynganeddion pengoll a llinellau digynghanedd y Cywyddwyr a'r traethodlwyr cynnar, hyd at groes-o-gysylltau cain Tudur Aled. I ninnau yma yn yr unfed ganrif ar hugain, felly, mae unrhyw amrywiad neu 'lygriad' ar y rheolau yn gallu teimlo fel brad. Fel y dywed Dafydd Johnston, 'mae tuedd i weld y cywyddau cynnar fel cam yn natblygiad cyfundrefn y gynghanedd, fel petai'r llinellau pengoll a digynghanedd a chyfartaledd uchel y gynghanedd sain yn dangos bod y beirdd heb ddysgu cynganeddu'n iawn' (2007: 5–6). Ac fel fy ymdrechion tila ifanc i i lunio cywyddau, gallech ychwanegu'r amrywio o ran nifer y sillafau mewn traethodlau a chywyddau cynnar at y rhestr. Fel y dadleua Johnston hefyd:

> […] nid yw'n dilyn […] fod beirdd cynharach yn cynganeddu'n wahanol am eu bod yn methu llunio cynganeddion cytseiniol yn rhwydd. Y perygl wrth dafoli cyfnod yn hanes llên yng ngoleuni'r hyn a ddaeth i fod yn y cyfnod dilynol yw ein bod yn colli golwg ar bethau nad arweiniodd i unman ond a oedd yn gwbl briodol ac yn llawn arwyddocâd ar y pryd.

Tybed, felly, a fûm fymryn yn rhy lawdrwm arnaf fy hun, ac mai cwbl briodol oedd amrywio sillafau yng nghyd-destun perfformiadol, llafar fy nghywyddau stomp cynnar? A oeddwn, efallai, yn medru taro rhyw bynshlein yn lanach neu greu sain ddoniolach drwy amrywio sillafau? A oedd rhywbeth comig ynddo'i hun, hyd yn oed, yn natur drwsgl neu heglog ambell linell? Rhyw bersona 'troeon trwstan' ffwdanus oedd gen i yn nifer o'r cywyddau hyn, lle cawn fy hun mewn trybini wrth drio dod o hyd i doilet ar frys, neu drio tyfu mwstásh. Felly, efallai fod llinellau blêr, afrosgo'n gweddu i'r dim i arddull y cywyddau hynny ac yn ychwanegu at eu hiwmor. Pwy a ŵyr? Alla' i ddim dweud i sicrwydd yn achos penodol fy ngherddi fy hun ond, fel egwyddor neu bosibilrwydd cyffredinol, dwi'n credu ei fod yn werth ei ystyried.

Gall ystyried hynny ddod â ni'n ôl hefyd at werth y gerdd fel darn llafar o gelfyddyd i'w berfformio, yn hytrach nag fel gwaith ar bapur. Crybwyllais uchod, er enghraifft, fod yn rhaid ymddisgyblu a chywiro a mireinio wrth roi cerdd ar glawr. Dyna a wnes, er enghraifft, yn achos cerdd gynnar iawn o'm heiddo, sef 'Yr Wylan', ar gyfer y flodeugerdd o gerddi doniol, *Chwyn*, dan olygyddiaeth Gruffudd Owen (2019: 79–81), neu 'Gywydd y Gwin' ar gyfer cyfrol *Bragdy'r Beirdd* (Jones a Lewis 2018: 20–1). Oedd, roedd yn braf gallu mynd yn ôl a llyfnhau ambell grych. Ond roedd hefyd yn f'atgoffa o'r ffordd yr ydym yn breinio rhai mathau o gerddi a chyd-destunau dros rai eraill: y cywydd dros y traethodl, y gerdd ddwys dros y gerdd ddigri, y gerdd ysgrifenedig dros y gerdd lafar (o leiaf, fel fersiwn terfynol neu awdurdodol ddiffiniol y gerdd). Hyn yn ogystal â'n hobsesiwn, fel ymarferwyr mewn iaith sydd mewn peryg o ddarfod, â 'chywirdeb' a 'phurdeb'.

Ond gallech ddadlau, pe baem yn fwy hunanhyderus, y dylem fod yn fwy chwareus, yn fwy parod i lithro ac i amrywio o berfformiad i berfformiad, yn llai awyddus i 'gomitio' ein testunau i bapur, eu 'gorffen' … ac efallai eu lladd. Gallem weld ein cerddi'n fwy fel prosesau sy'n newid ac yn amrywio o lwyfan i lwyfan, heb fyth wir fod yn 'gaboledig' a 'gorffenedig' – dau hoff linyn mesur beirniaid eisteddfodol. Mi allech ddadlau mai cerdd farw yw cerdd orffenedig ac, os yw'r gerdd yn crynhoi profiadau amrwd neu drwsgl neu ysgafn, gallech ddadlau fod rhwydd hynt i'w ffurf hefyd fod yn amrwd neu'n drwsgl neu'n ysgafn o sillaf neu ddwy.

Hoffaf feddwl, fel sawl bardd arall, dwi'n siŵr, am nifer o'm cerddi cyhoeddus yng nghyd-destun y noson y'u perfformiwyd, sut dderbyniad a gafodd y llinell-a'r-llinell neu ryw ddelwedd benodol neu jôc fwy 'risqué' na'i gilydd, a hynny'n newid ac yn addasu bob tro. Gallaf fy ngweld fy hun yn eu dweud nhw, a gallaf gofio hefyd sut ymateb a gafodd pob un ar wahanol adegau. Ar ben hynny, mae rhywun yn dysgu o ymatebion blaenorol ac yn addasu, yn cwtogi ac yn ychwanegu o berfformiad i berfformiad: yn mireinio ac yn gweithio'r gerdd. Fel y dywedodd Jerry Hunter unwaith, '[n]i ellir sôn am destun safonol sefydlog yn wyneb sefyllfa fel hon' (1995: 84). Yn wir, meddai wedyn, '[m]ae'n well inni ddileu ein syniad am "amrywiadau" testunol fel "llygriadau" neu "wyriadau" a dechrau meddwl am y testun ei hun fel "testun symudol ansefydlog"' (1995: 83). Efallai, felly, y gallai fod yn arbrawf neu'n gyfaddawd difyr i rywun, ryw dro, gyhoeddi ei gerddi â'u holl amrywiadau a'u hafreoleidd-dra a'u 'llygriadau' ynghlwm … A ninnau'n teimlo'r tir mor simsan dan ein traed yn gyson y dyddiau hyn, onid amrywiadau yw ein hanfod bellach?

LLYFRYDDIAETH

Hunter, J. (1995), 'Testun Dadl', *Tu Chwith* 3: 81–5

Johnston, D. (2007), *'Cyngan Oll?' Cynghanedd y Cywyddwyr Cynnar* (Aberystwyth)

Jones, O.Rh. a Lewis, Ll.G. (goln.) (2018), *Bragdy'r Beirdd* (Tal-y-bont)

Owen, G. (gol.) (2019), *Chwyn* (Llandysul)

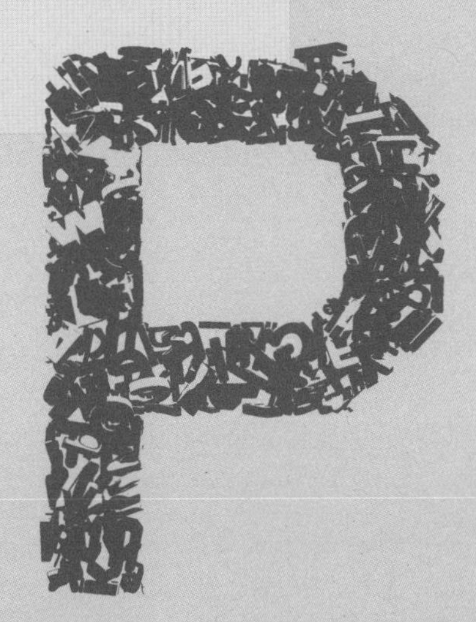

DD + H = TH: CYFATEBIAETH NEWYDD?

HYWEL GRIFFITHS

Yng Ngŵyl Gynganeddu Tŷ Newydd 2007, cynhaliwyd rhifyn arbennig o *Dalwrn y Beirdd* yng Ngwesty'r Marine, Cricieth, ac roeddwn i, ynghyd â golygyddion y gyfrol hon, ar dîm o'r enw Beirdd yr Urdd o dan gapteiniaeth Ifan Prys. Dyma'r cyfnod pan oedd Cyngor Gwynedd yn trafod cau ysgolion bach gwledig y sir, a Chymdeithas yr Iaith – a finnau'n gadeirydd arni ar y pryd – yn ymgyrchu i'w cadw ar agor. Un o'r tasgau a gyfrennais at yr ornest oedd yr englyn hwn:

> Daethai her ei diwedd hi o'r tyllau,
> O'r tu allan iddi,
> Yn neuadd nawr, naddwn ni
> O'i mewn, nes chwalu'r meini.

Nid dyma'r englyn gorau a ysgrifennais erioed, ond roeddwn yn ddigon hapus ag e ar y pryd. Doedd ei gynnwys, fodd bynnag, ddim wrth fodd y meuryn, Gerallt, a chefais gerydd digon llym ganddo. Doedd Gerallt ddim yn gweld y ddadl yr un mor ddu a gwyn ag yr oeddwn i!

Ysgogodd yr englyn drafodaeth am reswm arall y noson ganlynol, yn Nhafarn y Plu, Llanystumdwy, sef dilysrwydd y gyfatebiaeth yn y gynghanedd groes yn y llinell gyntaf. A yw'r 'h' yn 'hi' yn caledu'r 'dd' yn 'diwedd' hyd nes ei bod yn troi yn 'th' ac, felly, yn ateb yr 'th' yn 'daethai' yn hanner cyntaf y llinell? Aeth yn drafodaeth fywiog, a ddaeth i ben gyda phrifardd hetiog yn ein cyfarwyddo (wel, yn fy nghyfarwyddo i, siŵr o fod) i 'get a life'!

Nid oes cof gen i o feddwl, wrth lunio'r llinell, y gallai fod yn amheus. Fe'i lluniais gan gymryd yn ganiataol bod y gyfatebiaeth yn iawn, hynny yw, roedd yn gywir i'm clust i. Nid wyf yn cofio fod Ifan, Eurig nac Aneirin wedi codi amheuon cyn yr ornest, na Gerallt yntau chwaith.

Ai'r un sŵn 'th' a grëir gan yr 'dd' a'r 'h' ag y clywn yn y gair 'eithin'? Na, ond nid yr 'dd' a glywn yn y gair 'heddiw' yw hi chwaith. Wrth edrych ar y llinell heddiw, a'i dweud yn uchel dro ar ôl tro (!), dwi'n sicr bod y sŵn rwy'n ei glywed yn agosach at 'th' galed nag yw at 'dd' feddal ac, felly, dwi'n meddwl mai dyma'r gyfatebiaeth gywiraf o'r ddwy.

Yn yr un modd, mi fuaswn yn dadlau y gellid ateb 'rh' ac 'dd' gyda 'thr'. Er enghraifft:

> Aeth yr haf i fedd rhyfel

Mae cynsail o fath i hyn hefyd: cymharer 'udd' + 'hael' yn yr enw 'Ithael', ynghyd â 'dwfr' a 'hynt' yn dod ynghyd i greu'r gair 'dyffryn'.

Wedi dweud hynny, rwy'n cydnabod mai fy nghlust i sy'n clywed y gyfatebiaeth, ac roedd yn amlwg o'r drafodaeth – annisgwyl, i mi – yn y Plu nad yw clustiau eraill yn ei chlywed yr un fath. Ond os rhywbeth i'r glust yw'r gynghanedd, ac o dderbyn nad yw pawb yn clywed yr un fath, mi fuaswn yn dadlau bod angen rhywfaint o hyblygrwydd rhesymol mewn sefyllfaoedd fel hyn. Hynny yw, cyhyd â bod bardd yn gyson ac yn peidio â chymryd mantais o'r hyblygrwydd hwnnw ac, at hynny, yn darllen y llinell yn gywir ar lafar, yn unol â'i ddehongliad ohoni. Wedi'r cyfan, mae rhai'n clywed dwy 'd' yn creu 't' ac eraill yn clywed 'd', a derbynnir yn gyffredinol fod y ddau ddull yn dderbyniol erbyn hyn. Nid dadlau o blaid llacio rheolau yw hyn, ond cydnabod bod amrywiaeth y Gymraeg ar lafar yn rhwym o greu sefyllfaoedd fel hyn weithiau.

IAITH CYNGHANEDD:

‘IAITH RYFEDDOL YW HON’

MERERID HOPWOOD

Dechrau'r daith. Cam un: y cwestiwn Yn Ystafell y Cyngor y digwyddodd e. Hen ystafell yr hen arogl ar lawr gwaelod yr Hen Goleg yn Aberystwyth. Roedd y criw wedi bod wrthi drwy'r dydd. Criw o feirdd, rhai o India Fawr a rhai o Gymru Fach, yn cyfnewid cerddi fesul llinell, fesul syniad. Fy ngorchwyl i oedd ymuno â nhw yn sesiwn olaf y dydd. Tu fas, roedd y gwyll wedi galw'r tonnau at ei gilydd i daro'n aflafar yn erbyn bariau'r prom. Tu fewn, roedd trydan wedi gwasgaru golau melynllwyd, a'm tasg i oedd esbonio elfennau'r gynghanedd i'r ymwelwyr dysgedig.

Yn wahanol i'r arfer, doeddwn i ddim yn bryderus y tro hwn. Onid oeddwn, flynyddoedd ynghynt, wedi mwynhau noson agos atoch ymhlith cymuned Punjabi mewn 'Mehfil' anffurfiol yng Nghaerdydd? Onid oedd y beirdd wedi ymgasglu mewn cylch i ddarllen cerddi i'w gilydd, gan ymateb gyda gair tebyg i 'mwna', a swniai'n agos i'r ebychiad talyrnaidd a ddaw os yw cerdd yn taro deuddeg (neu 'ddeg', a bod yn fanwl).

Yr Hen Goleg

Ac onid oeddwn wedi teimlo'n gwbl gartrefol? Roeddwn felly'n dawel fy meddwl bod mwynhau miwsig mewn cerdd yn siŵr o fod yn rhan o draddodiad y cwmni, ac y byddai'r beirdd-o-bant hyn yn gwerthfawrogi rhyfeddod y canu caeth ac yn dotio at ddisgleirdeb y goreuon. Roedd gen i berlau gan Dic a Gerallt yn barod i'w cyflwyno iddynt, a byddai'r llinellau'n siŵr o'u llorio, ac yna, eiliad datgelu cymhlethdod y cyseinedd a phatrymau'r cyfateb yn eu gadael yn gegrwth ac wrth eu bodd …

Ond nid felly y bu. Roedd yn eu plith hynafgwr a oedd wedi hen droi ei gefn ar batrymau ei draddodiad ei hunan ac yn ymhyfrydu yn y modd yr oedd wedi mabwysiadu ffurfiau a oedd yn ei dyb ef yn rhai mwy rhydd.

A fi oedd yn gegrwth pan ofynnodd e dwtsh yn ddirmygus ar ddiwedd fy nghyflwyniad:

'Why?'

Tawelwch.

'Why?' gofynnais yn ôl yn betrus, er mwyn cadarnhau, mae'n debyg, fy mod wedi deall y cwestiwn yn iawn.

'Yes,' atebodd yn go swrth, 'why make yourselves prisoners to such rules? Why bother?'

Tawelwch.

Roeddwn i'n siomedig, a hen deimlad diflas o fethiant yn gymysg â dolur yn gafael. Methiant am fy mod innau'n amlwg wedi gwneud cawlach o'r esbonio. Dolur am ei fod yntau wedi sarhau peth mor annwyl ac arbennig.

'L'esprit d'escalier' yw ymadrodd y Ffrancod am y profiad ges i ar y ffordd adre, sef y profiad o ganfod geiriau'r ochr draw i'r drws caeedig wedi i chi gael eich taro gan fudandod yn wyneb sen. Oherwydd do, yn y car tua Phenparcau (neu falle Aberaeron), daeth ateb i'w sarhad. A rhywbeth fel hyn y bydden i wedi gallu ei ddweud: bydden i wedi gallu holi a oedd e'n ysytried rheolau gramadeg ei iaith fel rhai caethiwus? Ac wedyn bydden i wedi mynd ymlaen i esbonio nad oedd rheolau cerdd dafod damaid yn fwy cymhleth na rheolau iaith. Ac yna, gan godi stêm, bydden i wedi egluro ymhellach, yn union fel gydag iaith, o feistroli'r rheolau'n iawn – eu mewnoli nes cael eich twyllo mai chi sy'n eu rheoli nhw – nad yw deddfau'r hen grefft yn ein clymu o gwbl, ac y gellid dweud popeth mewn cerdd dafod-eg fel mewn Cymra-eg, neu Saesn-eg neu unrhyw '-eg' arall.

A bron i fi golli'r troad yn Synod Inn.

Flynyddoedd yn ddiweddarach, wrth gnoi cil dros gais golygyddion yr ysgrif hon, dyma ailymweld â'r 'meddilie' hynny, neu'n benodol yr honiad sydd wrth eu gwraidd, sef mai iaith yw cerdd dafod. Tybed a oes modd cyfiawnhau hynny? Ydi llunio cynghanedd wir fel siarad iaith?

Wrth siarad ac wrth gynganeddu, defnyddiwn sain i geisio cyfathrebu synnwyr ac, er ein bod yn rhoi mwy o bwyslais ar y briodas rhwng sain a synnwyr wrth gynganeddu nag wrth siarad, yn y bôn mae'r ddwy weithred yn rhannu'r un ddwy elfen hanfodol. Dyna un darn o dystiolaeth, felly, o blaid yr honiad. Mae'n werth nodi hefyd mai 'tafod' yw ystyr y gair am 'iaith' yn aml. Cymerwch Sbaeneg, Ffrangeg, Eidaleg a Saesneg, lle defnyddir amrywiad ar y gair Lladin 'lingua' ('tafod') i gyfleu 'iaith'. A 'tafod' hefyd yw 'iaith' yn Swedeg, Armeneg, Groeg, Perseg ac yn yr iaith Wrdw, i enwi ond rhai. Yn Saesneg, defnyddir y gair 'tongue' yn ogystal â 'language' i ddynodi 'iaith', sy'n cymharu â'r Gymraeg yng nghyd-destun ieithoedd bro: 'tafodiaith'. Tystiolaeth bellach!

'Ai iaith yw cerdd dafod?' Yr ateb, ymddengys, yw 'ie'.

Twt! Rydym wedi methu rhywbeth pwysig: geiriau *Cymraeg* a ddefnyddiwn i lunio cynghanedd, a does bosib nad oes rhaid i iaith gael ei geiriau ei hunan ac, yn fwy na hynny, eiriau sy'n wahanol i eiriau ieithoedd eraill cyn i unrhyw beth gael ei ystyried yn iaith … ?

Wel na, nid yn hollol, nid yn ôl nifer o athronwyr na chwaith gerdd Myrddin ap Dafydd, a'n hatgoffodd ers meitin nad 'Dim ond geiriau ydy iaith'. Dyma'r camgymeriad sylfaenol a wna'r meddwl unieithog yn rhy aml, sef tueddu gweld iaith fel set o eiriau. Mae'r camsyniad hwn yn ei arwain i gredu mai mater o gael dwy set o labeli ar gyfer yr un set o wrthrychau yw medru siarad dwy iaith, ac mae hyn yn ei dro'n arwain at ddiffyg dealltwriaeth o'r hyn yw cyfoeth medru mwy nag un iaith. Digon hawdd amlygu'r gwall wrth ddangos sut y mae modd labelu'r un gwrthrych gyda mwy nag un gair o fewn yr un iaith. Ystyriwch 'gadair'. Gallaf ei labelu'n 'chair' a 'seat' heb symud cam o'r Saesneg. Mae'n haws i'r siaradwyr dwyieithog osgoi'r camresymegu hyn, oherwydd, o bensynied, gallant weld bod newid iaith yn gofyn am fwy na chyfnewid gair am air arall. Yn hytrach, fel y mae trên yn newid trac, rhaid i'r meddwl amlieithog gynnau'r swits cywir er mwyn gallu rhoi cerbyd ei feddyliau ar drywydd cystrawen ystyrlon yr iaith arall.

A bydd rhaid dychwelyd at y busnes 'delwedd' cyn cau pen y mwdwl. Ond am y tro, cyn gofyn 'ai iaith yw cerdd dafod?', ymddengys fod angen gofyn yn gyntaf: 'beth yw iaith?'

Cam dau: iaith: tu fas neu tu fewn?

Os gellir, ar ei symlaf, ddiffinio iaith fel system gyfathrebu, gwelwn fod diffinio manylach wedi achosi penbleth i feddylwyr mawr yr oesoedd. Llyfr diweddar sy'n olrhain hyn yw gwaith Charles Taylor *The Language Animal* (2016). Ynddo, rhennir athronwyr iaith yn ddwy garfan, ar y naill law ddilynwyr Hobbes, Locke a Condillac (yr HLCs) ac, ar y llall, ddilynwyr Hamann, Herder a Humboldt (yr HHHs).

Ym marn Taylor, mae'r HLCs yn gweld iaith fel rhywbeth sy'n debyg i ffrâm a osodir o gwmpas holl briodoleddau'r ddynolryw, lle mae'r priodoleddau hyn yn bod yn annibynnol ar iaith, lle mae'r iaith, os mynnwch chi, y tu allan, a'r priodoleddau hyn y tu mewn. Esbonia bod iaith i'r HHHs, fodd bynnag, yn rhywbeth cwbl wahanol. Iddyn nhw, mae iaith ar y tu mewn, yn briodoledd ynddi hi ei hunan, yn bod ochr yn ochr â holl briodoleddau'r ddynolryw ac, yn fwy na hynny, yn newid y priodoleddau hyn ac yn gwneud agweddau newydd arnynt yn bosib.

I griw'r HLCs, mae iaith yn rhoi inni reolaeth dros broses sydd eisoes yn bod, wrth iddi ganiatáu inni gategoreiddio ac enwi pethau a syniadau, ond y mae iaith i'r HHHs yn broses ynddi hi ei hunan, un sy'n agor dimensiwn arall o fewn yr hyn y gallwn ni ei feddwl neu ei ddirnad neu ei ystyried (Taylor 2016: 27). ('Ystyried' efallai yw'r ferf fwyaf cymwys, am fod y gair 'ystyr' yn cuddio ynddi, ac am ei bod yn cyfateb, felly, i syniad gwreiddiol Herder am 'Besonnenheit', o'r ferf 'besinnen', lle ceir yn y canol y gair 'Sinn', sef y 'synnwyr', y 'sens', yr 'ystyr', *ibid*. 51.)

Mewn geiriau eraill, i'r HLCs, mae iaith yn caniatáu i ni *ddynodi* pethau. Ond i'r HHHs, mae iaith yn caniatáu i ni *gael gafael yn ystyr* pethau. Iddyn nhw, mae'r 'cefndir' (fel y'i gelwir gan Taylor) yn rhan annatod o iaith, ond dim ond cyfres o labeli arwynebol ydyw i'r HLC's.

Delwedd enwog gan Humboldt a all ein helpu i ddeall y mater hwn o 'gefndir' yw'r un lle mae'n gweld iaith fel gwe (Taylor 2016: 21). Hynny yw, allwn ni ond deall gair yn iawn wrth estyn mas o'r gair, y tu hwnt iddo, i'r we o eiriau sydd o'i gwmpas. Delwedd arall ganddo yw'r un lle mae'n disgrifio'r weithred o yngan gair fel cyffwrdd nodyn ar offeryn trawfwrdd, lle mae'r nodyn yn dirgrynu ac yn atseinio drwy'r offeryn cyfan. Mae Taylor ar ochr yr HHHs, sy'n rhoi pwyslais ar rôl 'cefndir' iaith, a hyd y gwelaf i, mae'r cefndir hwn yn rhywbeth go debyg i 'gyd-destun' neu hyd yn oed 'ddiwylliant'.

O ran ein cwestiwn ni, gwelwn fod modd cymathu cerdd dafod â'r ddiffiniad hwn o iaith yn weddol uniongyrchol. Oherwydd, onid rhan annatod o gynganeddu yw cael gafael mewn ystyr? Ac wrth wneud hynny, onid oes rhaid gwrando ar y geiriau'n atseinio'n erbyn ei gilydd, nid yn unig o ran eu sain ond o ran eu cefndir hefyd? P'un ai'n ymwybodol ai peidio, mae'n amhosib i gynganeddwyr lled-brofiadol ddweud 'fan hyn' heb glywed yn rhywle yn ogof y cof y geiriau 'fin nos', neu ddweud 'ein lluniaeth', dyweder, heb glywed atsain 'a'n llawenydd'. Fel geiriau iaith, yn ôl damcaniaeth yr HHHs, mae gan eiriau cerdd dafod gefndiroedd dyfnion.

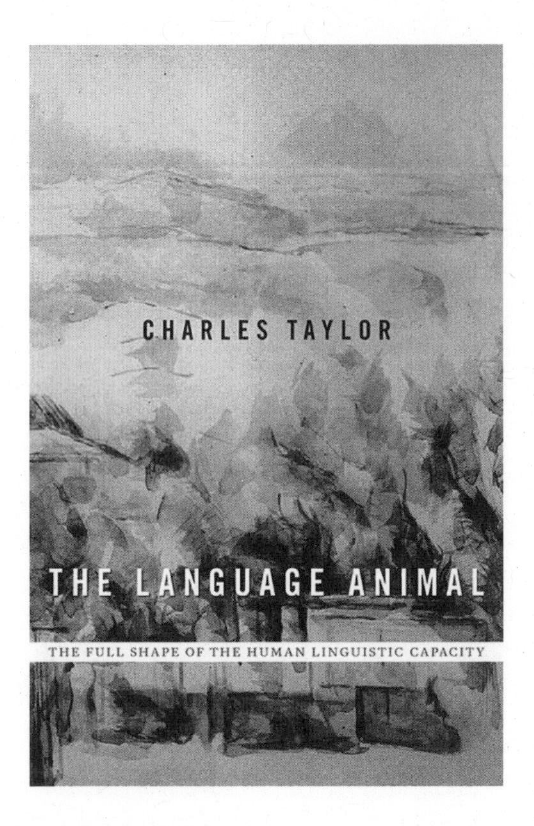

Cam tri: ffiniau iaith

Ac aros gyda'r HHHs, aiff y ddadl yn ei blaen i esbonio effaith y cefndir hwn, gan ddweud bod iaith, yn y dirgrynu neu'r atseinio sy'n profi bod ganddi gefndir, yn creu *dimensiwn* iddi hi ei hunan. Wrth i iaith weithio, nid o'r tu fas tu fewn ond o'r tu fewn tu fas, mae'n creu 'gofod' lle gall ei siaradwyr brosesu profiadau a dirnad ystyron yn ogystal â rhoi mynegiant iddynt. Mae syniad yr ieithegydd Denis Bouchard yn gymorth fan hyn. Mae e'n gweld iaith fel un o gyneddfau 'off-line' y ddynolryw (Bouchard 2013: pennod 4). Yn hyn o beth, mae'n debyg i gynneddf y cof a'r dychymyg, lle caniateir inni fodoli mewn dimensiwn, mewn man, sydd y tu hwnt i'r nawr (a'r nawr mewn munud 😊).

Ac iaith yn ddimensiwn 'off-line', yn ddimensiwn o fewn yr hwn yr ydym yn estyn am ystyr, ceir cyfatebiaeth bellach â cherdd dafod, fel y gŵyr pawb sydd wedi ceisio cynganeddu mewn man cyhoeddus, ac sydd – heb os – wedi cael y profiad o wynebu rhywun yn dod i'w cyfarch ac, yn yr eiliad honno, yn sylweddoli eu bod wedi bod am ysbaid (hir, fer, pwy a ŵyr?) mewn rhyw ddimensiwn arall, rhyw 'zone' o ystyron sydd mor ddwfn y tu mewn iddynt nes ei fod yn ymddangos yn lle pell i ffwrdd.

Esbonia Taylor wedyn (2016: 177–87, *passim*) nad yw ffiniau'r dimensiwn ieithyddol yn sefydlog ac, yn fwy na hynny, fod gwthio'r ffiniau'n rhan o'i hanfod. Byddwn yn eu gwthio bob tro y cawn ein herio i fynegi rhywbeth newydd. Mae'r her honno'n esgor ar ddyfeisgarwch sy'n troi'n JCB-ymestyn-tiriogaeth-iaith.

Rydym i gyd yn gyfarwydd ag un agwedd ar ymbalfalu ar ffiniau iaith, sef y profiad a gawn wrth fynd ati i ddysgu iaith newydd. Gwrandewch ar blant bach yn arbrofi'n ddyfeisgar gyda'r ychydig eiriau sydd ganddynt. Wrth ddysgu iaith newydd fel oedolion, rydym yn sylweddoli nad yr iaith ei hunan sy'n gyfyng ond, yn hytrach, ein gafael ni arni. Rydym oddi mewn iddi'n methu cael at y rhannau hynny sy'n mynd i ganiatáu inni ddatgan yr hyn yr hoffen ni ei gyfathrebu. Efallai ein bod ni eisoes yn gwybod ac yn adnabod y llwybrau sy'n arwain o'r tu fewn tu fas yn ein mam-iaith ond, a ninnau yng nghanol yr iaith anghyfarwydd, rydym ar goll. Mae dyfeisgarwch y gwthio ffiniau ar waith ond, yn y sefyllfa hon, mae'r dyfeisgarwch hwnnw'n seiliedig ar ymdrech i gael menthyg geiriau ac ymadroddion sydd eisoes yn bod – i gael at y llwybrau sydd eisoes yn bod. Darllen map rhywun arall yw'r her dan yr amgylchiadau hynny.

Ond ceir agwedd arall ar ddyfeisgarwch y gwthio ffiniau ieithyddol, sef y profiad a gawn wrth chwilio am fynegiant gwell, mwy cymwys, yn yr iaith yr ydym eisoes yn ei siarad yn rhugl. Nid mater o fenthyg ymadroddion sy'n bod eisoes yw hyn, ond o greu rhai o'r newydd; nid mater o ddilyn llwybrau sy'n bod eisoes, ond o dorri rhai newydd; nid mater o ddarllen map ond o lunio map newydd.

Mae'r math hwn o ddyfeisgarwch yn sicr yn gwthio ffiniau iaith ond, y tro hwn, nid iaith y gwthwyr yn unig sy'n cael ei hymestyn ond, yn hytrach, yr iaith ei hunan. Mae'r sawl sy'n ymgymryd â'r math hwn o chwalu ffiniau'n ymestyn tiriogaeth yr iaith yn ei chyfanrwydd, a hynny er budd holl siaradwyr yr iaith honno.

Tybed a ellid cymhwyso'r elfennau hyn i gerdd dafod? Oes rhywbeth fan hyn sy'n canu cloch ym mhrofiad y cynganeddwyr? Rwy'n mentro bod. Onid yw'r broses o geisio'r llwybrau sy'n bod eisoes yn rhan anochel o'r profiad cychwynnol o ddysgu'r grefft, lle mae rhywun yn gwthio ffiniau'r mynegiant personol? A mentraf ei bod hi'n deg dweud hefyd fod y broses, o'r cychwyn cyntaf, yn gwthio ffiniau mynegiant yr iaith yn gyffredinol yn ogystal â'r personol, oherwydd yn fuan iawn (os anaml!), caiff y cynganeddwyr cychwynnol flas ar dorri llwybrau newydd ac ar droedio'r ffyrdd treuledig yn ogystal. Mae cwrdd â'r hen drawiadau a chwrdd â'r trawiadau gwreiddiol yn gallu digwydd yn gydamserol.

Mae a wnelo hyn rywbeth â'r berthynas rhwng barddoni a chynganeddu, a chyn mynd i'r afael â'r berthynas honno, rhaid oedi'n gyntaf i ystyried y berthynas rhwng barddoni ac iaith.

Cam pedwar: iaith, barddoniaeth a cherdd dafod

I Christopher Klein, mae tebygrwydd rhwng y profiad o ddysgu iaith (boed yn faban yn dysgu iaith gyntaf neu'n unrhyw un sy'n dysgu ail neu drydedd iaith) a'r profiad o ddysgu barddoni. A'r hyn sy'n ddiddorol i ni yw'r modd y mae'n gosod y tebygrwydd hwnnw reit ar y ffiniau: ffiniau mynegiant. Yn ei erthygl *Poetry as a Foreign Language* (1998), dywed mai'r hyn sy'n gyffredin rhwng dysgwyr iaith a dysgwyr barddoni yw eu bod i gyd yn brentisiaid crefft 'creu a chyfathrebu ystyron'. Wrth ddysgu'r ddwy grefft, maen nhw'n gwthio ymylon eu medrusrwydd er mwyn darganfod beth sy'n bosib iddynt ei fynegi. Fodd bynnag, yr hyn sy'n hanfodol wahanol rhwng y ddau grŵp, meddai, yw na fydd y bardd fyth yn graddio o gyflwr y prentis.

Digon teg. Ond nid felly'r cynganeddwr. Mae'r llwybr o brentisiaeth i feistrolaeth wedi ei hen fesur i'r cerdd dafodwyr. Os yw'r broses o feistroli iaith wedi ei mynegi ar gontinwwm megis CEFR (The Common European Framework of Reference for Languages) o A1 i C2, lle mae A1 yn nodi'r dechreuwyr prin eu geiriau ac C2 yn nodi'r siaradwyr cwbl rugl a chroyw, mae'r camau o'r disgybl ysbas bob cam i'r pencerdd yn gwneud rhywbeth digon tebyg. Ac yn y cyfateb twt hwn, ceir mwy o dystiolaeth, felly, mai iaith yw cynghanedd!

Ond y mae darn arall o dystiolaeth ymhlyg yn hyn …

Ar y naill law, os yw Klein yn gywir i ddweud nad yw'r bardd fyth yn graddio o gyflwr y prentis ac, ar y llaw arall, os gellir honni bod y prentis-gynganeddwr yn gallu cyrraedd penceirddiaeth (fel y mae modd i'r prentis-siaradwr-iaith gyrraedd rhugldur), yna, yr awgrym fan hyn hefyd yw nad yw cynghanedd o anghenraid yn farddoniaeth.

Yna, ystyriwn hyn: er bod pob barddoniaeth yn fynegiant ieithyddol, nid yw pob mynegiant ieithyddol yn farddoniaeth. O ychwanegu 'caeth' at 'farddoniaeth' yn y gosodiad, gellid trwco 'ieithyddol' am 'gynganeddol': *er bod pob barddoniaeth gaeth yn fynegiant cynganeddol, nid yw pob mynegiant cynganeddol yn farddoniaeth*. Mae 'lwmp yw Lot a'i lampau lu' yn fynegiant cynganeddol, ond go brin y gwelai'r meuryn caredicaf rithyn o farddoniaeth ynddo. Ac o gymhwyso rhesymeg fathemategol at y gosodiadau, onid yw hyn yn ei dro, felly, yn awgrymu bod 'ieithyddol' a 'cynganeddol' yn hafal? Mwy o dystiolaeth!

Os yw'r paragraff uchod yn un dadleuol, go brin ei bod yn ddadleuol dweud bod y beirdd, fel carfan o ddefnyddwyr iaith, gyda'r prysuraf a'r taeraf o ran eu hymdrech i roi mynegiant i bob profiad – hyd yn oed (neu'n enwedig) y profiadau hynny sy'n anodd eu mynegi. Dyma'r ysfa sy'n golygu eu bod byth a hefyd ar y ffiniau, yn chwilio'r dyfeisgarwch er mwyn datgan profiadau, a thrwy hynny'n ehangu tiriogaeth iaith. Dyna pam yr honnodd Paul Valéry (Hytier 1957: 611) fod barddoniaeth yn 'iaith o fewn iaith', ac mai 'priod waith y bardd yw ei gysegru a'i ymroi ei hun i'r gwaith o'i diffinio a'i llunio': 'Le poète se consacre et se consume à définir et à construire un langage dans le langage'.

Fe gofiwch imi sôn y byddai'n rhaid dychwelyd at y busnes 'delwedd'. Ac aros gyda Valéry (1905: 1061), gwelwn ei fod yn cynnwys yn arfogaeth y chwalu ffiniau hwn y chwarae gyda seiniau a synnwyr … a delwedd: 'Ainsi la poésie est avant tout un jeu fonctionnel des appareils phoniques et verbaux et aussi une sorte de jeu fonctionnel de la faculté représentative ou descriptive — possible à cause de la liberté des images par les signes'.

'Liberté'! RHYDDID! Dyma'r honiad: mae delwedd yn cynnig rhyddid. Y rhyddid a ddaw drwy chwalu'r ffiniau. Mae ffiniau iaith, y ffiniau oedd yn caethiwo ac yn atal mynegiant i'r profiad, yn cael eu chwalu gan bosibiliadau barddoniaeth. Mae'r ysfa a'r angen sy'n gyrru'r beirdd i chwilio am fynegiant yn eu gwthio heibio'r ffiniau a mas i'r ehangder mawr! Ac onid dyma un o'r profiadau mwyaf gwefreiddiol sy'n dod i ran ymarferwyr cerdd dafod? Dyma brofiad yr hen wireb: 'chwilio am air a chael mwy'. Y fantais fawr sydd gan y beirdd cynganeddol yw bod y broses o wrando mor astud ar sain gair yn prysuro'r siwrnai at ddelwedd wreiddiol. Mae'n eu harwain at gyplysu geiriau nad ydynt fel arfer yn dod at ei gilydd, ac mae hynny, bron o raid, yn esgor ar ddelweddau newydd sydd, yn eu tro, yn hwyluso'r dasg o ennill modfedd (milltiroedd, yn achos y goreuon) ar ymylon y diriogaeth ieithyddol. Ein rhyddhau o gaethiwed iaith a wna'r gynghanedd, felly, oherwydd ei bod yn caniatáu inni ergydio ffiniau iaith, a hynny â holl rym traddodiad yr oesoedd y tu ôl inni. ('Prisoners' wir!)

Paul Valéry

Dimensiwn sy'n tyfu'n dragwyddol yw cerdd dafod. Deall hynny yw'r allwedd i ryddid, y deall sy'n creu 'adenydd o'r cadwyni'. Methu deall hynny oedd problem rhywun fel Gerard Manley Hopkins, fel yr amlygodd Bobi Jones. (Nid 'dimensiwn' yw'r gair a ddefnyddia Bobi Jones, ond 'byd'; eto i gyd, credaf eu bod yn syniadau cyfystyr yma.) A chyfeirio at Manley Hopkins a'r gynghanedd, meddai: 'Bodlonodd ef ar ei chael yn "effaith" achlysurol', heb ddeall 'mai byd oedd' (Jones 2005: 37). Ni ellir dweud fod cynghanedd yn ddim ond effaith neu addurn, dim mwy nag y gellir dweud fod iaith yn ddim ond geiriau.

Mae gosodiad nesaf Bobi Jones – 'Mae'n ymddangos weithiau yn fyd go anghyraeddadwy i genhedloedd eraill' – yn cynnig pont i ni at adran olaf yr ysgrif hon, sef mater cerdd dafod yng nghyd-destun ei throsglwyddo i ddiwylliannau eraill; hynny yw, iaith cerdd dafod a chyfieithu. Ond cyn croesi i'r adran olaf, a ninnau wedi cyrraedd gwaith Bobi Jones (neu R.M. Jones, fel y geilw ei hunan yn y cyd-destunau hyn), byddai'n syniad oedi eiliad yn ei gwmni. Wedi'r cyfan, ganddo ef y benthycwyd teitl yr ysgrif. Dim rhyfedd, felly, fod modd cael ganddo dystiolaeth bellach o blaid ein honiad mai iaith yw cynghanedd – a honno'n 'iaith ryfeddol', at hynny (Jones 2005: 2).

Cam pump: cam bach i'r ochr: Tafod a Mynegiant

Gwn fod ysgrif arall yn y gyfrol hon sy'n mynd i'r afael â gwaith swmpus R.M. Jones, *Meddwl y Gynghanedd*, felly does dim bwriad gen i fynd i fanylion fan hyn. Dim ond nodi bod yr un awdur, mewn gwaith arall llawn mor swmpus, *Dysgu Cyfansawdd* – a gyhoeddwyd ddwy flynedd cyn *Meddwl y Gynghanedd*, ac sy'n ymwneud ag addysgeg ail iaith – yn defnyddio'r un theorïau yn sail i'w ddadleuon.

Yn *Dysgu Cyfansawdd* (Jones 2003: 31), dan ddylanwad yr ieithegydd a'r ffilolegydd o Ffrancwr, Gustave Guillaume (1883–1960), ceir ymaflyd â'r ddamcaniaeth fod dwy wedd sylfaenol ar iaith, sef y 'Tafod' a'r 'Mynegiant', a bod y ddwy wedd hynny'n gwbl wahanol i'w gilydd, ac eto'n gwbl gysylltiedig. Mae'n werth dyfynnu'r esboniad yn llawn:

> Ar y naill ochr ceid yn yr ymennydd ei hun yr hyn a elwir (yn drosiadol) yn 'Dafod', sef y mecanwaith strwythurol sy'n ddadansoddiad trefnus o brofiad. Dyma'r potensial lle nad oes brawddegau o gwbl (yn rhyfedd iawn) ond sy'n medru cynhyrchu brawddegau yn ôl yr angen. Mecanwaith esgorol yw hwn. A 'Mynegiant' wedyn yw'r enw a rown ar y brawddegau hynny a geid o'i herwydd; sef y cynnyrch terfynol sy'n dilyn Tafod. Ni fedr yr un o'r ddwy wedd hyn fyw'n ieithyddol heb y llall.
>
> Amlwg yw bod yn rhaid meistroli'r Tafod, sef y cnewyllyn bach gorfodol, cymharol sefydlog o strwythurau trefnus a gweithredol o'r golwg ar gyfer llunio Mynegiant. Mae'r un mor amlwg fod angen adeiladu adnoddau geirfaol, ymadroddol, a chymalog amrywiol yn y golwg, fel y gall dyfeisiau cryno Tafod gyfarfod mewn brawddegau ag amlder o sefyllfaoedd achlysurol Mynegiant. Cronfa fechan eithriadol o bwerus yw Tafod.

Geiriau posib eraill i ddisgrifio'r ddwy wedd yw 'Gramadeg' a 'Geiriadur', 'Strwythur' a 'Ffwythiant', 'Patrwm' a 'Sefyllfa' (Jones 2003: 25). Dewiswyd 'Tafod' a 'Mynegiant'. Gan mai'r hyn y canolbwyntir arno yn *Dysgu Cyfansawdd* yw gwella addysgeg iaith, y brif neges yw profi mai ffolineb yw cynllunio gwersi iaith heb eu seilio ar ddysgu'r *ddwy* wedd hyn. Does dim pwrpas dysgu ymadroddion sy'n perthyn i sefyllfa heb hefyd ddysgu gramadeg, a *vice versa*.

Yn ôl at berthynas Jones â gwaith Guillaume, a gwelwn ei fod yn cytuno â'r Ffrancwr o ran ei bortread o iaith fel 'cyfundrefn o gyfundrefnau', ac ymhelaetha ar hyn, gan agor â'r frawddeg: 'Cyfundrefn o gyfundrefnau yw pob iaith, credwch neu beidio'. Yr hyn sy'n drawiadol i ni yw mai dyma'n *union* y modd y disgrifia'r gynghanedd (Jones 2005: 507). Ac er nad wyf i gant y cant yn siŵr fy mod i'n cytuno â'r rhesymwaith a gyflwynir yng ngweddill yr adran honno, mae'n anodd anghyd-weld â'r disgrifiad o'r meddwl yn teithio drwy gyfundrefn o gyfundrefnau wrth chwilio am y mynegiant cynganeddol. Mentraf symleiddio drwy esbonio: yng nghyd-destun iaith arferol, os y 'Tafod' yw'r gramadeg a'r 'Mynegiant' yw'r dweud, yna, yng nghyd-destun iaith cerdd dafod, y 'Tafod' yw'r rheolau a'r 'Mynegiant' yw'r farddoniaeth. Ac rwy'n hoffi gweld cysylltiad wedyn rhwng y modd y mae Bobi Jones (2005: 27) yn nodi nad aeth beirdd ati i *lunio* deddfau cerdd dafod ond yn hytrach i'w *datgelu*, a'r modd y mae gramadegwyr iaith wedi gweithredu. Hynny yw, drwy wrando ar siaradwyr yn trin iaith y datgelir y patrymau sydd ar waith, ac yn sgil y broses honno y mynegir y 'rheolau'.

Cam chwech: cyfieithu

A dyma ddynesu at ben ein taith, a chyrraedd y man lle mae angen ystyried problem cyfieithu cynghanedd. Mae peth wmbredd o bontifficeiddio wedi bod ynghylch perthynas barddoniaeth â chyfieithu, ac mae diffiniad enwog Robert Frost o'r hyn yw barddoniaeth yn gondemniad cyn cychwyn: 'it [poetry] is that which gets lost out of both prose and verse in translation'. Wrth reswm, mae'n bosib cyfieithu barddoniaeth, ond prin y byddai'r cyfieithwyr mwyaf llwyddiannus yn gwadu nad yw'n dasg anodd ac yn un sy'n dibynnu'n drwm ar gyfaddawd. Mae'r ferf ar gyfer y weithred hon mewn nifer o ieithoedd yn golygu'n llythrennol 'cario o un lan i lan arall' (sy'n cyfateb i 'drosi', efallai, ond nid 'cyfieithu'). Ac ni waeth pa mor gul yw'r darn dŵr rhwng y glannau, mae bron yn amhosib peidio â gollwng rhyw fymryn bach o'r cargo ar y daith.

Wedyn, ar ben heriau arferol cyfieithu cerddi rhydd, mae cyfieithu cerddi caeth yn gosod rhai ychwanegol. Un rheswm am yr anhawster hwn yw'r modd y dibynna barddoniaeth gaeth gymaint ar berthynas gerddorol y geiriau â'i gilydd (hynny yw, ar y gynghanedd). Ond os ydyn ni'n derbyn bod cerdd dafod yn iaith, cawn reswm arall, oherwydd nid yw neb yn ceisio trosi iaith gyfan – dim ond darnau ohoni, talpiau weithiau, ond nid yr iaith i gyd. Hyd yn oed pe cyfieithid holl gorpws llenyddol iaith, ni chyfieithid yr holl iaith. Erys y tu hwnt i afael y cyfieithydd deithi meddwl yr iaith a'i chyd-destun fel holl bosibiliadau newydd, tragwyddol ei mynegiant. A dyma pam fod cyfieithu cerdd dafod yn amhosib. Efallai'n wir fod modd cyfieithu ambell linell, ambell englyn cyfan, hyd yn oed – ond fel gydag iaith arferol, erys y gyfundrefn yn ei chyfanrwydd yn anghyfieithiadwy.

Ai rhywbeth i alaru drosto yw'r diffyg hwn? Na. Rhywbeth i'w ddathlu. Wedi'r cyfan, nid gweithred niwtral yw cyfieithu, fel yr esbonia Young (2003: 140) yn ei lyfr ar ôl-wladychiaeth. Os yw'n ymddangos fel gweithred gyfartal ac fel mater braf o gyfathrebu rhyngddiwylliannol (oherwydd mae pob iaith yn perthyn i ddiwylliant, ac mae trosi rhwng ieithoedd, felly, yn gyfnewid diwylliannol), buan y gwelir bod pob math o rymoedd ar waith. Ymhob achos, mae rhywbeth neu rywun yn cael ei symud (ei drosi), a thrwy hynny, o raid, yn cael ei newid o fod yn oddrych i fod yn wrthrych. Mae'r trosi yn *digwydd i'r* iaith; nid yw'r iaith yn ei throsi ei hunan. Ac fel gyda chymdeithas, a hyd yn oed genedl, mae modd gorfodi hierarchiaeth ar iaith: yr iaith wreiddiol a'r un y trosir yr iaith wreiddiol iddi.

Eto i gyd, nid yw iaith yn gwbl oddefol. Ar yr adegau hynny pan fo ymadrodd yn creu anhawster mawr i'r cyfieithydd, mae fel pe bai'r iaith yn gweithredol-wrthod ganiatáu i'w hunan gael ei throsi. Ar adegau felly, mae'r ymwrthod hwn yn ennill y frwydr yn erbyn cyfeddiant, ac mae'r methiant yn troi'n llwyddiant. Yng ngeiriau Young (2003: 141–2):

> Where the indigenous culture is being opened up for appropriation by the conquering culture, any act of translation thus involving an act of treachery, the necessary, traditionally lamented failure of translation[,] becomes a positive force of resisitance, resisting the intruder.

Gan fod cerdd dafod yn iaith na ellir ei chyfieithu, felly, ni waeth faint o nodweddion diwylliant arall sy'n cael eu trosi i Gymru ac, yn wir, i'r iaith Gymraeg, tra pery'r gynghanedd, ni bydd copïo'r holl nodweddion newydd ynghyd yn gallu dileu'n llwyr y peth hwnnw sy'n gynhenid unigryw amdani.

Cam saith: diwedd y daith

Wedi cyrraedd pen ein taith, gellir gweld bod y gynghanedd yn iaith, gan ei bod hi'n cyfathrebu ystyr drwy sain. Gwelir hefyd ei bod hi'n iaith am ei bod hi'n creu dimensiwn sy'n fyd mewnol. Ac oddi mewn i'r byd hwnnw, gallwn gael gafael ar ystyr. Ni welir ynddi set unigryw o eiriau ond, yn y modd y plethodd we o ystyron i'r geiriau a ddefnyddir ganddi, a hynny ar hyd y canrifoedd, mae gan ei geiriau gefndiroedd a chynodiadau unigryw oddi mewn i'w byd. Ac fel gydag iaith, gwelir ei bod hi'n caniatáu i'w siaradwyr mwyaf rhugl chwalu ffiniau ei thiriogiaeth wrth iddynt ei defnyddio'n ddyfeisgar. Gwelir hefyd nad oes terfyn ar bosibilirwydd y chwalu hwn. At hynny oll, gan na ellir mo'i throsi'n llwyr i iaith arall, gwelir bod iaith cerdd dafod yn cynnig ffordd uniongyrchol o sicrhau nad oes modd coloneiddio'n llwyr siaradwyr y Gymraeg, boed yn gynganeddwyr ai peidio. Yn hynny o beth, mae'n iaith gwbl anorchfygol.

O edrych ar yr olygfa ryfeddol hon, anodd peidio â theimlo dyletswydd a dyhead i rannu cerdd dafod â chymaint o bobl â phosib. Wrth nodi'r modd y mae gwyddoniadur Princeton yn disgrifio'r gynghanedd – 'the most sophisticated system of sound-patterning practised in any poetry in the world' – mae Bobi Jones (2005: 30) yn dweud:

> Gellid meddwl y buasai cyflwyniad dwys iddi yn gwbl gynhenid orfodol a chanolog yng nghwricwlwm addysg y wlad hon; nid yn unig ym mhob ysgol gynradd ac uwchradd Gymraeg, ond ym mhob ysgol uwchradd Eingl-Gymreig yn ein gwlad hefyd. Ond ni chawsom odid ddim byd ar y raddfa yna.

Ac mae sawl un ohonom cyn heddiw wedi gofyn pam fod plantos Cymru'n cael dysgu am ffurf Siapaneg yr 'haiku', ond heb un llefelaeth o beth yw 'englyn'. Ai dim ond sinig fyddai'n cofio geiriau dilornus D.J. Williams (1929: 20), pan ddisgrifiodd Deddf Addysg 1870 (a oedd yn gwadu gwersi Cymraeg i'r Cymry) fel 'Peiriant Mwrdro Cenedl'?

A ninnau ar drothwy cwricwlwm newydd sydd wedi ei wreiddio'n lleol, un y mae ei ganghennau'n ymestyn yn genedlaethol ac yn rhyngwladol, mae'n bryd mynd ati i gynnig arweiniad i athrawon Cymru – sydd eu hunain yn aml wedi colli'r cyfle i ddod yn gyfarwydd â'r gynghanedd – i ffeindio ffyrdd dychmygus i ddenu disgyblion at iaith ryfeddol, at bosibiliadau tragwyddol ac at ryddid canu caeth cerdd dafod.

LLYFRYDDIAETH

Bouchard, D. (2013), *The Nature and Origin of Language* (Oxford)

Brooks, C. and Warren R.P. (1961), *Conversations on the Craft of Poetry with Robert Frost, John Crowe Ransom, Robert Lowell, Theodore Roethke* (trawsysgrif o recordiad) (USA)

Jones, R.M. (2003), *Dysgu Cyfansawdd* (Abersytwyth)

Jones, R.M. (2005), *Meddwl y Gynghanedd* (Llandybïe)

Hytier, J. (1957), *Paul Valéry Œuvres I) Bibliothèque de la Pléiade* (France)

Hytier, J. (1960), *Paul Valéry Œuvres II) Bibliothèque de la Pléiade* (France)

Taylor, C. (2016), *The Language Animal* (USA)

Williams, D.J. (1929), *A.E. a Chymru* (Aberystwyth)

Young, R.J.C. (2003), *Postcolonialism: a very short introduction* (Oxford)

Y DACTYL

EMYR DAVIES

Afraid dweud bod lleoliad yr acen yn allweddol wrth gynganeddu. Os nad yw'r glust yn dweud wrth brentisfardd fod 'Llandaf' a 'Llanfair' yn gwbl wahanol i'w gilydd o ran acen bwyslais, does dim diben parhau yn y dosbarth cerdd dafod. Eto i gyd, mae'n syndod fod ambell un yn methu ymglywed â'r acen – pobl sydd fel arall yn siaradwyr rhugl a deallus. Gyda'r dechreuwyr yn yr Ysgol Farddol yng Nghaerdydd, rwy'n hoff o roi rhestr o 30 o eiriau iddynt, gan ofyn iddyn nhw roi marc wrth bob gair sy'n diweddu'n acennog. Mae ambell un fel pe baen nhw'n glustfyddar i'r acen hon.

Mae'r llygad yn gallu twyllo wrth ddarllen gair amlsillafog, wrth gwrs. Yn yr un rhestr, rwy'n cynnwys ambell air fel 'sosejys' neu 'democrat' (o ran diawlineb yn fwy na dim). Geiriau benthyg ydyn nhw, wrth reswm, ond geiriau sydd wedi cadw aceniad yr iaith wreiddiol, a'r acen bwyslais ar y sillaf gyntaf. Mae'r goben yn gwbl ddiacen, ac acen wan, lai amlwg ei phwyslais ar y sillaf olaf. Pe bai'r gair hwnnw'n ffurfio uned fydryddol (neu 'gorfan', a defnyddio term Bobi Jones), byddai'n *ddactyl*. Hynny yw, uned deirsill a'r acen bwyslais ar y sillaf gyntaf, sy'n acen estron i'r Gymraeg.

Mae system acennu'r Gymraeg yn gymharol syml a rheolaidd o'i chymharu ag ieithoedd eraill. Mewn geiriau amlsillafog, mae'r acen bwyslais eiriol ar y goben, heblaw am rai eithriadau lle bo'r acen ar y sillaf olaf, am resymau gwahanol. Dwi ddim yn sôn fan hyn am acennu ar lefel ymadrodd a brawddeg – mae hynny'n fater arall. Yn Saesneg, un o'r ieithoedd mwyaf cymhleth ei hacennu, mae'r acen bwyslais yn gallu bod ar unrhyw sillaf mewn gair amlsillafog, gan ddibynnu ar nifer o bethau eraill (er mawr boen i'r rhai sy'n ceisio ei dysgu). Ar un olwg, y ffaith fod y Gymraeg yn rhoi'r acen bwyslais ar y goben yn rheolaidd sy'n gwneud cynganeddu'n bosib.

Y cwestiwn dan sylw yma yw: a ganiateir geiriau *dactylig* (hynny yw, geiriau hirach lle bo'r acen bwyslais cyn y goben) mewn llinellau cynganeddol? Ffolineb fyddai pledio gwahardd geiriau benthyg yn llwyr – mae'r Gymraeg wedi ysbeilio geirfa ieithoedd eraill ar hyd y canrifoedd, ac ofer meddwl bod modd eu hosgoi (dim ond cip ar *The English Element in Welsh* T.H. Parry-Williams neu *Yr Elfen Ladin yn yr Iaith Gymraeg* Henry Lewis sydd ei angen i wybod hynny). Nid sôn yr wyf am y geiriau hynny lle bo'r aceniad wedi ei Gymreigio a'r acen wedi ei symud i'r goben neu i'r sillaf olaf. Er enghraifft, dactyl yw'r gair 'caravan', mae'n debyg, ond fe'i Cymreigiwyd i ganiatáu 'Carafán mewn cwr o fynydd'. Bydd siaradwyr Cymraeg sy'n dod ar draws gair dieithr ar bapur am y tro cyntaf yn aml yn gosod eu system acennu frodorol ar y gair. Mae plant yn gwneud hyn drwy'r amser hefyd (er mawr ddifyrrwch i'w rhieni, ond i neb arall), gan amlaf gan droi'r sillaf olaf yn acennog. Defnyddio geiriau dactylig heb eu Cymreigio yn y brifodl yw'r broblem. Prin y byddai neb yn cymeradwyo'r perl hwn o gynghanedd lusg gan un o ddisgyblion yr Ysgol Farddol: Bwyta fej a sosejys. Os nad yw'r gair dactylig yn rhan o'r trawiad cynganeddol, does dim gwahaniaeth, er enghraifft: 'I'r bardd, sosejys yw'r bwyd'. Does dim gwahaniaeth chwaith os bydd y gair dactylig yn dod ar ddiwedd ail linell englyn, am wn i – fyddai neb yn gwahardd enw person neu le fan hyn, er enghraifft, 'Portiwgal' neu 'Evelyn'.

Ond beth am gynganeddion croes neu draws? Mae'r llygad yn gallu twyllo hyd yn oed feirdd profiadol weithiau i feddwl bod yr acen ar y goben. Mewn cylchlythyr gan Gymdeithas Adeiladu'r Principality rai blynyddoedd yn ôl, cyhoeddwyd englyn ar y ddalen flaen a oedd yn cynnwys y llinell hon: Hael wyt, Principality! (Cyn-archdderwydd biau'r englyn, gyda llaw, ac fe gaiff aros yn ddienw.) Os na ellir dadlau bod tafodiaith benodol sy'n acennu enw'r gymdeithas adeiladu ar y goben drwy ddweud 'PrincipalITy', mae hyn yn anfwriadol ddoniol ac yn ansoniarus i'm clust i. Beth wedyn os bydd y ddau air yn y trawiad yn eiriau dactylig? Er enghraifft, a fyddai 'Benedict o Benidorm' yn dderbyniol? Os felly, a yw hi'n cyfrif fel llinell acennog ynteu diacen? Heb Gymreigio aceniad y geiriau (er enghraifft, drwy roi'r pwyslais ar y sillaf olaf), mae hynny'n fater o farn, ond y confensiwn yw osgoi gwneud hyn.

Mae gan ieithyddiaeth lawer i'w ddweud am acenion geiriau, ac mae lleoliad yr acen ym mhob iaith yn un o'r nodweddion sy'n gallu newid dros amser. Fodd bynnag, hyd y gwela' i, dyma *un* nodwedd o leiaf sy'n sefyll yn gadarn yn y Gymraeg.

SYMUD ACEN MEWN ENWAU

IDRIS REYNOLDS

Fel y noda Emyr Davies, y cam cyntaf wrth diwtora yw sicrhau bod acenion yn canu yng nghlustiau cyw-gynganeddwyr, a bod aelodau'r dosbarth yn clywed y gwahaniaeth pwyslais rhwng geiriau mewn parau fel 'Caersws' a 'Caerwys', neu 'Caerdydd' a 'Cardiff'. Rwy'n cofio taflu dau enw ar yr un dref, sef 'Barmouth' ac 'Aber-maw', at ddosbarth. Daethpwyd o hyd i eiriau fel 'barmaid' a 'beermat' i gynganeddu â 'Barmouth'. Yna, pan holais am ymadrodd i gynganeddu ag 'Aber-maw', cefais ateb athrylithgar, sef 'Abram Wood'. Daeth yr ymateb hwnnw'n syth ac yn reddfol, cyn i neb gael amser i sicrhau fod y tair cytsain yn y drefn gywir – ac maen nhw, wrth gwrs – mewn perthynas â'r acen. Syndod arall oedd i'r ateb ddod o enau un a oedd dipyn yn fwy byddar na'r gweddill i acenion iaith. Ac roedd y ffaith fod Abram Wood, padriarch y sipsiwn Cymreig, wedi ei gladdu yng nghyffiniau Abermaw'n cyfoethogi'r llinell ymhellach. Unwaith eto, mae'n enghraifft o allu'r gynghanedd – ei hathrylith, mewn gwirionedd – i ddwyn geiriau ynghyd yn annisgwyl.

A throi at y dactylau, roedd clust Cynan yn ddigon Cymraeg i ddefnyddio 'paham' a 'Twickenham' fel odlau yn ei bryddest 'Y Dyrfa' (1931), gan drin yr ail, felly, fel gair acennog. Cofiwn hefyd am gwpled Twm Morys yn ei awdl arobryn yntau, 'Drysau' (2003):

> Mae'r cap o America,
> Mae'r co'n Americana.

Yn y cwpled hwnnw, gwelir bod y gair dactylig 'America' yn cael ei drin fel gair acennog, hynny yw, symudir yr acen i'r sill olaf: Americ**a**. Deil Cymreictod y gogleddwyr yn ddigon cadarn i berchnogi'r gair 'campervan', drwy symud y pwyslais o'r sill gyntaf, sef y dactyl, i'r un olaf, a hynny'n wahanol i lawer o ddeheuwyr, sy'n tueddu i gadw'r ynganiad dactylig. Ymddengys mai'r hyn a wneir fel arfer, felly, pan fo gair dactylig yn cyrraedd clyw Cymro, yw gwyrdroi'r gair hwnnw'n air acennog ond, eto i gyd, clywais hefyd am werinwr a gyfeiriai at dafarn The Saracen ar dopiau Hiraethog gynt fel 'Y Sar**as**en', drwy symud yr acen o'r sill gyntaf i'r goben. Felly hefyd y bardd Arwel Jones o dîm talwrn Tan-y-groes, a ailfedyddiodd ei gyd-aelod Philippa Gibson yn 'Phil**ipp**a'. Dyna ei ffordd unigryw ef o'i chroesawu i fyd cerdd dafod.

Ond erbyn hyn, gwaetha'r modd, mae'r byrddau'n cael eu troi, wrth i'r mewnfudwyr feddiannu ein henwau lleoedd. Mae yna gyflwynydd mewn acen Seisnig ar Radio Ceredigion sy'n merwino fy nghlust yn gyson wrth hysbysebu Parc Busnes Blaen-porth. Yn hollol haerllug, mae wedi herwgipio'r enw, gan newid yr odl drwy ollwng yr 'r' a symud y pwyslais o'r sill olaf i'r goben. Mae 'Blaen-PORTH' yn troi'n 'BLAENpo'th' ar ei donfeddi ef.

Symudwn ymlaen i Aber-porth ac, fel y gŵyr y brodor, Emyr Davies, mae'r acen naturiol yn enw'r pentref hwnnw'n gorwedd ar y sill olaf. Ond daeth cenhedlaeth o fewnfudwyr i'n mysg. Ar eu tafodau hwy, collwyd y ddwy 'r' a Seisnigeiddiwyd y llafariaid. Eto i gyd, am gyfnod, daliwyd i barchu patrwm seinegol yr enw gwreiddiol. Ond erbyn hyn, mae symudiadau mwy sinistr fyth ar droed, wrth i genhedlaeth newydd o ddieithriaid ddatgymreigio'r enw a'i droi'n ddactyl estron drwy symud yr acen i'r sill gyntaf oll. I lawer, aeth 'abyPO'TH' yn 'AB-y-po'th', a rhoddwyd i enw Cymraeg batrwm seinegol nad yw wedi bodoli'n naturiol erioed o'r blaen yn ein hiaith.

Efallai fod clust cynganeddwr yn fwy tebygol nag eraill i sylwi ar y mân newidiadau hynny ond, eto i gyd, mae'n arwydd clir o'r frwydr barhaus a wynebwn wrth geisio cadw gafael ar ein hiaith ac ar ein hunaniaeth mewn cyfnod pan ydynt dan gymaint o fygythiad.

‘A! ODL DDEHEUOL SYDD GEN TI YN FANNO ...’

ANEIRIN KARADOG

‘Rhyngoch chi a’ch cydwybod’: dyna gyngor yr wy’n hoff o’i roi i ddysgwyr y gynghanedd pan fyddaf o dro i dro’n cael y fraint o’i rhannu â phobl eraill. Mae’n siŵr imi glywed y frawddeg honno hefyd wrth ddysgu sut i gynganeddu dan arweiniad dysgedig Rhys Dafis ar droad y mileniwm, ond does dim cofnod ysgrifenedig gen i o hynny chwaith – felly dadl rhyngof i a’m cof twyllodrus a Rhys Dafis yw honno! Ond os oes un peth sy’n aros yn y cof (ac eithrio’r degau os nad y cannoedd o bethau sydd angen eu dysgu a’u cofio wrth fynd ati i gynganeddu), yr un peth hwnnw yw’r mantra mai ‘rhywbeth i’r glust yw’r gynghanedd’. Mae’r egwyddor honno’n efengyl i mi.

Ond mi gofiaf i’m hathro cynganeddol gyflwyno’r syniad o odl ddeheuol, a’r ffaith nad yw ‘u’, ‘y’ (olau) ac ‘i’ yn odli â’i gilydd. Derbyniais hynny fel un o reolau’r gynghanedd wrth larpio pob rheol, pob bai, pob tric a phob techneg gynganeddol arall yn eiddgar bryd hynny, pan oedd byd y gynghanedd yn ymagor imi’n raddol fel Môr Coch Moses. Felly, yn yr un modd ag yr wy’n parchu rheolau eraill, rwyf hefyd wedi bod yn parchu’r ffaith nad yw gogleddwyr (yn bennaf) yn clywed odl lawn rhwng ‘i’, ‘u’ ac ‘y’.

Gwelais hefyd yn gymharol ddiweddar Ceri Wyn Jones yn nodi yn ei golofn yng nghylchgrawn *Barddas* ‘mai’r gogleddwyr sy’n iawn’ o ran yr odl ‘u’ ac ‘i’ (2015: 9). Yn nhafodiaith hen sir Aberteifi a rhannau o ogledd sir Gâr a sir Benfro, gellir clywed gwahaniaeth main rhwng geiriau. Er enghraifft, y gair ‘ffyn’, sy’n cario’r un sain â’r hen air Saesneg am dafarn, ‘inn’, a geiriau fel ‘wedyn’ sy’n cynnwys sain yr ‘i’ Ladinaidd yn y sillaf olaf – dychmygwch siaradwr Sbaeneg brodorol yn ynganu enw prifddinas yr Almaen, ‘Berlin’. Felly, efallai fod cynganeddwyr o’r ardaloedd hynny a chynganeddwyr a fu’n troi’n yr un cylchoedd barddol â T. Llew Jones, fel Ceri Wyn Jones ac Idris Reynolds, *yn* clywed lled-wahaniaeth neu hyd yn oed wahaniaeth eglur rhwng y seiniau ‘i’, ‘u’ ac ‘y’ ar derfyn geiriau. Ond nid wyf innau.

I mi – ac rwyf wedi trafod hyn â'm cyd-olygydd, Eurig Salisbury, ac wedi cael cadarnhad ganddo – nid yw fy ynganiad i o'r geiriau 'wedyn', 'rhuddin' ac 'eilun' yn wahanol o gwbl o ran seiniau'r sillaf olaf, sef yr odl. Clywaf odl ddwbl berffaith gywir rhwng y geiriau 'chwerthin' a 'perthyn'. Mae 'prin' a 'gwyn' yn odli'n berffaith i'm clust i yn sgil y modd yr ynganaf i'r ddau air hynny.

Gwelwyd arfer dros y ddau ddegawd diwethaf o ddefnyddio'r gair 'bae' i odli ag 'au' mewn cwpled cywydd. Defnyddiais y rhyddid newydd hwnnw fy hun yn sgil gweld eraill yn gwneud. Dyna enghraifft o arferiad gan rai'n ymsefydlu ymysg cynganeddwyr eraill, felly. A dilyn yr un egwyddor, gan ufuddhau i'r glust, ni chlywaf i, a'm llaw ar fy nghalon, rithyn o wahaniaeth rhwng y gair 'sioe' a 'troi', ond dywedwyd wrthyf yn y gorffennol nad ydynt yn odli. Ac felly, es i chwilio am ffyrdd eraill i fynegi fy hunan yn gynganeddol yn yr achos hwnnw. Ond mynnaf o hyd fod y gair 'sioe' yn creu'r sain 'oi' i'm clust i.

A dyma ddod at fyrdwn y llith hwn, felly, sef fy nghais i weddill y byd cynganeddol: a gaf fi, plis, ddilyn fy nghlust? Wedi'r cyfan, yr efengyl gynganeddol bwysicaf un, o'm rhan i, yw'r ffaith taw rhywbeth i'r glust yw'r gynghanedd.

Dylid holi beth yw pwrpas rheolau'r gynghanedd ac, er mwyn deall pam y daethon nhw i fodolaeth yn y lle cyntaf, mae modd troi at yr egwyddorion cyffredinol canlynol: perseinedd, cysondeb, harmoni a cheinder. Pan fo'r gynghanedd yn canu, mae'n cyflawni'r rhinweddau hynny. Nid yw fy odli 'deheuol' i yn mynd yn erbyn yr un o'r egwyddorion hynny.

Yn wir, os glynwn at egwyddor y brif efengyl, sef taw rhywbeth i'r glust yw'r gynghanedd, byddwn i'n dadlau fod cynganeddwr sy'n arddel acen newydd Caerdydd neu Gasnewydd, er enghraifft, ac sy'n ynganu'r gair 'coed' â sain debygach i 'cwyd', yn cael odli'r gair yn y modd hwnnw. Os yw'r cynganeddwr yn bod yn gwbl gyson â'i ynganiad ac â'r hyn y mae ei glust yn ei glywed (o leiaf o fewn yr un gerdd, os nad yn ei ganu'n gyffredinol), ac os yw wedi pwyso a mesur y pethau hyn yn ofalus, yna pam lai? Noda Alan Llwyd yn *Anghenion y Gynghanedd* fod yn 'rhaid i'r Deheuwyr sy'n mynnu odli *-u* ac *-y* eglur gydag *-i* gofio fod odlau o'r fath yn taro'n chwithig ar glust y Gogleddwyr' (AyG 213). O gadw'n gyson â'r rhesymeg honno, dylen ni oll ateb pob 'h' a phob 'w', gan fod peidio â'u hateb yn taro clust rhai cynganeddwyr yn chwithig. Bodoli drwy gonsensws y mae rheolau cerdd dafod, a gwn nad fi'n unig sy'n teimlo hyn am yr 'odl ddeheuol'. O fewn carfan o ddeheuwyr, mae yna, felly, gonsensws. Rhaid cydnabod fod Dic Jones wedi parhau'n 'driw i'r hen draddodiad', er na chlywai wahaniaeth sain rhwng 'y', 'u' ac 'i', ond bod Jim Parc Nest wedi mynd gam ymhellach a datgan y dylid ehangu pethau fel y gallai clust yr unigolyn arwain y grefft (Reynolds 2016: 33). Mi gedwais innau hefyd yn driw, ond nawr licen i ehangu pethe, whath.

O ganu'r ffidil i gynnal gardd, mae amrywiaeth mewn technegau'n bodoli, ond yr un yw nod y ffidlwr a'r garddwr yn y pen draw, sef creu perseinedd a harmoni, y naill ar y llwyfan a'r llall yn yr ardd. Peth anghyson â'r efengyl yw'r hen gred fod angen plesio'r Gwyneddigion! A dywedaf hyn oll, fel y gŵyr y sawl sy'n fy nabod, fel tipyn o sticlar lle mae egwyddorion y gynghanedd yn y cwestiwn.

Rwyf wedi cyhoeddi cerddi sy'n cynnwys yr 'odl ddeheuol' a hefyd wedi profi dirmyg (cwbl anfwriadol! Gol.) neb llai na'm cyd-olygydd, Eurig, wrth drafod Llinell Gynganeddol Ddamweiniol y Mis ar bodlediad Clera, lle nododd e: 'A ie … yn y de, efallai …'

Ond dim ond dilyn ein clustiau yr ydyn ni lawr fan hyn yn y de. Mae ein cydwybod ni'n glir!

LLYFRYDDIAETH

Jones, C.W. (2015), 'Y llew a deddf y jwngwl', *Barddas* 328: 8–9

Reynolds, I. (2016), *Cofio Dic* (Llandysul)

Y GYNGHANEDD AC IEITHYDDIAETH:

Y NAILL DRWY LYGAID Y LLALL

EMYR DAVIES

Dau faes sydd wedi bod o ddiddordeb i mi erioed yw cynganeddu ac ieithyddiaeth. Er mai diddordeb amatur sydd gennyf yn y ddau, rwy'n mynd i geisio agor cil y drws ar y naill o safbwynt y llall, ac i'r gwrthwyneb. Hynny yw, beth sydd gan ieithyddiaeth i'w ddweud am y gynghanedd, a beth all y gynghanedd ei ddweud wrth ieithyddiaeth neu, yn benodol, wrth ffonoleg, sef seinyddiaeth. Maes arall yr hoffwn fraidd-gyffwrdd ag e yw ffenomenau tebyg i'r gynghanedd mewn ieithoedd eraill. Codi cwr y llen yw'r nod, gan wybod bod llawer mwy i'w ddweud am y pethau hyn.

Gwyddor yw ieithyddiaeth. Beth, felly, sydd gan reolau celfyddydol cerdd dafod i'w ddweud wrth yr wyddor honno? Does fawr ddim tystiolaeth uniongyrchol o Gymraeg llafar cyn dechrau'r ugeinfed ganrif, ac mae'n anodd dweud â sicrwydd sut roedd yr iaith yn cael ei hynganu mewn oesoedd a fu. Dim ond tystiolaeth ysgrifenedig sydd ar gael, a honno'n dystiolaeth dwyllodrus yn aml iawn. Traddodiad llafar oedd y traddodiad barddol Cymraeg o'i ddechreuadau, ac roedd hynny'n golygu bod beirdd wedi gorfod clustfeinio'n ofalus er mwyn canfod beth oedd yn odli, pa gytseiniaid oedd yn cyfateb â'i gilydd a sut roedd cytseiniaid yn effeithio ar ei gilydd. Oherwydd hyn, mae odlau a rheolau cerdd dafod yn gallu datgelu llawer am sut roedd y Gymraeg yn cael ei hynganu yn y gorffennol. Mae hyn yn beth hynod iawn. Mae odl a chynghanedd yn ffynonellau tystiolaeth defnyddiol i ieithyddion yn ogystal ag i haneswyr llên.

Cymerwch enghraifft. Mae pob cynganeddwr yn gwybod bod y geiriau 'nac' ac 'ac' yn cynnwys y sain 'g' leisiol, ac nid 'c' ddi-lais. Yn yr achos hwn, mae'r orgraff yn twyllo'r darllenydd. Mae'r rheol gynganeddol yn gywirach na'r confensiwn sillafu, o safbwynt ynganu 'nac' ac 'ac'. Honnir yn aml fod y Gymraeg yn iaith ffonemig a bod ei harferion sillafu'n adlewyrchu'r ynganu'n eithaf cyson. Er ei bod hi'n llawer gwell na'r Saesneg yn y cyswllt hwn, ac yn sicr yn well na'r iaith Wyddeleg, mae digon o enghreifftiau eraill lle mae confensiwn sillafu'r Gymraeg yn methu cyfleu arferion ynganu ei siaradwyr.

Tuedd ffurfiau ysgrifenedig yw adlewyrchu tarddiad neu linach gair yn hytrach na'i ynganiad, neu hyd yn oed adlewyrchu mympwy ysgolhaig. Gellir dadlau mai William Salesbury sy'n gyfrifol am y ffaith ein bod ni'n ysgrifennu'r rhagenw blaen 'ei' yn y modd hwnnw hyd heddiw, er mai 'i' yw'r ynganiad naturiol. Nod Salesbury oedd dangos bod y Gymraeg yn debyg i'r Lladin drwy wneud i 'ei' ymdebygu i'r ffurf gyfatebol *ejus*. Enghraifft arall sy'n ymwneud â'r rhagenwau blaen yw 'fy'. Yr ynganiad naturiol yn Gymraeg yw 'yn': 'yn enw i' a ddywedir, nid 'fy enw i'. Dylid dweud, fodd bynnag, fod rhesymau da dros ysgrifennu 'ei' a 'fy' hefyd, rhai'n ymwneud â gwahaniaethu, ond awn ni ddim ar ôl y trywydd hwnnw fan hyn.

Mae dyfais lenyddol fel odl yn gallu bod yn dystiolaeth allanol o'r modd yr yngenid seiniau'r iaith mewn cyfnod penodol, a gallant hefyd fod yn fodd i leoli cerdd neu fardd. Er enghraifft, mae'n taro dyn yn aml fod Williams Pantycelyn yn odli 'gwaed' â 'rhad', 'rhod' ag 'erioed', ac yn y blaen, gan ddilyn ei dafodiaith ddeheuol a throi deuseiniaid yn llafariaid syml, hynny yw, 'gwa'd'

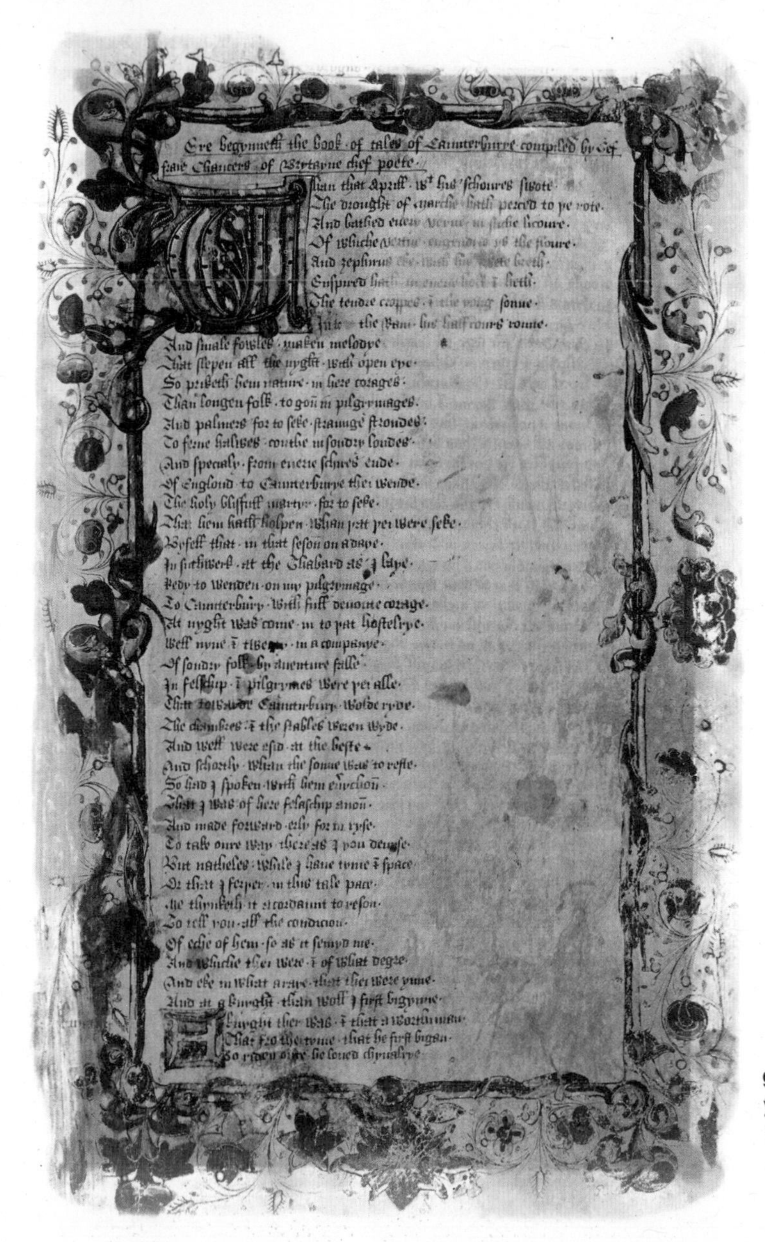

Here begynneth the book of tales of Caunterburye compiled by Geffraie Chaucers of Brytayne chief poete.

Whan that Aprill wt his schoures swote
The drought of march hath perced to þe rote.
And bathed euery [illegible] licoure.
Of whiche [illegible] is the floure.
And zephirus [illegible] breth.
Enspired hath [illegible] heth.
The tendre croppes [illegible] sonne.
[illegible] the Ram his half cours ronne.
And smale fowles maken melodye
That slepen all the nyght with open eye.
So priketh hem nature in here corages.
Than longen folk to gon in pilgrymages.
And palmers for to seke straunge strondes.
To ferne halwes couthe in sondry londes.
And specialy from euery schires ende.
Of Englond to Caunterburye thei wende.
The holy blisfull martyr for to seke.
That hem hath holpen whan þat þei were seke.
Byfell that in that seson on a daye.
In Suthwerk at the Tabard as I laye.
Redy to wenden on my pilgrymage.
To Caunterbury with full deuoute corage.
At nyght was come in to þat hostelrye.
Well nyne & twe[illegible] in a companye.
Of sondry folk by auenture falle.
In felaschip & pilgrymes were þei alle.
That toward Caunterbury wolde ryde.
The chambres & the stables weren wyde.
And well were esid at the beste.
And schortly whan the sonne was to reste.
So had I spoken with hem euerychon.
That I was of here felaschip anon.
And made forward erly for to ryse.
To take oure way there as I you deuyse.
But natheles while I haue tyme & space
Or that I ferper in this tale pace.
Me thynketh it acordaunt to reson.
To tell you all the condicion.
Of eche of hem so as it semyd me.
And whiche thei were & of what degre.
And eke in what araye that thei were ynne.
And at a knyght than woll I first bigynne.
Knyght ther was & that a worthi man.
That fro the tyme that he first bigan.
To riden oute he loued chyualrye

'Prologue' gan Chaucer yn llawysgrif Harley 1758, y Llyfrgell Brydeinig

ac 'erio'd'. Mae odl yn gallu bod yn dystiolaeth o ran pryd y lluniwyd cerdd hefyd. A meddwl am enghraifft Saesneg, mae rhai o'r odlau roedd Chaucer yn eu defnyddio'n dystiolaeth ategol dda o'r hyn mae ysgolheigion eisoes yn ei wybod am y modd roedd Saesneg yn cael ei hynganu ar y pryd. Ar ddechrau'r 'Prologue' enwog, mae Chaucer yn odli 'soote' â 'roote' (sef 'sweet' a 'root'), ac mae'r ffaith fod cynifer o odlau ganddo'n golygu bod y gwaith yn gloddfa o wybodaeth i ieithyddion ynghylch sut y newidiodd llafariaid Saesneg dros amser. Dyma hefyd enghraifft ddiweddarach gan y pen dychanwr ac odlwr, Alexander Pope, allan o'r 'Rape of the Lock':

> Hear thou, great Anna! Whom three realms obey,
> Dost sometimes counsel take and sometimes tea.

Mae hyn yn ategu'r dybiaeth fod 'tea' yn cael ei ddweud mewn ffordd dra gwahanol yng nghyfnod Pope. Mae llu o enghreifftiau o hyn yn digwydd, er enghraifft, Shakespeare yn odli 'good' a 'blood', Andrew Marvell yn odli 'lie' ac 'eternity', ac yn y blaen.

Eto i gyd, rhaid cofio mai tystiolaeth *ategol* y mae dyfais lenyddol fel odl yn ei rhoi i ni, a rhaid cofio hefyd fod perygl dibynnu gormod ar farddoniaeth fel prawf o'r hyn a oedd yn digwydd yn yr iaith lafar gyfredol. Mae beirdd yn greaduriaid od, ac yn gallu gwneud pethau od â'r iaith weithiau. Mae'n ddigon posib fod y bardd yn chwarae â geiriau ... neu efallai'n odlwr neu'n gynganeddwr sâl! Nodwedd arall yw bod beirdd weithiau'n ceisio 'ymddyrchafu', gan ddefnyddio nodweddion iaith sy'n fawreddog neu'n hynafol er mwyn swnio'n fwy crand neu'n fwy 'dilys'. Roedd Beirdd y Tywysogion yn hoff o ddefnyddio geiriau crand, hynafol yn eu cerddi mawl yn arbennig. Mae iaith y beirdd yn llawn maglau yn ogystal â chliwiau i'r hanesydd iaith.

Mae odli yn Gymraeg yn aml yn wahanol i odli yn Saesneg. Mae llafariaid hir a byr yn nodweddu llawer o ieithoedd fel seiniau gwahaniaethol, ac mae hynny'n wir am y Gymraeg a'r Saesneg. Gall pawb glywed fod 'pen' yn dra gwahanol i 'hen', er enghraifft, ac mae'n ansoniarus odli'r ddau, hyd yn oed yn neupen englyn. Dyma odli sillaf ysgafn â sillaf drom, yng ngeiriau Alan Llwyd (AyG 211). Felly, gwaherddir odli 'pen' â 'hen', ond y mae'n gwbl dderbyniol odli'r naill neu'r llall â sillaf ddiacen o fewn llinell o gynghanedd ac yn y brifodl mewn rhai mesurau penodol. Hynny yw, mae'n iawn odli 'hen' â 'gorffen' neu 'pen' â 'gorffen' yn yr achosion hynny, ond nid 'pen' â 'hen', ac mae odli geiriau acennog a diacen fel hyn yn ddieithr iawn i glustiau Seisnig. Mae'n amlwg fod rhywbeth yn digwydd i'r llafariad yn y sillaf ddiacen sy'n ei gwneud yn soniarus odli sillaf drom a sillaf ysgafn â hi fel ei gilydd, a'i bod yn 'niwtral' o safbwynt trymder/ysgafnder neu hyd y llafariad, neu o leiaf o safbwynt ein canfyddiad ni ohoni.

Pa dystiolaeth ategol arall y gall confensiynau cerdd dafod ei chynnig i ni, felly, am hanes y Gymraeg? Erbyn heddiw, deusill yw geiriau fel 'gloyw', 'marw' ac 'enw' ar lafar, er bod rheolau cerdd dafod yn caniatáu iddyn nhw fod yn unsill, onid yn mynnu eu bod felly. Yn oes aur Beirdd yr Uchelwyr, wedi i'r rheolau ymsefydlu, lled-lafariad oedd 'w' ar ôl cytsain seml neu ar ôl deusain ar ddiwedd gair, yn ôl John Morris-Jones (CD 191–2), ac 'ynfydrwydd yw meddwl bod yr hen feirdd yn seinio'r geiriau hyn yn ddwy sillaf, ac yn cyfrif y ddwy'n un.' Hynny yw, geiriau unsill *oedd* y rhain ar y pryd, ac roedd arfer y beirdd yn adlewyrchu arfer llafar gwlad.

Gall newid yn arfer y beirdd fod yn dystiolaeth hefyd ynghylch *pryd* y digwyddodd rhyw newid ffonolegol mewn iaith. Yn ôl John Morris-Jones, roedd yr 'w' led-lafarog hon yn dechrau ennill ei thir fel sillaf yn ystod y bymthegfed ganrif, er bod Beirdd yr Uchelwyr wedi aros yn driw i'r sain draddodiadol. Agwedd eithaf ceidwadol oedd gan y beirdd tuag at newidiadau yn yr iaith, ac mae'r un geidwadaeth yn amlwg yn natganiadau John Morris-Jones ei hun. Mae'n deddfu mai'r 'sain draddodiadol a wedda i farddoniaeth gaeth', a bod cyfrif yr 'w' fel sillaf mewn geiriau fel 'gloyw' a 'marw' yn achosi 'ymdeimlad o lacrwydd dirywiad yn y canu.' Hynny yw, erbyn diwedd y bymthegfed ganrif, roedd rhai beirdd yn defnyddio geiriau fel 'gloyw' a 'marw' fel rhai deusill, sy'n awgrymu'n gryf fod y modd yr yngenid y geiriau hynny wedi newid. Gyda llaw, mae'n gri gyffredin gan rai llenorion, ysgolheigion ac eraill ar hyd yr oesoedd fod unrhyw *newid* yn *ddirywiad*. Er enghraifft, i Jonathan Swift, awdur *Gulliver's Travels*, roedd y newidiadau a glywai ar waith yn yr iaith Saesneg ar ddechrau'r ddeunawfed ganrif yn destun pryder mawr ac yn brawf o lygredd cyffredinol (Trask 1996: 6–7).

Mae rhai arferion cynganeddol, fel cyfri 'gloyw' yn unsill, yn oddefiadau i ni heddiw ac yn anodd i'n clustiau eu derbyn, a hynny oherwydd bod newid ynganiad wedi bod yn yr iaith lafar. Enghraifft arall yw'r 'f' led-lafarog a drafodir gan John Morris-Jones (CD 199–200). Roedd ynganiad 'f' yn wahanol yng nghyfnod Beirdd yr Uchelwyr: cytsain ddwywefusol oedd hi, mewn termau ieithyddol, yn lled agos i 'w', nid cytsain wefus-ddeintiol fel yw hi heddiw. Oherwydd ei bod hi mor feddal bryd hynny, gellid peidio â'i hateb mewn llinell o gynghanedd gytseiniol ond, wrth i fwy a mwy o linellau ymddangos lle roedd yr 'f' *yn*

John Morris-Jones

cael ei hateb o'r unfed ganrif ar bymtheg ymlaen, gellir tybio bod y newid seinyddol hwnnw (sef yr 'f' yn ymbellhau oddi wrth yr 'w') yn ymsefydlu yn yr iaith ar yr un pryd. Mae hyn, gyda llaw, yn ddatblygiad cyffredin mewn ieithoedd: mae seiniau sy'n rhy debyg i'w gilydd, yn rhy agos o ran cynaniad, yn debygol o newid.

Mae John Morris-Jones yn dweud mai goddefiad yw peidio ag ateb yr 'f', ac mae'n eglur fod hwn yn newid mwy derbyniol ganddo na'r ffaith fod yr 'w' led-lafarog yn troi geiriau fel 'gloyw' yn rhai deusill. Agwedd geidwadol oedd gan John Morris-Jones tuag at bopeth – rheolau cerdd dafod, ieithyddiaeth a barddoniaeth – ac fel Swift, roedd yn gweld pob newid fel dirywiad. Mae'n codi cwestiwn amlwg: a ydyn ni'n 'cadw safonau' o fewn cerdd dafod wrth gadw at nodweddion sydd wedi hen ddiflannu yn yr iaith lafar, ynteu ai mynd yn groes i egwyddorion llafar y grefft yw peth felly? Yr un cwestiwn sy'n wynebu athrawon iaith drwy'r amser wrth geisio cyflwyno'r iaith lafar gan ddefnyddio cyfrwng ysgrifenedig ... ond mater arall yw hwnnw.

Beth am rai o reolau eraill cerdd dafod? Llif cyson o seiniau yw iaith, ac mae'r ffiniau a osodir rhwng geiriau'n rhai sy'n ymwneud â'n canfyddiad ni ac â'r gwaith o ddehongli ystyr. Mae rheolau cerdd dafod yn amlygu hyn, er enghraifft, pan ddyblir cytseiniaid. Mae'n rheol gyfarwydd i gynganeddwyr fod y llythrennau 'b', 'd' a 'g', pan fônt yn cyd-ddigwydd, yn medru cyfateb i 'p', 't' ac 'c' yn hanner arall y llinell gynganeddol. Dyma ddwy enghraifft a nodwyd gan John Morris-Jones (CD 207), y naill gan Guto'r Glyn (un 't' yn ateb dwy 'd') a'r llall gan Ddeio ab Ieuan Du (dwy 'g' yn ateb un 'c'):

I Fôn y try f'enaid draw
Y ddraig goch ddyry cychwyn

Beth sy'n digwydd o safbwynt seinyddiaeth yma? Wel, yng ngeiriau John Morris-Jones (*ibid.*):

> Wrth ddal ar gytsain gaeedig fel *b*, *d*, *g*, i gyfleu effaith dwy, arferiad yr hen Gymry oedd gadael i'r anadl grynhoi, ac wrth ei gollwng yn ebrwydd ar y diwedd, yr oedd iddi effaith anadliad caled.

Yn ddiddorol iawn, noda John Morris-Jones mewn troednodyn mai arferiad Saesneg yw gadael y gytsain gyntaf allan (hynny yw, hepgor y gytsain gyntaf) a pheidio â chaledu dwy gytsain. Er enghraifft, mewn ymadrodd fel 'cut and dry', yr hyn a glywir yw 'cut an dry'. Mae puryddiaeth John Morris-Jones yn dod i'r amlwg eto yn yr un troednodyn, pan ddwed mai 'Effaith yr ynganiad Saesneg yw'r arferiad diweddar o esgeuluso'r rheol Gymraeg.' Felly, ai anachronistiaeth yw'r rheol hon, nodwedd seinyddol sydd wedi diflannu o'r iaith lafar, ynteu ai nodwedd fyw yw hi y dylid glynu wrthi? A ydyn ni mewn gwirionedd yn canfod 'c' pan fyddwn ni'n dweud 'y ddraig goch' ac, os nad ydyn ni – yn sgil newid naturiol yn yr iaith, oherwydd dylanwad y Saeneg ai peidio – a oes ots?

O safbwynt ieithyddol, beth yw'r gwahaniaeth seinyddol rhwng 'p/b', 't/d' ac 'c/g'? Mae ffonolegwyr yn disgrifio seiniau unigol drwy eu diffino'n ôl nodweddion gwahaniaethol, yn cynnwys ymhle mae'r sain yn cael ei chynanu, a yw llif yr aer yn cael ei atal yn llwyr ynteu'n rhannol, a yw'r gytsain yn lleisiol ynteu'n ddi-lais, ac ati. Ond beth yw ystyr bod cytsain yn lleisiol ynteu'n ddi-lais? O deimlo'r gwddf, gellir teimlo'r dirgrynu gyda'r cytseiniaid lleisiol, sef 'b', 'd' a 'g' – dyna'r unig nodwedd sy'n gwahaniaethu'r cytseiniaid hyn oddi wrth y rhai di-lais, sef 'p', 't' ac ‘c’. Mater o ganfyddiad yw’r hen reol ynghylch caledu: a yw siaradwyr brodorol yn canfod dwy gytsain leisiol sy’n dilyn ei gilydd fel un gytsain ddi-lais – hynny yw, ‘b’ + ‘b’ = ‘p’ – gan gofio bod ynganiad a chanfyddiad siaradwyr yn gallu newid dros amser?

Gallwn feddwl am enghreifftiau mewn ieithoedd eraill lle mae pethau tebyg yn digwydd. Cymerwch, er enghraifft, yr ‘s’ luosog yn Saesneg. Mae dwy sain benodol i’r morffem hon, sef [z] ac [s]: os bydd yn dod ar ôl cytsain leisiol, ceir yr amrywiad lleisiol, sef [z]; os bydd yn dod ar ôl cytsain ddi-lais, ceir yr amrywiad [s]. Cymharwch y sain ‘s’ mewn geiriau fel ‘dogs’, ‘cats’, ‘beads’, ‘bats’, ac yn y blaen. Mewn rhai ieithoedd, fel yn achos y caledu mewn cerdd dafod, bydd dwy gytsain leisiol drws nesaf i’w gilydd yn creu sain ddi-lais. Er enghraifft, wrth fenthyg geiriau o’r Saesneg, bydd Siapaneg yn ychwanegu terfyniadau fel ‘-do’ neu ‘-gu’, a’r canlyniad yw gair â chytsain ddi-lais:

bed > beddo = betto
dog > doggu = dokku
bag > baggu = bakku

Mae’r un peth yn digwydd yn Gymraeg pan fydd y cytseiniaid lleisiol yn digwydd cyn ‘h’:

d + h = t / g + h = c / b + h = p

Mae John Morris-Jones yn tynnu sylw at rai enghreifftiau, fel ‘dryg’ + ‘hin’ = ‘drycin’, a’r modd yr yngenir ‘ei thad hi’ fel ‘i-tha-ti’ ar lafar. Mae’n fwy amlwg fyth wrth ychwanegu’r terfyniad ‘-hau’ i greu berfenwau, er enghraifft:

gwag + -hau = gwacáu
gwastad + -hau = gwastatáu

Mae John Morris-Jones (CD 206) yn nodweddiadol ddigri wrth ddweud bod y beirdd yn glynu wrth y rheol hon gynt, yn wahanol, efallai, i rai o’i gyfoeswyr: ‘Nid effeithid ar yr hen gynganeddwyr gan ynganiad Seisnigaidd na chrach-athrawiaeth ynghylch gwahanu geiriau’. Hynny yw, perchid y rheol bryd hynny a dylid ei pharchu o hyd! Mae digon o enghreifftiau o hyn yng ngwaith Beirdd yr Uchelwyr:

Gair teg a wna gariad hir	*Gutun Owain*
Llais y corn lluosog hir	*Tudur Aled*

Mae nifer o reolau eraill y gellir eu disgrifio mewn termau ieithyddol, er enghraifft, pan fydd cytsain yn toddi yng nghesail y galed gyfunrhyw – bydd ‘b’ yn diflannu yng nghesail ‘p’, ‘d’ yn diflannu yng nghesail ‘t’, ac yn y blaen – neu pan fydd ‘p’, ‘t’ ac ‘c’ yn toddi ar ôl cytsain dawdd galed fel ‘s’: ‘Sbaen’, ‘stryd’ a ‘wisgi’. Roedd rheolau cerdd dafod yn adlewyrchu arferion sy’n naturiol i’r Gymraeg. Y cwestiwn i ni heddiw yw a oes angen diwygio rheolau cerdd dafod wrth i arferion seinyddol y Gymraeg newid?

Un pwynt arall i’w grybwyll yw mai cyfateb ffonemau a wneir mewn cerdd dafod, nid cyfateb cytseiniaid, rhywbeth y mae Bobi Jones wedi cyfeirio ato (1974: 57–8). Mae cytseiniaid yn gallu amrywio eu sain oherwydd effaith seiniau eraill y naill ochr iddynt. Er enghraifft, yn Gymraeg, mae ‘l’ yn amrywio’n unol â’r gytsain a seinir yn union o’i blaen. Mae’r ‘l’ yn ‘plaid’ ychydig yn wahanol i’r ‘l’ yn ‘blaidd’, oherwydd bod cytsain ddi-lais yn rhagflaenu’r naill, a chytsain leisiol yn rhagflaenu’r llall. Eto i gyd, fe’u canfyddir fel yr un peth, o fewn yr un dosbarth o seiniau, ac nid yw’r gwahaniaeth rhyngddynt yn cael ei ddefnyddio i wahaniaethu ystyr yn Gymraeg nac yn Saesneg (O’Grady *et al.* 1993: 57–8). Mae Bobi Jones (1974: 57–8) yn dyfynnu Arwyn Watkins (1961: 16), sy'n dangos sut y mae'r llythyren 'c' yn amrywio o ran sain yn y geiriau 'ci', 'cath' a 'cwd', ond eto i gyd yn cael eu canfod fel un llythyren. Dyna ganfyddiad y cynganeddwr hefyd.

Tybed a yw'r rheol yn ymwneud â 'rh' ac 'r' yn berthnasol fan hyn? Gŵyr y cynganeddwr fod y ddwy'n ateb ei gilydd, sy'n awgrymu eu bod yn cael eu canfod fel yr un ffonem. Os felly, amrywiad (neu aloffon) ar 'r' yw 'rh', sy'n digwydd ar ddechrau gair, neu o leiaf ar ddechrau sillaf acennog. Hynny yw, mae tuedd mewn geiriau sy'n dechrau ag 'r' i'r gytsain honno droi'n 'rh' ar lafar yn y ffurf gysefin, er enghraifft, 'rhuban' a 'rhaca'. Mae hynny'n awgrymu bod 'rh' yn amrywiad o fewn y ffonem 'r' pan fydd yn digwydd ar ddechrau sillaf acennog.

Mae llawer mwy i'w ddweud am seinyddiaeth ac am hanes y Gymraeg drwy ddefnyddio cliwiau cynganeddol. Mae beirdd caeth yn effro i sut y mae'r iaith yn cael ei hynganu ac yn dystion defnyddiol (weithiau) i newidiadau yn yr iaith. Nid rheolau a luniwyd gan fympwy pwyllgor sy'n gyrru cerdd dafod (fel y mae ambell un newydd i'r ysgolion barddol yn ei dybio), ond ymdrech i adnabod rheolau seinyddol y Gymraeg fel y mae'n cael ei siarad ar y pryd.

I gloi, hoffwn droi i edrych ar enghreifftiau mewn ieithoedd eraill lle mae dyfeisiau llenyddol tebyg i'r gynghanedd yn gallu ychwanegu at ein dealltwriaeth o iaith. Un enghraifft a'm trawodd, wrth astudio ieithyddiaeth flynyddoedd yn ôl, oedd y modd y mae berfau'n cael eu ffurfio mewn ieithoedd fel Arabeg a Hebraeg. Mae berfau rhai o'r ieithoedd Semitig hynny'n dibynnu ar dair cytsain. Er enghraifft, gwreiddair y ferf sy'n ymwneud ag ysgrifennu yw 'k', 't' a 'b'. Bydd pob gair sy'n ymwneud ag ysgrifennu'n cynnwys y tair cytsain hynny, a bydd y llafariaid yn amrywio:

katab	'ysgrifennodd e'
katbu	'ysgrifennon nhw'
kattib	'achosodd e i ysgrifennu'
kitab	'y peth ysgrifenedig' (llyfr)

Yr hyn sy'n ddiddorol i'r cynganeddwr yw'r modd y mae'r cytseiniaid a'r llafariaid yn cael eu gwahanu, gan newid y llafariaid yn unig a chadw'r un cytseiniaid. Mae Bobi Jones yn cyfeirio at hyn yn *Tafod y Llenor* (1974: 133), gan dynnu sylw at sut y mae berfau'r Arabeg yn adleisio'r gynghanedd. A dehongli hynny ar lefel eithaf arwynebol, tybed a yw'n dangos sut y mae'n bosib tynnu cytseiniaid allan (neu ffonemau, yn hytrach), a'u clywed a'u canfod ar wahân i'r llif llafariaid?

Mae Nigel Fabb yn ei lyfr *Linguistics and Literature* (1997: 148) yn cyfeirio at y gynghanedd yn y Gymraeg fel 'phonological parallelism', gan gyfeirio at gynganeddu cytseiniol yn benodol. Mae e hefyd yn cyfeirio at enghreifftiau tebyg mewn ieithoedd eraill sy'n ymwneud â phatrymu seiniau. Er enghraifft, yn yr Wyddeleg, ceir cerddi sy'n dilyn rheolau'n ymwneud â chyflythrennedd, nifer y sillafau, odl ac yn y blaen. Nid yw'r rheolau mydryddol hynny union yr un peth â rheolau'r gynghanedd, ac maent yn gysylltiedig â mesurau penodol iawn. 'Dán díreach' yw'r enw sy'n cyfateb i'n 'canu caeth' ni. Rhaid i eiriau acennog yn unig gyflythrennu, a rhaid i'r gair ar ddiwedd cerdd gadwyno â gair ar y dechrau, sef yr hyn a elwir yn 'gyrchu' yn Gymraeg. Eto i gyd, er gwaethaf pob gwahaniaeth, roedd y gyfundrefn farddol a'i rheolau'n blodeuo yn Iwerddon yn yr un cyfnod â Beirdd yr Uchelwyr yng Nghymru, a gellir yn hawdd dybio bod peth dylanwad gan y ddau ddiwylliant ar ei gilydd.

Mae Fabb (1997: 143) yn cyfeirio at sawl math o gyfochredd mewn llenyddiaethau gwahanol, yn hytrach nag at ailadrodd cytseiniaid yn unig: gall fod yn gyfochredd cystrawennol neu ystyrol. Mae hyn yn digwydd yn aml mewn barddoniaeth Gymraeg, yn arbennig mewn esgyll englynion, ac mae'n nodwedd y mae Alan Llwyd wedi ysgrifennu'n helaeth amdani (2010: 84–109). Ailadroddir yr un geiriau neu'r un patrwm cystrawennol mewn dwy linell yn olynol, fel yn esgyll englyn enwog Dewi Emrys, 'Y Gorwel':

> Hen linell bell nad yw'n bod,
> Hen derfyn nad yw'n darfod.

Mae Fabb (1997: 149) yn cyfeirio at un enghraifft arall o gyfochredd ffonolegol, y tro hwn yn yr iaith Efik, un o'r ieithoedd a siaredir yn ne Nigeria a Chamerŵn, a hynny mewn posau, chwedlau, clymau tafod a diarhebion. Mae Efik yn iaith 'dôn', lle bydd traw'r llafariad yn gwahaniaethu ystyr. Gair bach i esbonio tonau: mae pob iaith yn defnyddio traw, ond ychydig o ieithoedd – fel Tsieinëeg a rhai ieithoedd Affricanaidd – sy'n defnyddio traw i wahaniaethu ystyr. Gall traw fod yn uchel, yn ganolig, yn isel, yn codi, yn disgyn neu'n disgyn/codi: cymerwch enghraifft o'r iaith Igala, lle gall y tair llythyren 'awo' gynrychioli 'mochyn gini', 'cynnydd', 'twll mewn coeden', 'clatsien', 'crib' neu 'seren', yn ddibynnol ar draw'r tôn yn y llafariaid 'a-' ac '-o'. Yr hyn sy'n ddiddorol yn y cyd-destun hwn am ieithoedd fel Efik ac Igala yw'r ffaith eu bod yn defnyddio tonau i greu cyfochredd, yn union fel y mae'r Gymraeg yn defnyddio cytseiniaid.

Yn yr ysgrif hon, ni cheisir sôn am *ddiben* dyfeisiau llenyddol fel y gynghanedd, nac am y defnydd a wneir o ddyfeisiau tebyg mewn ieithoedd eraill. Mae'r enghreifftiau o batrymu cytseiniol yn yr Arabeg ac yn yr ieithoedd Semitig y cyfeirir atynt uchod yn wahanol i gerdd dafod yn y cyd-destun hwn, gan fod yr enghreifftiau hynny'n rhan o'r iaith arferol. Ni welir yn yr enghreifftiau hynny *ddefnydd bwriadus* o iaith, yn wahanol i gynghanedd, odl ac yn y blaen.

At hynny, dim ond cip brysiog a roddir yma ar yr hyn sy'n digwydd mewn ieithoedd eraill. Mae'n dangos, yn un peth, fod beirdd sy'n llefaru mewn ieithoedd gwahanol yn defnyddio dyfeisiau seinyddol tebyg i'r gynghanedd (os nad union yr un peth) i greu effeithiau gwahanol. Mae testun ymchwil pellach yma i'r rheini â'u bryd ar archwilio'r gynghanedd â chlust a llygad ieithydd.

(Seiliwyd yr ysgrif hon ar sgwrs a draddodwyd yn wreiddiol i Ysgol Farddol Caerfyrddin.)

LLYFRYDDIAETH

Fabb, N. (1997), *Linguistics and Literature* (Oxford)

Jones, R.M. (1974), *Tafod y Llenor* (Caerdydd)

Llwyd, A. (2010), *Crefft y Gynghanedd* (Llandybïe)

O'Grady, W., Dobrovolsky, M., and Aronoff, M. (1993), *Contemporary Linguistics: an introduction* (New York)

Trask, R.L. (1996), *Historical Linguistics* (London)

Watkins, A. (1961), *Ieithyddiaeth: agweddau ar astudio iaith* (Caerdydd)

ATEBWCH YR 'F'

MEI MAC

Nod pob pysgotwr plu ifanc yw dal un pysgodyn. Nid dwsin na chant. Dim on un. Sdim ots beth yw ei faint na pha abwyd neu bluen liwgar a ddefnyddiwyd i'w ddal – y bachu sy'n bwysig. 'Gorau po gyntaf' yw'r arwyddair. Ond wedi i'r brithyll cyntaf hwnnw lithro i'r rhwyd, mae'r profiad o bysgota'n newid am byth. 'Gorau po fwyaf' piau hi wedyn ac, yn dilyn hynny, mae'r arwyddair yn newid drachefn i 'Gorau po drymaf'. Pan fydd y pysgotwr wedi mireinio'i grefft yn iawn, dal y pysgodyn cyfrwys, gwyllt ac anodd ei ddal fydd yn dwyn ei sylw, a hynny gyda phluen fechan fach wedi ei chawio ar fwrdd y gegin, nid wedi ei phrynu o siop. Ei ddal, nid mewn pwll bychan ar ochr y ffordd fawr sy'n cael ei lenwi â physgod newydd bob dydd, ond mewn llyn gwyllt ym mherfedd y mynyddoedd. Mae'r helfa bellach yn cael ei chynnal dan yr arwyddair newydd 'Gorau po gaethaf'.

Dyna fy mhrofiad i o bysgota ac o gynganeddu hefyd. Creu englyn cywir oedd y nod i mi'n ifanc. Yna llunio englyn cywir a thipyn o ystyr iddo. Ymlaen wedyn at englyn ymryson, yn y fan a'r lle, gan ddibynnu ar ddiffyg amser fel esgus i ddefnyddio goddefiad neu ddau os oedd rhaid. Brys, a'r esgeulustod sy'n ei ddilyn, sydd hefyd yn gyrru bardd ifanc â'i lygaid ar y Gadair Genedlaethol i lunio llinell fel 'Yn Fehefin o fywyd'. Llinell sy'n aros yn ei ystlys fel draenen, fel atgof sy'n codi mymryn o embaras, yn enwedig os ydi o am i bobl ei alw'n brifardd.

Wedi troi miloedd ar filoedd o linellau cynganeddol yn fy mhen, mae gen i bolisi personol erbyn hyn o gyfateb 'f' bob gafael. Cytsain yw 'f', a dylid ei chyfateb. Does dim lle i ddadlau. Yn yr un modd, dylid ymdrechu i gyfateb pob 'h' a phob 'w' hefyd. Dyna pam fod 'A'i bogeilwib fugeilio' – llinell o'r awdl enwog 'Gwanwyn' gan Dic Jones – yn taro fy nghlust i fymryn yn chwithig ond, eto, rwy'n derbyn bod yr ail 'b' yn llyncu'r 'f' yn 'fugeilio', fel yn 'Blwyddyn wâr heb flaidd yn hel', llinell ddiweddar gan Aneirin Karadog. Yr hyn sy'n tynnu'r sglein oddi ar hon i mi yw'r ffaith fod yr 'w' yn 'wâr' yn cyfateb â'r 'h' yn 'hel', nid yr 'f'! Bellach, does gen i ddim ffordd yn y byd o amddiffyn 'Yn Fehefin o fywyd', gyda 'h' ac 'f' heb eu cyfateb.

Oedd, mi oedd beirdd yr Oesoedd Canol yn anwybyddu 'f' bob hyn a hyn ac, ydi, mae hi'n gytsain wan, ond dwi'n credu hwyrach ei bod yn ysgafnach o lawer ar y glust bryd hynny, felly dylid ei chyfateb ar bob cyfri heddiw. Y nod i unrhyw fardd cynganeddol gwerth ei halen yw bod yn berffaith. Dim amheuaeth, dim amddiffyn llinell oherwydd ei bod yn 'dechnegol' gywir, dim goddefiadau, os yn bosib. Yn syml ddigon, os yw'r glust yn ei glywed, yna dylid ei gyfateb. Ond cyn i chi fynd i chwilio am linellau tebyg yn fy ngwaith i, rwy'n gwbl fodlon cyfaddef fy mod wedi syrthio i'r fagl honno droeon, a fyswn i ddim yn gweld dim bai ar neb am wneud yr un peth.

Hwyrach nad oedd beirdd yr hen oes yn clywed yr 'f' ond, erbyn hyn, mi rydw i, felly 'Gorau po gaethaf' amdani.

> Chwi'r iau, atebwch yr 'f',
> A diweddwch ei dioddef.

TEIMLAD GREDDFOL: CYTSEINEDD Y GYNGHANEDD SAIN

EMYR LEWIS

Y gynghanedd sain gytbwys ddiacen yw fy mhwnc, llinellau fel

prynu a gwerthu gwartheg

Mae 'prynu' a 'gwerthu' yn odli. Mae 'gwerthu' a 'gwartheg' yn cynganeddu'n gytseiniol. Mae'n ddefnyddiol mabwysiadu'r termau Rhagddarn, Gorddarn ac Odlddarn i ddisgrifio'r elfennau hyn:

Rhagddarn – *prynu*
Gorddarn – *a gwerthu*
Odlddarn – *gwartheg*

Am ryw reswm, credais erioed ei bod hi'n ofynnol mewn cynghanedd o'r fath ateb y cytseiniaid yn llawn. Hynny yw, os oedd cytsain o flaen yr acen yng ngair olaf y llinell, yna rhaid ei hateb hi'n gynganeddol yn y gorddarn.

Felly, fyddwn i ddim yn derbyn bod llinell fel hon yn gywir:

Tyrru i werthu gwartheg

am nad yw'r 'g-' yn 'gwartheg' yn cael ei hateb.

Ond mae'n debyg bod llinell o'r fath yn cael ei hystyried yn gywir, ar y sail mai'r hyn y mae'n ofynnol ei wneud yw ffurfio cynghanedd gytsain (croes neu draws) rhwng y Gorddarn a'r Odlddarn. Gan y byddai 'i werthu gwartheg' yn gynghanedd draws dderbyniol, yna mae'r llinell yn gywir.

Yn wir, mae John Morris-Jones (CD 164) yn eglur ar y pwnc hwn:

> … fel mewn traws gyferbyn, fe ellir cymryd **rhan** o air yn y bar olaf i lunio cyfatebiaeth

ac mae'n cynnig yr enghraifft hon o waith Wiliam Cynwal:

> Gruffudd, ieithydd Hiraethawg

Felly dyna ni, ond dwi'n dal i deimlo rywsut fod yna rywbeth ar goll mewn llinell o'r fath. Dwi'n ei chael hi'n anodd derbyn llinellau fel

> Gweirglodd anodd ei chwynnu

a dwi'n credu fod hynny oherwydd fy nheimlad greddfol am y gynghanedd sain, sef nad yw'r dadansoddiad

> (odl) (cytseinedd – odl) (cytseinedd)

yn ddigonol i gyfleu ei grym a'i swyn ond, yn hytrach, bod angen

> (odl) (cytseinedd – acen – odl) (cytseinedd – acen)

I mi, dyma pam y mae'r sain anghytbwys ddyrchafedig yn medru bodoli:

> Chwithau, holl longau y lli

Dyma hefyd pam 'mod i'n hoffi'r sain drosgl, er bod llawer yn ei gwrthod:

> I dir y cyfandir coll

Ac os yw'r ddadl mai'r hyn y gofynnir amdano yw cynghanedd gytsain (croes neu draws) rhwng y Gorddarn a'r Odlddarn yn dal am y sain gytbwys ddiacen, dylai ddal felly hefyd am y sain anghytbwys ddisgynedig, fel hyn:

> Yn y pnawn awn i Genarth

A yw hon yn dderbyniol?

Un o'r dadleuon mawr dros y canrifoedd ym maes y gyfraith yw a oes y fath beth yn bod â 'chyfraith naturiol', sef rheolau sy'n hanfodol eu natur, sy'n waelodol. 'Nonsense on stilts' yw syniad o'r fath yn ôl yr athronydd o Sais Jeremy Bentham; creadigaeth pobl yw rheolau, wedi'r cyfan. Arferion sydd wedi datblygu oddi mewn i gymdeithas ydyn nhw. Does dim byd yn ddwyfol nac yn absoliwt amdanynt. Mae eraill yn awgrymu fod yno, serch hynny, egwyddorion megis tegwch a chyfiawnder sy'n treiddio drwy hyd yn oed y cyfundrefnau cyfreithiol mwyaf caeth.

Os bu erioed enghraifft o gyfundrefn o reolau caeth a grëwyd gan ddyn, y gynghanedd yw honno. Ond eto, dwi'n teimlo – yn wir, dwi'n credu – bod y rheolau hynny'n bodoli oherwydd rhai egwyddorion gwaelodol sy'n ymwneud â pherseinedd a chymesuredd, a bod fy nheimladau am y gynghanedd sain gytbwys ddiacen yn nes at yr egwyddorion hynny.

Wedi dweud hyn oll, fel sy'n arferol mewn achosion fel hyn, 'Ha ti ragrithiwr!', ebe'r llais bach yn fy mhen. Dwi'n amau dim 'mod i wedi syrthio'n brin o fy safonau fy hun fwy nag unwaith, er mwyn cwrdd â dedlein mewn ymryson, neu o ran diogi, neu hyd yn oed efallai am fod y llinell yn swnio'n iawn ar y pryd, wedi'r cyfan.

EGLWYS LYDAN Y GYNGHANEDD

IDRIS REYNOLDS

Mae yna sinig ynof sy'n tybio fod gogoniant ein cyfreithiau i'w ganfod yn eu hamwysedd. Felly hefyd reolau'r gynghanedd. Eglwys lydan yw'r gyfundrefn farddol, mater o gonsensws, yn hytrach na datganiadau du a gwyn deddf y Mediaid a'r Persiaid. Ac yn ei erthygl, mae'r cyfreithiwr Emyr Lewis yn mynd i'r afael ag un o'r adrannau mwyaf dadlennol hynny, sef y gynghanedd sain gytbwys ddiacen. Mae'n cyfaddef ei fod yn cael trafferth derbyn llinell fel 'Tyrru i werthu gwartheg' am fod ei glust yn chwilio am 'g' arall i ateb yr 'g' yn 'gwartheg'. Er hynny, byddai'r llinell honno'n bodloni fy athro barddol, Roy Stephens, fel Syr John Morris-Jones o'i flaen, am fod yna gynghanedd gytseiniol yn cysylltu ail a thrydedd ran y llinell. Nid yw'n syndod, felly, fod prydyddion godre Ceredigion mor barod i dderbyn y llinell honno gan Dic Jones – 'Anthemau o leisiau plant' – y bu cymaint o ddadlau yn ei chylch hanner canrif yn ôl.

Yn rhyfedd iawn, cododd yr un pwynt eto'n ddiweddar pan drydarodd Jim Parc Nest y llinell hon ar ei gyfrif Twitter: 'England, a land built on blood'. Neidiodd Twm Morys i mewn yn syth er mwyn amau cywirdeb ei chynghanedd, ond nid ei gwirionedd; yn ei farn ef, roedd yn rhaid ateb y 'b' yn y gair 'blood'. Daeth Jim yn ôl i ddal ei dir, gan fynnu ei fod yn fodlon derbyn ei bod yn gynghanedd wan neu anfoddhaol, ond nid anghywir. Yna dychwelodd Twm â gwelliant, sef 'England, a land round London', cyn i Jim ddod yn ôl i gwblhau'r cwpled â'r llinell 'The BBC and *The Sun*'.

Felly, ar rwydweithiau'r we, lluniwyd cwpled ardderchog sy'n tanlinellu unwaith eto mai cyfrwng i'r glust yw'r gynghanedd. Byddai'n amhosibl i'r llygad ganfod y cleciadau yn y llinell glo ac, o edrych arni drwy sbectol, odl broest yn unig yw 'London/Sun'. Clywed cynghanedd a wnawn, wedi'r cwbl.

Ond rhag ofn i'r cyfaill Emyr Lewis dybio fy mod wedi bod braidd yn ddibris o gyfreithwyr a'u proffesiwn, carwn ddatgan fy mod yn sylweddoli y byddai'n draed moch arnom, fel dinasyddion ac fel cynganeddwyr, heb eu canllawiau. Fel y dywedodd T. Arfon Williams:

> Nid heb ambell linell wen
> Dragwyddol heol awen.

Y GYNGHANEDD-LITE HEDDIW?

MESUR NEWIDIADAU MEWN ARDDULL GYNGANEDDOL 1936–2018

IWAN RHYS

Nid yw'n gysyniad anghyfarwydd fod arddull gynganeddol yn newid dros gyfnod hir. Byddai'r sawl sy'n gyfarwydd ag awdlau buddugol yr Eisteddfod Genedlaethol yn siŵr o fod â'r canfyddiad fod arddull y cynganeddu wedi newid bob yn awr ac yn y man dros y ganrif ddiwethaf, os nad, yn wir, dros yr hanner canrif diwethaf. Ond a yw hynny'n wir mewn gwirionedd? A oes modd ei fesur?

Cadeirio Gwynfor ab Ifor yn 2006

Mewn erthygl gan Gwynfor ab Ifor yn *Barddas* yn 2006, bathwyd y term 'cynghanedd-*lite*'. Wrth gyflwyno'r ffenomen, cyfeiriodd at y 'beirdd sydd wedi cymryd ati'n ddiweddar i lacio'r gynghanedd o fewn y mesurau traddodiadol gan wneud y mesurau hynny yn fwy agored mewn ffordd, ac yn haws eu darllen'. Dywed eu bod yn 'cadw'r cynganeddion yn fwy yn y cefndir – y Llusg a'r Sain yn dod yn fwy cyffredin a'r Draws yn mynd yn ysgafnach.' Roedd y math hwnnw o gynganeddu, meddai wedyn, yn 'gwbl groes i dueddiad yr oes o'r blaen i gyfateb cymaint o gytseiniaid ag y gellid mewn seithsill', ac nid oedd hynny'n ddim llai nag 'argyfwng' (ab Ifor 2006).

Fel rhan o bennod o draethawd ymchwil MPhil a luniais yn Adran y Gymraeg ac Astudiaethau Celtaidd, Prifysgol Aberystwyth, rhwng 2006 a 2009 (Rhys 2009: 8–48), es ati i gynnig tystiolaeth o blaid ac yn erbyn y gosodiad hwnnw gan Gwynfor ab Ifor. I gychwyn, diffiniais gysyniad y gynghanedd-*lite* mewn modd mwy mesuradwy, hynny yw, amlder gwahanol fathau o gynganeddion a nifer y cytseiniaid a atebir (manylir ar hyn isod). At hynny, roedd yn arwyddocaol fod Gwynfor ab Ifor yn cyfeirio at 'Afon', awdl fuddugol Gerallt Lloyd Owen yn Eisteddfod Genedlaethol Bro Dwyfor 1975, fel trobwynt sy'n amlygu llawer o nodweddion y gynghanedd-*lite*, yn 'fwy felly na'r un awdl a ddaeth o'i blaen'. O ganlyniad, er mwyn creu sampl i roi prawf ar yr haeriad hwnnw, dewisais dri chyfnod gwahanol o ddeng mlynedd, a nodi'r holl awdlau a wobrwywyd yng nghystadleuaeth y Gadair yn yr Eisteddfod Genedlaethol yn ystod y cyfnodau hynny, sef 1936–45 (Cyfnod 1), 1966–75 (Cyfnod 2) ac 1996–2005 (Cyfnod 3). Ceir yn y tri chyfnod nifer o gasgliadau ac o ddilyniannau buddugol yn ogystal ag awdlau ond, er hwylustod, cyfeiriais at y gweithiau buddugol hynny fel awdlau. Penderfynais mai awdlau buddugol yn unig a fyddai'n destun yr astudiaeth, er mwyn cael rhyw lun ar gysondeb drwy'r cyfnodau dan sylw, heb i fympwy'r ymchwilydd chwarae gormod o ran wrth ddethol beirdd a gweithiau unigol.

Yn yr ysgrif hon, rwyf am grynhoi'r gwaith ymchwil hwnnw a chyflwyno rhai o'r canlyniadau. At hynny, rwyf wedi ychwanegu at yr ymchwil gyfnod diweddarach o awdlau, 2010–18 (Cyfnod 4), er mwyn gweld a fu newid ers imi gwblhau fy astudiaeth wreiddiol. (Dewisais beidio â chynnwys 'Gorwelion', awdl fuddugol T. James Jones yn 2019, gan fod arddull gynganeddol ryfeddol ac unigryw'r awdl honno'n haeddu ei hysgrif ei hun!)

Dyma bedwar tabl i gyflwyno'r awdlau buddugol sy'n destun yr astudiaeth.

Tabl 1: Awdlau buddugol Cyfnod 1, 1936–45

BLWYDDYN	AWDUR	TEITL Y GWAITH
1936	S.B. JONES	TŶ DDEWI
1937	T. ROWLAND HUGHES	Y FFIN
1938	GWILYM R. JONES	'RWY'N EDRYCH DROS Y BRYNIAU PELL'
1939	NEB YN DEILWNG	
1940	T. ROWLAND HUGHES	PERERINION
1941	R.H. JONES	HYDREF
1942	NEB YN DEILWNG	
1943	DEWI EMRYS	CYMYLAU AMSER
1944	D. LLOYD-JENKINS	OFN
1945	TOM PARRY-JONES	YR OES AUR

Tabl 2: Awdlau buddugol Cyfnod 2, 1966–75

BLWYDDYN	AWDUR	TEITL Y GWAITH
1966	DIC JONES	CYNHAEAF
1967	EMRYS ROBERTS	Y GWYDDONYDD
1968	R. BRYN WILLIAMS	AWDL FOLIANT I'R MORWR
1969	JAMES NICHOLAS	YR ALWAD
1970	TOMI EVANS	Y TWRCH TRWYTH
1971	EMRYS ROBERTS	Y CHWARELWR
1972	DAFYDD OWEN	PRESELAU
1973	ALAN LLWYD	(AGORED)
1974	MOSES GLYN JONES	Y DEWIN
1975	GERALLT LLOYD OWEN	AFON

Tabl 3: Awdlau buddugol Cyfnod 3, 1996–2005

BLWYDDYN	AWDUR	TEITL Y GWAITH
1996	R.O. WILLIAMS	GRISIAU
1997	CERI WYN JONES	GWADDOL
1998	NEB YN DEILWNG	
1999	GWENALLT LLWYD IFAN	PONTYDD
2000	LLION JONES	(AGORED)
2001	MERERID HOPWOOD	DADENI
2002	MYRDDIN AP DAFYDD	LLWYBRAU
2003	TWM MORYS	DRYSAU
2004	HUW MEIRION EDWARDS	TIR NEB
2005	TUDUR DYLAN JONES	GORWELION

Tabl 4: Awdlau buddugol Cyfnod 4, 2010–18

BLWYDDYN	AWDUR	TEITL Y GWAITH
2010	TUDUR HALLAM	ENNILL TIR
2011	RHYS IORWERTH	CLAWDD TERFYN
2012	DYLAN IORWERTH	LLANW
2013	NEB YN DEILWNG	
2014	CERI WYN JONES	LLOCHES
2015	HYWEL GRIFFITHS	GWE
2016	ANEIRIN KARADOG	FFINIAU
2017	OSIAN RHYS JONES	ARWR
2018	GRUFFUDD OWEN	PORTH

Mesur y gynghanedd-*lite*

Byddai modd llunio rhestr hir o nodweddion cynganeddol i'w mesur ond, at ddiben ystyried y gynghanedd-*lite*, penderfynais fesur dau beth ar sail honiad Gwynfor ab Ifor fod 'y Llusg a'r Sain yn dod yn fwy cyffredin a'r Draws yn mynd yn ysgafnach', sef:

> canrannau'r pedwar prif ddosbarth o gynghanedd – sef croes, traws, llusg a sain – er mwyn gweld a yw'r lusg a'r sain yn dod yn fwy cyffredin yng Nghyfnod 3;

> sawl cytsain sy'n cael ei hateb yn y cynganeddion croes a thraws, er mwyn gweld a yw'r cynganeddion cytseiniol hynny'n mynd yn 'ysgafnach' yng Nghyfnod 3.

Dyma'r wyf wedi ei wneud gydag awdlau Cyfnod 4 hefyd.

Oddi mewn i'r awdlau a ddewisais, edrychais ar y llinellau seithsill yn unig. Wrth gyfri nifer y cytseiniaid a gyfatebir mewn llinellau croes a thraws, byddai'n annheg cymharu llinellau sydd â nifer wahanol o sillafau. Hynny yw, mae'n debygol y bydd gwahaniaeth mawr yn nifer y cytseiniaid a gyfatebir mewn llinell bedair sillaf o gywydd deuair fyrion, er enghraifft, a nifer y cytseiniaid a gyfatebir mewn llinell ddeg sillaf o hir-a-thoddaid. At hynny, llinellau seithsill a geir amlaf yn awdlau'r cyfnodau a astudir ac, yn wir, mewn cerddi caeth yn gyffredinol, a gellir dadlau eu bod, yn hynny o beth, yn ffurfio sampl ddefnyddiol a chynrychioliadol.

Dyma'r camau a gymerais:

1. Creffais ar yr holl linellau seithsill a nodwyd gennyf, a'u dosbarthu i un o bedair cynghanedd: croes, traws, llusg, sain (gan gyfri'r gynghanedd groes o gyswllt yn gynghanedd groes);
2. Cyfrais wedyn sawl llinell seithsill o'r awdl sydd ym mhob dosbarth, gan nodi'r ganran gyfatebol;
3. Creffais hefyd ar yr holl linellau hynny a nodwyd naill ai fel cynghanedd groes neu fel cynghanedd draws, gan gyfri sawl cytsain yn rhan gyntaf y llinell a gyfatebir yn yr ail ran;
4. Ar gyfer pob awdl, cyfrifais gyfartaledd nifer y cytseiniaid a gyfatebir yn yr holl linellau seithsill.

Ceir rhagor o fanylion am y fethodoleg yn y bennod wreiddiol (Rhys 2009: 13–19).

Fel enghraifft o'r hyn a wnes, dyma edrych ar wyth llinell o gywydd o'r awdl arobryn 'Gwaddol' gan Ceri Wyn Jones (1997: 26):

> Mae'r gwaddol mor gyhoeddus
> yn y bawd a'r ystum bys:
> rhesymu pris ymhob rheg,
> bref ar fref yn gyfrifeg.
> Gyda'r lloffion hwsmonaeth,
> rhaffau'r lloi a'r offer llaeth,
> malwyd, glec wrth glec, gefn gwlad
> ei theulu dan forthwyliad.

Ar gyfer yr wyth llinell enghreifftiol hyn, dyma ganrannau'r cynganeddion wedi eu talgrynnu i'r ganran agosaf:

CROES	TRAWS	SAIN	LLUSG
3	2	2	1
38%	25%	25%	13%

A dyma'r dadansoddiad o ran nifer y cytseiniaid a gyfatebir yn y cynganeddion croes a thraws:

LLINELL	CYNGHANEDD	CYFATEBIAETHAU
1	CROES	4
2	TRAWS	1
3	CROES	5
4	SAIN	-
5	LLUSG	-
6	CROES	4
7	SAIN	-
8	TRAWS	2

Cadeirio Ceri Wyn Jones yn 1997

O ran y cytseiniaid a gyfatebir yn y cynganeddion croes a thraws, ceir cyfanswm o 16 cyfatebiaeth mewn pum llinell ac, felly, y cyfartaledd ar gyfer y darn enghreifftiol hwn yw:

$16 \div 5 = 3.2$

Canrannau cynganeddion awdlau'r pedwar cyfnod

Dyma grynhoi mewn cyfres o dablau holl ganrannau'r pedair cynghanedd yn awdlau'r pedwar cyfnod (fel o'r blaen, talgrynnwyd y canrannau i'r ganran agosaf).

Tabl 5: Canrannau cynganeddol Cyfnod 1

BLWYDDYN	LLINELLAU SEITHSILL	CROES	TRAWS	SAIN	LLUSG
1936	302	24%	39%	25%	13%
1937	290	21%	49%	20%	10%
1938	168	16%	46%	19%	18%
1939	NEB YN DEILWNG				
1940	203	16%	46%	26%	12%
1941	119	35%	32%	17%	16%
1942	NEB YN DEILWNG				
1943	105	13%	33%	22%	31%
1944	62	27%	44%	11%	18%
1945	122	23%	44%	25%	8%

Tabl 6: Canrannau cynganeddol Cyfnod 2

BLWYDDYN	LLINELLAU SEITHSILL	CROES	TRAWS	SAIN	LLUSG
1966	147	31%	42%	14%	14%
1967	145	19%	60%	9%	12%
1968	167	24%	58%	9%	9%
1969	70	44%	32%	9%	14%
1970	63	21%	62%	8%	10%
1971	42	19%	60%	7%	14%
1972	151	62%	19%	9%	10%
1973	222	29%	46%	17%	8%
1974	180	21%	56%	10%	13%
1975	123	24%	54%	17%	6%

Tabl 7: Canrannau cynganeddol Cyfnod 3

BLWYDDYN	LLINELLAU SEITHSILL	CROES	TRAWS	SAIN	LLUSG
1996	130	23%	51%	16%	10%
1997	141	33%	37%	19%	11%
1998	NEB YN DEILWNG				
1999	149	16%	56%	14%	13%
2000	187	11%	51%	21%	17%
2001	135	19%	39%	24%	11%
2002	86	14%	63%	12%	12%
2003	134	20%	62%	15%	3%
2004	151	20%	58%	13%	10%
2005	184	22%	42%	24%	12%

Tabl 8: Canrannau cynganeddol Cyfnod 4

BLWYDDYN	LLINELLAU SEITHSILL	CROES	TRAWS	SAIN	LLUSG
2010	173	40%	36%	17%	6%
2011	97	24%	46%	20%	10%
2012	134	28%	46%	19%	7%
2013	NEB YN DEILWNG				
2014	142	32%	42%	11%	15%
2015	155	25%	41%	20%	14%
2016	182	22%	49%	20%	9%
2017	137	25%	47%	12%	16%
2018	128	11%	48%	21%	20%

Dyma grynhoi cyfartaleddau canrannau'r cynganeddion fesul cyfnod:

Tabl 9: Cyfartaleddau'r canrannau cynganeddol fesul cyfnod

CYFNOD	BLYNYDDOEDD	CROES	TRAWS	SAIN	LLUSG
1	1936–45	22%	42%	21%	16%
2	1966–75	29%	49%	11%	11%
3	1996–2005	20%	51%	18%	11%
4	2010–18	26%	44%	18%	12%

Er diddordeb, dyma un tabl arall lle cyfunir canrannau'r cynganeddion cytseiniol (croes a thraws), a lle cyfunir hefyd ganrannau'r llinellau o gynganeddion llusg a sain:

Tabl 10: Cyfuno cyfartaleddau'r canrannau cynganeddol fesul cyfnod

CYFNOD	BLYNYDDOEDD	CROES A THRAWS	LLUSG A SAIN
1	1936–45	64%	36%
2	1966–75	78%	22%
3	1996–2005	71%	29%
4	2010–18	70%	30%

Dylid cymryd y cyfartaleddau hyn â phinsiad o halen, wrth gwrs, gan fod cryn amrywiant oddi mewn i ganlyniadau'r cyfnodau unigol. Serch hynny, gellir dod i'r casgliadau canlynol:

> Yng Nghyfnod 3 ac yng Nghyfnod 4, mae cyfartaledd canran y gynghanedd sain (18%, 18%) wedi cynyddu mewn cymhariaeth â Chyfnod 2 (11%), ond gellid dadlau mai dychwelyd a wnaeth, mewn gwirionedd, i fod yn nes at yr arfer yng Nghyfnod 1 (21%).

> Mae cyfartaledd canran y gynghanedd lusg wedi aros yn syndod o gyson drwy Gyfnod 2 (11%), Cyfnod 3 (11%) a Chyfnod 4 (12%), ac mae'r cyfartaledd ym mhob un o'r tri chyfnod hynny'n nodedig is nag oedd yng Nghyfnod 1 (16%).

> Wrth edrych ar y cynganeddion llusg a sain gyda'i gilydd yng Nghyfnod 3 (29%) ac yng Nghyfnod 4 (30%) mewn cymhariaeth â Chyfnod 2 (22%), mae modd dadlau bod un elfen o'r gynghanedd-*lite* i'w gweld yn eglur, sef bod y lusg a'r sain yn dod yn fwy cyffredin, a hynny ar ôl y trobwynt tybiedig yn achos awdl Gerallt Lloyd Owen yn 1975. Ond o edrych ar awdlau Cyfnod 1 (36%), gellid dadlau mai'r hyn a welir yn y duedd hon yw'r canrannau'n dechrau dychwelyd at lefelau blaenorol, a bod canran y lusg a'r sain yng Nghyfnod 2 yn anarferol o isel.

> Yn yr un modd, gall canran y cynganeddion croes a thraws gyda'i gilydd yng Nghyfnod 3 (71%) ymddangos yn weddol isel mewn cymhariaeth â'r ganran yng Nghyfnod 2 (78%). Dyna'r sefyllfa fel y gwelai Gwynfor ab Ifor hi, fe dybir, yn 2006. Eto i gyd, o edrych ar y ganran nodedig isel yng Nghyfnod 1 (64%), efallai mai'r hyn a welir yn y duedd hon hefyd yw'r canrannau'n dechrau dychwelyd at lefelau blaenorol.

> O edrych ar ganrannau'r cynganeddion croes a thraws gyda'i gilydd ar y naill law ac, ar y llaw arall, y cynganeddion llusg a sain gyda'i gilydd, ni welir newid rhwng Cyfnod 3 a Chyfnod 4. Ond oddi mewn

i gategori'r cynganeddion cytseiniol, mae'n ymddangos fod rhywfaint o duedd i ddefnyddio'r gynghanedd groes yn amlach yng Nghyfnod 4 (26%) nag yng Nghyfnod 3 (20%), gan wyro'n ôl i fod yn debycach i'r cyfartaledd yng Nghyfnod 2 (29%).

Nifer y cytseiniaid a gyfatebir yn awdlau'r pedwar cyfnod

Trown nesaf i edrych ar y data a gasglwyd o ran nifer y cytseiniaid sy'n cael eu hateb, ar gyfartaledd, yn llinellau seithsill yr awdlau ar draws y pedwar cyfnod.

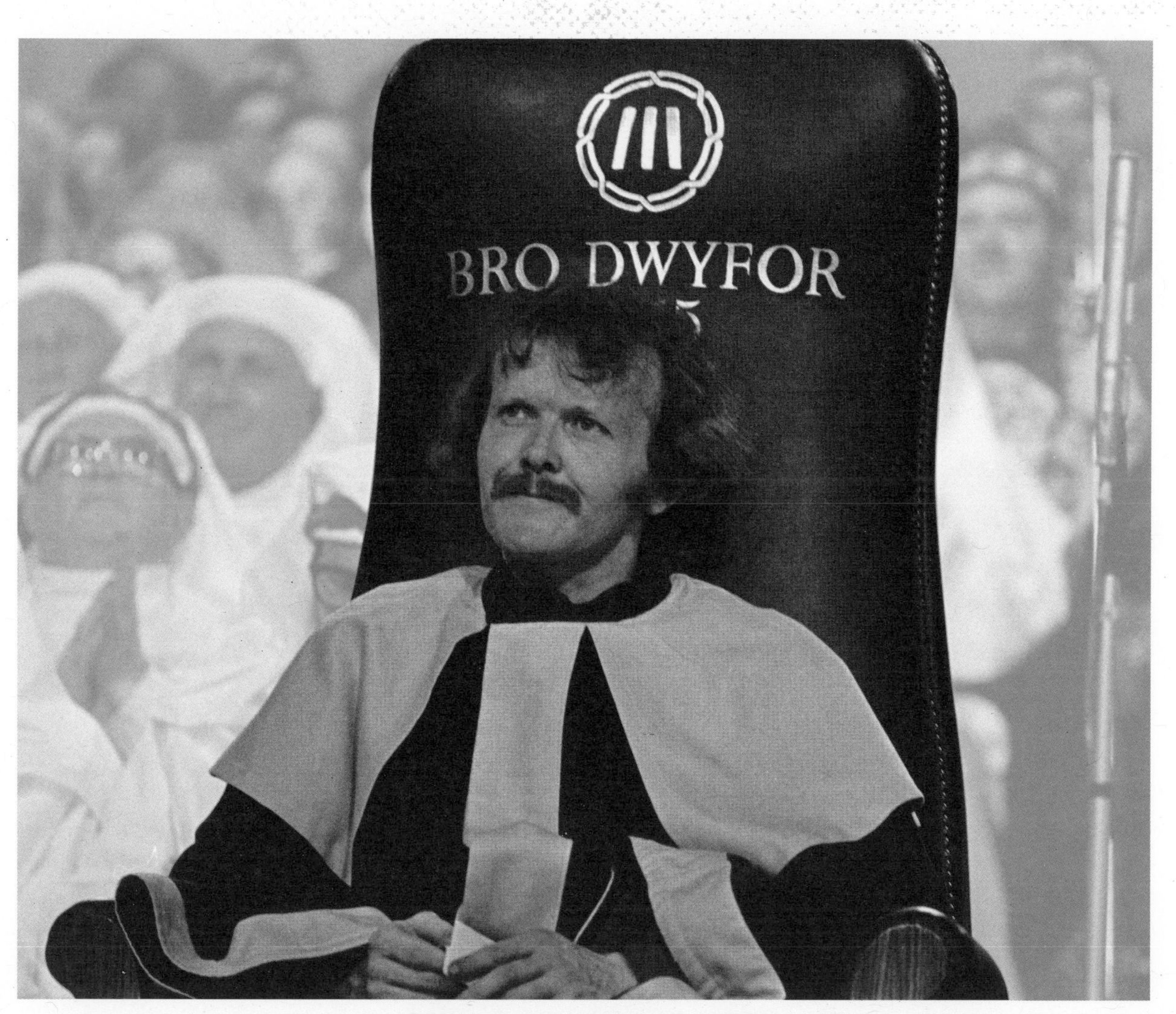

Cadeirio Gerallt Lloyd Owen yn 1975

Tabl 11: Cyfartaleddau cyfatebiaethau'r cynganeddion cytseiniol

CYFNOD 1		CYFNOD 2		CYFNOD 3		CYFNOD 4	
BLWYDDYN	CYFATEBIAETHAU	BLWYDDYN	CYFATEBIAETHAU	BLWYDDYN	CYFATEBIAETHAU	BLWYDDYN	CYFATEBIAETHAU
1936	2.85	1966	3.07	1996	2.59	2010	2.99
1937	2.78	1967	2.58	1997	2.62	2011	2.59
1938	2.72	1968	2.92	1998	-	2012	2.41
1939	-	1969	2.69	1999	2.25	2013	-
1940	2.66	1970	2.42	2000	2.29	2014	3.03
1941	2.81	1971	2.33	2001	2.59	2015	2.52
1942	-	1972	3.45	2002	2.47	2016	2.70
1943	2.69	1973	2.77	2003	2.60	2017	2.48
1944	3.00	1974	2.21	2004	2.13	2018	2.27
1945	2.37	1975	2.82	2005	2.54		
CYFARTALEDD	**2.74**	**CYFARTALEDD**	**2.75**	**CYFARTALEDD**	**2.44**	**CYFARTALEDD**	**2.63**

Wrth edrych ar gyfartaleddau'r pedwar cyfnod, mae'n ymddangos fod Cyfnod 1 (2.74) a Chyfnod 2 (2.75) yn debyg iawn, a bod Cyfnod 3 yn is (2.44). At hynny, mae'n ymddangos fod y cyfartaledd wedi codi rywfaint erbyn Cyfnod 4 (2.63). Ond a yw'r gwahaniaethau hyn rhwng y cyfartaleddau'n ddigon sylweddol i'n galluogi i ddod i'r casgliad fod newid wedi digwydd mewn gwirionedd?

Er mwyn ateb y cwestiwn hwn, byddai o gymorth inni fesur pa mor wasgaredig yn eu cyfnod yw ffigurau unigol pob awdl. Ffordd o fesur y gwasgariad hwn yw dod o hyd i'r amrywiant ar gyfer y cyfnod: mae'r amrywiant yn rhoi mesuriad inni o ran pa mor bell y mae ffigurau unigol yr awdlau oddi wrth gyfartaledd y cyfnod. Gellir defnyddio'r amrywiannau wedyn, ynghyd â'r cyfartaleddau, er mwyn dod i gasgliad ynghylch pa mor sylweddol yw'r gwahaniaeth rhwng ffigurau'r tri chyfnod. Ceir rhagor o fanylion ynghylch sut y cyfrifwyd yr amrywiant yn yr astudiaeth wreiddiol (Rhys 2009: 32).

Dyma'r amrywiannau yn nifer y cyfatebiaethau yn awdlau'r pedwar cyfnod, ynghyd â'r cyfartaleddau.

Tabl 12: Cyfartaledd ac amrywiant nifer y cyfatebiaethau

CYFNOD	CYFARTALEDD NIFER Y CYFATEBIAETHAU	AMRYWIANT NIFER Y CYFATEBIAETHAU
1	2.74	0.029
2	2.75	0.124
3	2.44	0.030
4	2.63	0.064

Gwelwn fod amrywiannau Cyfnod 1 a Chyfnod 3 yn debyg iawn, ond y mae'r amrywiant mwyaf, sef amrywiant Cyfnod 2, dros bedair gwaith yn fwy nag amrywiannau Cyfnod 1 a Chyfnod 3, a bron ddwywaith yn fwy nag amrywiant Cyfnod 4. Mae hyn yn awgrymu bod mwy ar y gweill na newid yn y cyfartaledd yn unig.

Er mwyn cael gwell syniad o'r hyn sy'n digwydd, byddai'n fuddiol inni edrych ar graff o'r canlyniadau.

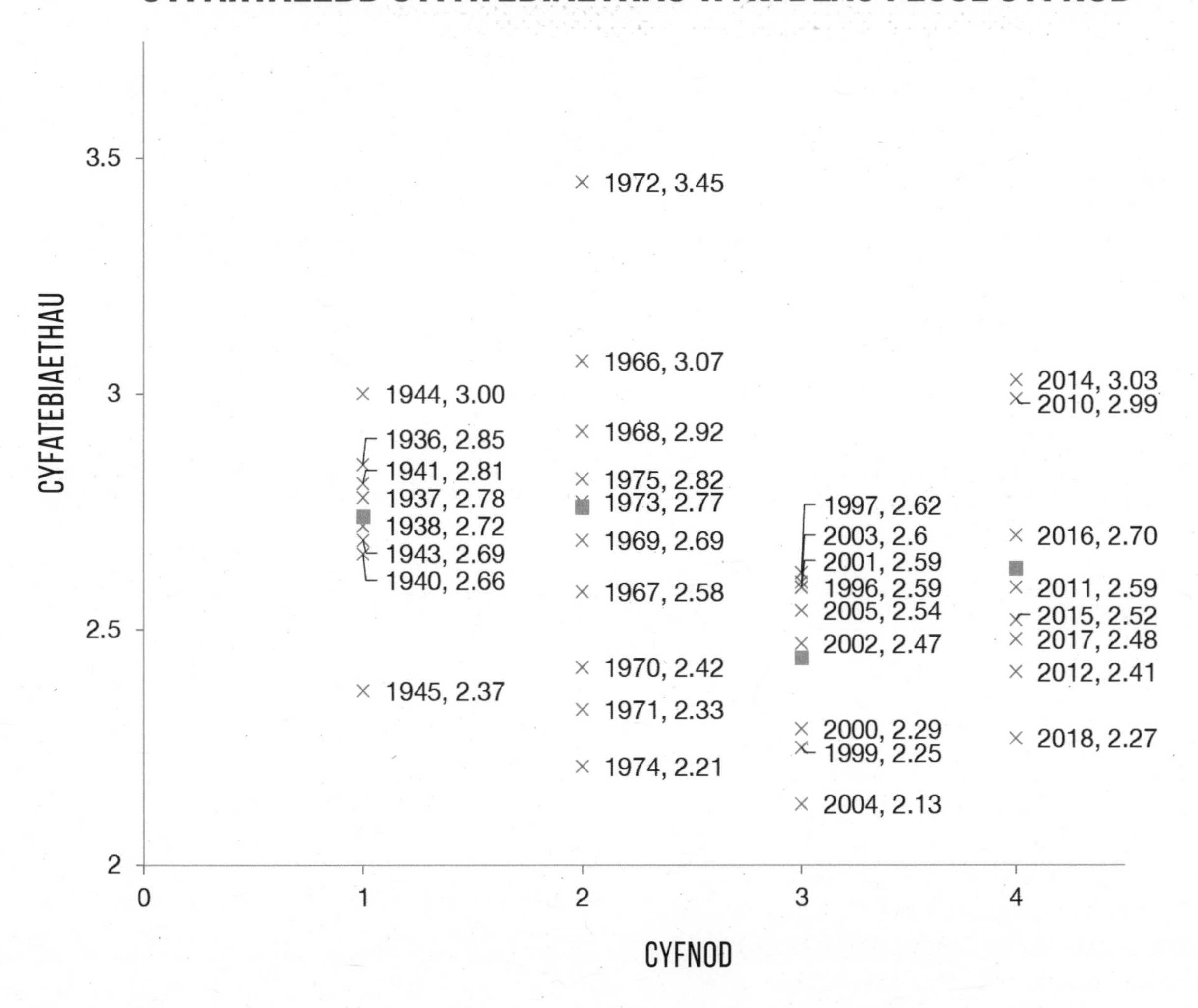

Yr hyn a ddynodir gan groes yn y graff hwn yw sawl cytsain sy'n cael ei hateb, ar gyfartaledd, yn llinellau seithsill cynganeddion croes a thraws pob awdl. Mae pob sgwâr wedyn yn nodi'r cyfartaledd ar draws awdlau'r cyfnod. Mae'r gwahaniaethau rhwng yr amrywiannau i'w gweld yn fwy eglur erbyn hyn.

Dyma rai casgliadau:

- Mae modd gweld bod y gwasgariad yng Nghyfnod 1 ac yng Nghyfnod 3 gryn dipyn yn is nag yng Nghyfnod 2, a bod y gwasgariad yng Nghyfnod 4 rywle rhyngddynt;
- Er bod y cyfartaledd yn agos rhwng Cyfnod 1 (2.74) a Chyfnod 2 (2.75), mae'r gwahaniaeth sylweddol yng ngwasgariad y ddau gyfnod yn awgrymu bod newid ar waith rhwng y ddau gyfnod hyn;
- Erbyn Cyfnod 3, nid yn unig y mae'r gwasgariad wedi lleihau, ond y mae'r cyfartaledd wedi disgyn gryn dipyn (2.44), i'r graddau mai un awdl yn unig o'r wyth yng Nghyfnod 1 (1945), a thair awdl yn unig o'r deg yng Nghyfnod 2 (1970, 1971, 1974), sy'n is na chyfartaledd Cyfnod 3;
- Yn ychwanegol at hynny, mae'r ffigur uchaf oll yng Nghyfnod 3 (1997) yn is na'r ffigurau ar gyfer wyth o'r naw awdl yng Nghyfnod 1, ac mae hefyd yn is na bron i hanner holl awdlau'r astudiaeth (16 o 36);
- Gellir dweud â chryn sicrwydd, felly, fod lleihad wedi bod yn nifer y cyfatebiaethau erbyn Cyfnod 3;
- Mae'r cyfartaledd yng Nghyfnod 4 (2.63) yn uwch na phob un o'r ffigurau yng Nghyfnod 3, sy'n awgrymu'n gryf fod nifer y cyfatebiaethau wedi cynyddu rhwng Cyfnod 3 a Chyfnod 4;
- Mae ffigurau dwy o'r awdlau yng Nghyfnod 4 (2010, 2014) ymhlith y pum ffigwr uchaf o ran holl awdlau'r astudiaeth;
- Gellir dweud yn weddol bendant, felly, y bu cynnydd yn nifer y cyfatebiaethau erbyn Cyfnod 4, er nad yw'r cyfartaledd mor uchel ag oedd yng Nghyfnod 1 ac yng Nghyfnod 2;
- Diddorol yw nodi, wrth fynd heibio, mai awdlau Ceri Wyn Jones yw'r rhai sydd â'r ffigurau uchaf yng Nghyfnod 3 (1997) ac yng Nghyfnod 4 (2014) ac, at hynny, bod y cynnydd yn y ffigur ar gyfer ei ail awdl mewn cymhariaeth â'r ffigur ar gyfer ei awdl gyntaf yn adlewyrchu'r cynnydd a fu'n fwy cyffredinol rhwng y ddau gyfnod.

A dychwelyd at y ddamcaniaeth wreiddiol, mae'r data'n awgrymu bod modd dadlau, fel y dadleuodd Gwynfor ab Ifor (2006: 19), fod y cynganeddion cytseiniol wedi mynd yn 'ysgafnach' erbyn Cyfnod 3. Hynny yw, atebir nifer lai o gytseiniaid, ar gyfartaledd, yn y cyfnod hwnnw nag yn y cyfnodau eraill. Ond o edrych ar y ffigurau yn y graff, gellir gweld nad rhywbeth a ddaeth i fod yng Nghyfnod 3 yn unig oedd yr arfer hon. Mae gan holl awdlau Cyfnod 3 ffigurau rhwng 2.13 a 2.62 o gyfatebiaethau. Os dyma'r rhychwant o gyfartaledd cyfatebiaethau sy'n nodweddu'r gynghanedd-*lite*, wedyn gwelwn fod pedair o'r deg awdl yng Nghyfnod 2 hefyd yn y rhychwant hwn. Un yn unig o awdlau Cyfnod 1 sydd yn y rychwant (1945). O ganlyniad, gellid dadlau bod y gynghanedd-*lite* wedi bod ar gynnydd ers sawl degawd cyn iddi ddod i'r amlwg yng Nghyfnod 3.

Yn yr un modd, gwelir bod gan bob un o awdlau Cyfnod 1 ac eithrio un, ac ychydig dros hanner awdlau Cyfnod 2, gyfartaledd o fwy na 2.65 o gyfatebiaethau. Ond gwelir gostyngiad sydyn iawn yng Nghyfnod 3, lle nad yw cymaint ag un awdl yn croesi'r trothwy hwnnw.

Fodd bynnag, os mynd yn 'ysgafnach' yw'r patrwm dros y tri chyfnod cyntaf, ceir tystiolaeth bod y cynganeddion cytseiniol yn 'trymhau' rywfaint erbyn y cyfnod diweddaraf. Mewn geiriau eraill, mae tair awdl yng Nghyfnod 4 yn croesi'r trothwy hwnnw o 2.65 o gyfatebiaethau. Yn y pen draw, efallai mai'r hyn a welwn wrth gymharu'r ffigurau dros y pedwar cyfnod yw bod yma batrwm ar ffurf ton, a bod llanw a thrai i'w gweld yn yr arfer o gynganeddu naill ai'n 'ysgafnach' neu'n 'drymach' mewn gwahanol gyfnodau. Adnabod un cyfnod digon naturiol o drai, felly, a wnaeth Gwynfor ab Ifor yn ei erthygl nodedig yn 2006, yn hytrach na dadlennu 'argyfwng' ym myd y gynghanedd.

A ellir ceisio esbonio'r ymdonni hwnnw? Efallai ein bod, yn y graff uchod, yn cael darlun gweledol o wahanol genedlaethau o feirdd caeth yn ceisio eu diffinio eu hunain mewn cyferbyniad â'r genhedlaeth flaenorol. Posibilrwydd arall yw bod arddull benodol o ran cyfateb cytseiniaid naill ai'n ysgafnach neu'n drymach yn cyd-fynd â'r farddoniaeth a'r hyn sydd gan feirdd i'w ddweud yn eu hoes hwy, neu'r hyn sy'n ymddangos yn gyfoes ar y pryd.

Yn hyn oll, nid awgrymu a wnaf o gwbl fod nifer isel o gyfatebiaethau'n wendid na bod nifer uchel yn gryfder, na chwaith i'r gwrthwyneb. Edrych ar y newidiadau dros y gwahanol gyfnodau oedd nod yr astudiaeth ac, yn hynny o beth, edrychaf ymlaen at weld sut y bydd y patrwm yn datblygu dros y degawdau nesaf.

LLYFRYDDIAETH

ab Ifor, G. (2006), 'Argyfwng y gynghanedd a beirdd y 00au', *Barddas* 286: 18–21

Rhys, I. (2009), 'Anoraciaeth yr Acen: Agweddau ar Gerdd Dafod Gyfoes', Traethawd MPhil Prifysgol Aberystwyth (gellir darllen y traethawd cyfan ar wefan Cadair, cadwrfa ymchwil ar-lein Prifysgol Aberystwyth: https://cadair.aber.ac.uk/dspace/handle/2160/1872)

Jones, C.W. (1997), 'Yr Awdl: Gwaddol', yn J.E. Hughes (gol.), *Cyfansoddiadau a Beirniadaethau Eisteddfod Genedlaethol Frenhinol Cymru: Meirion a'r Cyffiniau 1997* (Llandybïe), 26–31

Y SAIN GADWYNOG A'R ARCHAEOLEGWYR ANTURUS

TWM MORYS

Mi wyddoch am y sain drosgl:

Mae s<u>ôn</u> / am **g**yfeilli<u>on</u> / **g**ynt ...

Mae'r gwant 'sôn' yn odli â'r rhagwant 'gyfeillion' yn rheolaidd, ond does dim cyfatebiaeth rhwng y 'f' o dan yr acen yn 'gy**f**eillion' a'r 'g' o dan yr acen yn y gobennydd '**g**ynt'. Mae'r gyfatebiaeth *sillaf o flaen yr acen* yn y rhagwant. Mae'r math hwn o sain wedi darfod o'r tir i bob pwrpas, oherwydd bod sŵn y sain reolaidd yn llawer iawn gwell yn y glust:

Mae s<u>ôn</u> / am gy**f**eilli<u>on</u> / **f**u ...

Math o sain drosgl ydi'r sain gadwynog, mewn gwirionedd, ond bod mwy nag un gair yn y rhagwant. Yn un o gywyddau Dafydd ap Gwilym, mae'r llinell hon (DG.net 34.28):

Y fronfr<u>aith</u> / **h**oywfabi<u>aith</u> / **h**af ...

Dyna sain drosgl, a sillaf gyntaf y gair cyfansawdd ***h**oywfabiaith* yn cynganeddu â ***h**af*. Ond o sgrifennu *hoyw fabiaith*, ceir sain gadwynog.

Mae cywydd Dafydd i fis Mai yn llawn o'r rhain (DG.net 32.2, 26, 36):

Dechreu<u>ad</u> / **m**wyn dyfi<u>ad</u> / **M**ai ...

Mygrl<u>as</u>, / **m**awr yw urdd<u>as</u> / **M**ai ...

Llaf<u>ar</u> / a **m**ân ad<u>ar</u> / **M**ai ...

Mae'r sain gadwynog yn canu'n llawer gwell, ond mi aeth hon yr un ffordd â'r sain drosgl, a chydig iawn o fynd fu arni am ganrifoedd nes i ryw archaeolegwyr anturus o feirdd fynd ati i'w hatgyfodi. Ond nid bob tro y rhowd yr esgyrn yn ôl efo'i gilydd yn iawn, ac mae henc go hegar yn llawer o'r enghreifftiau diweddar:

Dringo / **rh**iw a chrwydro / **rh**os …

Bywyd / **b**ach rhwng crud / a **b**edd …

Llosgi / **c**ân a berwi / **K**eith …

Mae'r odlau a'r gyfatebiaeth yn eu lle, ond darllenwch y rhain yn uchel ac mi glywch yn syth fod yr orffwysfa gyntaf bob tro'n striwo'u cystrawen a'u sŵn yn chwalu eu synnwyr! Ar ôl 'rhiw', 'byr' a 'cân' y mae'r orffwysfa gyntaf yn iawn, yntê?

EIN BYWYD BACH RHWNG CRUD A BEDD

JIM PARC NEST

Gwerthfawrogaf y cyfle i ymateb i sylw Twm ar y gynghanedd (neu'n hytrach ei diffyg hi) yn y llinell 'Ein bywyd bach rhwng crud a bedd'. Ei ddadl yw y dylid, o barch i'r gystrawen yn y llinell hon o gynghanedd sain gadwynog, ailosod yr orffwysfa gyntaf ar ôl 'bach'. Rwy'n barod i dderbyn hynny pan *ddarllenaf* y llinell; mae grym aceniad cymal cyntaf y llinell yn y gair 'bach'. Ond pan y'i *clywaf*, o'm rhan i, deil yr odli mewnol yn ddigon cryf i'r llinell ganu.

'Raison d'être' y sain gadwynog yw creu tensiwn creadigol rhwng yr odl fewnol a'r gyfatebiaeth gytseiniol. Er mwyn cyflawni hynny, rhaid i'r sain gadwynog, o'i *darllen*, fod yn bedair rhan, sy'n wahanol i dair rhan cynghanedd sain reolaidd. O ganlyniad, ceir yn y sain gadwynog dair gorffwysfa, yn hytrach na dwy. Derbyniaf mai fel hyn y dylid *darllen* neu *weld* y llinell:

Ein bywyd / bach / rhwng crud / a bedd

Ond pam y rhydd Twm gymaint o bwyslais ar gael gwared ar yr orffwysfa rhwng 'bywyd' a 'bach', gan faddau i'r orffwysfa ddisgwyliedig honno a geir, yn unol â gofynion y sain gadwynog, rhwng 'crud' a 'bedd'? Gan fod 'crud a bedd' yn gymal mor ystrydebol bellach, oni ddylid yn ogystal leddfu pwyslais yr orffwysfa rhyngddynt hwythau, fel yn y cymal 'bywyd bach'?

Ond awgrymaf fynd gam ymhellach eto, a chydnabod dim ond un orffwysfa:

Ein bywyd bach / rhwng crud a bedd

O'i *darllen* neu ei *gweld*, deil yr odli a'r cyfatebiad yn eglur, yn unol â rheolau'r sain gadwynog draddodiadol; ond o'i *chlywed*, mae hi'n 'draws-debyg' (a bathu term newydd, o bosib). Yn fy marn i, gellir *clywed* y gynghanedd yn llifo-ganu'n esmwyth yn y llinell hon.

Yn ôl fy meibion, sy'n seiri coed, camp eu crefft yw cuddio pob uniad, oni bai ei fod, dyweder, yn uniad cynffonnog hynod o bert, pan ganiateir i'r saer balch arddangos rhagoriaeth ei grefft. Ni allaf honni yr haedda crefft cynghanedd fy llinell innau gael ei harddangos, ond gobeithiaf y clywir hi'n canu heb i uniadau'r sain gadwynog gael eu hamlygu yn y darn gorffenedig.

DAW'R WERS GYNTAF AR LAFAR

ANWEN PIERCE

Fel man cychwyn i'r tamed hwn o gyfraniad, rwy'n troi at fy silff lyfrau ac rwyf mewn cwmni da – Ceri Wyn, Dic Jones, Huw Meirion Edwards, Gerallt Lloyd Owen, Mei Mac, John Glyn Jones, Karen Owen, Dafydd Wyn, Idris Reynolds … a llu o gymdeithion eraill. Mae gan bob un ohonynt gerdd sy'n taro deuddeg, 'waeth beth yw fy hwyliau wrth droi at y llyfrau. A dyma fy neges sylfaenol, sef pwysigrwydd darllen cerddi caeth – a hynny'n uchel – i'r rheini ohonom sy'n ceisio meistroli'r gynghanedd.

Mentrais at y gynghanedd yn gymharol hwyr, yng nghanol fy nhridegau, ac er i Gwenallt Llwyd Ifan osod y seiliau yn ei wersi yn Nhal-y-bont, drwy ddarllen cerddi a gwrando ar feirdd yn darllen eu gwaith yr adeiladais ar y seiliau hynny a datblygu hynny o grefft sydd gen i. Felly, chi feirdd sy'n cynnal dosbarthiadau, dewch â chyfrolau i'r dosbarth a darllen cerddi, hyd yn oed os nad yw'r ystyr na'r gynghanedd yn amlwg bob tro i ni'r disgyblion, cyn troi at y rheolau a'r dadansoddi. Gwn mai dweud pader wrth berson ydw i, ond mae'n werth ei bwysleisio.

Cytunaf ag Aneirin ac eraill yn hyn o beth, sef mai rhywbeth i'r glust yw'r gynghanedd yn bennaf. Po fwyaf o gerddi caeth a ddarllenaf, gobeithiaf fod fy ngafael ar y gynghanedd yn cryfhau. Ac mae'r glust yn beth od ar y naw. Mae symud ardal yn brofiad cyffredin iawn, a gall mudo daearyddol gawlio ynganu a phwyslais naturiol. Cefais fy ngeni yn sir y Fflint, dwi'n Gardi ers tro byd a daw fy rhieni o'r gogledd – felly, mae'r crochan yn llawn cynhwysion gwahanol. Dyma eto lle mae darllen cerddi'n uchel, a chlywed cerddi'n cael eu darllen, yn allweddol er mwyn clywed – a theimlo – yr acenion a'r odlau.

Er cystal yw sgiliau dysgu Gwenallt, mae'r gwahaniaeth rhwng 'w' lafarog ac 'w' gytsain yn dal yn niwlog i mi, ac ystyr deuseiniaid lleddf a thalgron, lled lafariaid, hanner proest … Yn bendant, mae lle i'r anoracs (a dywedaf hyn â phinsiaid mawr o genfigen), a rhaid mynd i'r afael â'r rheolau, wrth gwrs, ond mae perygl iddynt faglu disgybl brwd ar ddechrau'r ras. Ac wedi deunaw mlynedd o ddysgu cynganeddu, efallai fod perygl 'mod i'n lled anorac; mae copïau o *Clywed Cynghanedd*, *Crefft y Gynghanedd*, *Cerdd Dafod* a *Llawlyfr y Cynganeddion* ar fy silff.

Felly, athrawon, cyflwynwch y fframwaith a'r rheolau fesul dipyn ond, o'r cychwyn cyntaf, cyflwynwch gerddi ar lafar. Bellach, diolch i Gwenallt a'm casgliad o lyfrau, ceisio ysgrifennu barddoniaeth a wnaf, nid cynganeddu'n unig, a mynd am y glust a'r galon – yn hytrach na'r pen – ac os yw hyn yn golygu 'mod i'n colli yn rownd gyntaf y Talwrn, boed felly!

'PRIF WREIDDIOLDEB LLENYDDIAETH GYMRAEG': R.M. JONES A STRWYTHUR Y GYNGHANEDD

TUDUR HALLAM

Fel ambell un a anwyd y tu hwnt i Gymru – yn Wallasey, Lloegr, dyweder, neu yn Cardiff, Wales – ac a wêl yn gliriach na'r mwyafrif hynodrwydd y Gymraeg, felly y syniaf fi am berthynas R.M. Jones â'r gynghanedd. Nid o gyfeiriad unrhyw dalwrn neu ddosbarth cynganeddu yn Aberystwyth y daw ef at y gynghanedd. Nid ei thrafod dros beint yn nhafarn y Cŵps y mae, na chwaith gyda'i gyd-feirdd wedi'r ymryson yn y Babell Lên. Nid cynganeddwr mohono. Nid cynganeddu oedd ei ddiléit, ac eto, fel y tystia ei drafodaethau manwl a niferus arni, a'r rheini'n arwain at y gyfrol swmpus, *Meddwl y Gynghanedd*, dotiodd at y gynghanedd a ffoli arni. 'Dyma brif wreiddioldeb llenyddiaeth Gymraeg', meddai. 'Dyma wir gyfrinach Beirdd Ynys Prydain' (2005: 13).

Pan geisiais gyfansoddi teyrnged i'r ysgolhaig a'r bardd wedi inni ei golli yn 2017, pwysleisiais ddau beth: gwreiddioldeb meddwl y beirniad, gwreiddioldeb iaith y bardd (Hallam 2018: 50). Y gynneddf honno, ei wreiddioldeb, a'i denodd at y gynghanedd, a pheri iddo gynnwys dau gynganeddwr ymhlith ei hoff dri bardd: Dafydd ap Gwilym, Williams Pantycelyn ac Alan Llwyd. Fel 'darllenydd hydeiml o fardd', gwelodd yng ngwaith Dafydd ap Gwilym y chwarëusrwydd gwreiddiol hwnnw sy'n nodwedd ar ei ganu ef ei hun. Ni allai'r bardd-feirniad ond rhyfeddu at '[d]rwch crasgoeth ac amrywiaeth afieithus iaith Dafydd'. Un elfen yn yr amrywiaeth cyfoethog hwnnw oedd 'crefft egnïol a gwreiddiol ei gynganeddion' (Jones 2000: 121). Roedd y grefft gynganeddol honno'n rhan o'i 'adnabyddiaeth o ferw ac ymdroadau iaith', yr hyn a'i cadwai 'yn effeithiol fyw' (*ibid.* 129). Fel y nododd Myrddin ap Dafydd (2013: 12), adnodd pennaf y cynganeddwr yw ehangder ei eirfa, ynghyd â'i allu i 'sylwi a gwrando ar yr iaith, a chael blas arni'.

Gwelodd R.M. Jones yr un math o grefftwaith yng nghanu Alan Llwyd – 'trafod seiniau nid yn unig yn rymus ac yn ddefodol, eithr yn gyffrous hefyd' – a gweld ynddo 'gynganeddwr i'w gyfrif yn yr un dosbarth â T. Gwynn Jones a meistri mwyaf y bedwaredd ganrif ar ddeg a'r bymthegfed ganrif' (2002: 335, 346).

Nid gallu cynganeddol y naill fardd na'r llall sy'n bennaf cyfrifol am eu codi uwchlaw beirdd eraill y traddodiad, cofier. Rhaid nodi hynny'n glir, o ystyried natur ein trafodaethau yma yn y gyfrol hon. Yn achos Dafydd ap Gwilym, pwysicach o lawer yw natur ddelweddol ei ganu, ei natur ddramatig hefyd, y modd y mae'n defnyddio sgwrs a dyfalu ac yn llanw ei gerdd, weithiau ar ffurf stori, â digwydd. Ac fel yn achos amrywiaeth eang ei destunau a'r modd y cyflwyna safbwyntiau cyferbyniol o fewn cerdd, trawiadol hefyd yw'r modd y gall amrywio'r arddull, gan chwarae â rhythm, geiriau mwys a sangiadau. Dyna pam y gall y beirniad fwynhau ei draethodl lawn cymaint â'i gywydd, oherwydd un wedd yn unig ar wreiddioldeb a chwarëusrwydd Dafydd yw ei gynghanedd. Pwysicach o lawer yw'r ymdeimlad fod yma gymeriad a'i fyd yn llawn digwydd.

Siawns yn wir nad yw rhemp y gynghanedd mewn ambell linell – *Rhagorbryd rhy gyweirbropr* yn 'Yr Wylan', er enghraifft – a'i llacrwydd hefyd, ei habsenoldeb ar dro, hyd yn oed, megis yn 'Merched Llanbadarn', yn rhan o apêl persona'r bardd arbennig hwn. Honno yw'r elfen lywodraethol – persona'r bardd – a gwedd ar egni'r bersonoliaeth ddengar honno yw'r grefft gynganeddol. Dyna'r rheswm pam y saif cynganeddwyr cywrain y bymthegfed ganrif – Cywyddwyr mawr y gynghanedd groes – yng nghysgod Dafydd ap Gwilym o hyd, gan na cheir ganddynt ond yn achlysurol – megis yn 'Myfyrdod diwedd oes' gan Guto'r Glyn, neu yn 'Marwnad Siôn y Glyn' gan Lewys Glyn Cothi – yr elfen theatraidd glasurol honno sy'n dominyddu ei ganu ef, sef cymeriad yn ei ddigwydd.

Ac wrth i'r cymeriad cythryblus a chellweirus hwnnw edrych ar ei fyd a myfyrio ynghlych ei berthynas ag eraill, datblygir natur ddelweddol y digwydd yn ei ganu, ynghyd â'r cyferbyniad rhyngddo a'i amgylchfyd. Am Ddafydd, meddai R.M. Jones: 'Efô o hyd oedd y testun yn y bôn' (2000: 127). Ac eto '[n]id ei realiti "go iawn" y mae'n chwilio amdani, ond ei drosiad', a rhyfeddwn gan hynny at 'ansawdd ei fwgwd', ac at y modd y 'mae'n ei ddinoethi'i hun … drwy wisgo llwythi o "addurniadau" newydd' (2000: 121). Fel y llatai yn ei gân – y gwrthrych o negesydd a fyddai naill ai'n ei herio neu'n ei gynorthwyo i wireddu ei nod – un o'r 'addurniadau' hynny yw'r gynghanedd, er ei bod yn fwy na hynny hefyd, a hithau wedi tyfu'n rhan ohono.

Gwelir yr un math o farddoneg ar waith wrth i R.M. Jones fwrw golwg feirniadol dros gynnyrch barddol tri chyfnod Alan Llwyd (hynny yw, hyd at 2002, sef dyddiad cyhoeddi *Mawl a Gelynion ei Elynion*). Er cystal crefftwr a chynganeddwr yw'r bardd – yn wir, '[d]ichon na chafwyd gloywach crefftwr erioed yn ein llenyddiaeth' – nid ar sail '[rh]eoli pob math o dechnegau, a hynny nes ymddangos yn ddiymdrech', yr ystyrir Alan Llwyd yn un o dri bardd mawr y traddodiad. Ei allu'n hytrach i ganu y tu hwnt i'w grefft sy'n synnu'r beirniad. 'Ambell waith cyfyd drwy'r grefft yna i gyd: ymwthia ymhellach na medr a meistrolaeth, a thrwy'r annealladwy rhyfeddol cyfranna inni … farddoniaeth wirioneddol fawr' (2002: 334).

'Mae'n sgrifennu â'i lygaid', meddai, gan ddwyn i gof ei sylwadau am natur ddelweddol canu Dafydd ap Gwilym (2002: 335). Ac wrth ddadansoddi datblygiad y bardd, gwêl ag edmygedd sut y mae'n canu 'yn fwy rhydd, yn fwy hamddenol, yn ddwysach, ac yn fwy myfyriol … fe â'n fwy trefol hefyd, yn fwy gwrthrychol gyfoes' (2002: 340). Hynny yw, anodd meddwl na chanmolir y bardd aeddfed am ymdebygu fwyfwy i Ddafydd ap Gwilym wyllt, ac am beidio â bodloni ar 'artistwaith perffeithlyfn' ei gyfnod cyntaf, a symud yn hytrach 'tuag at fwy o anesmwythyd' (2002: 337). Lle'r oedd y gynghanedd, ynghyd ag amrywiaeth rhythmig y gwahanol fathau o gynganeddion, yn fodd i Ddafydd fynegi natur ddychmygus a chwareus ei gymeriad, a thrwy hynny i adfywio'r traddodiad, yn achos Alan Llwyd, hi'r gynghanedd oedd ei '[a]llwedd … i'r traddodiad' (2002: 344). Yr allwedd at yr elfennau anesmwyth hynny a ganmolwyd yng nghanu Dafydd ap Gwilym hefyd, y gwrthdaro rhwng y bardd a'i amgylchfyd a rhwng gwahanol elfennau ohono ef ei hun â'i gilydd.

Ceir rhyw awgrym felly gan Alan Llwyd yn ei hunangofiant *Dim ond Llais*, yn y bennod 'Dechrau barddoni'. 'Pan oeddwn tua phedair ar ddeg oed', meddai (2018: 41–2, 58):

> Euthum ati i ddysgu'r cynganeddion yn drylwyr, pob rheol, pob tric a thro … nes bod pob rheol ar flaenau fy mysedd. A dechreuais ddarllen barddoniaeth … Roedd y gynghanedd yn fwy na dyfais fydryddol. Roedd yn ddrws neu'n borth a oedd yn agor ar holl werthoedd a holl gyfoeth llenyddol y Cymry yn y canrifoedd a fu.

R.M Jones

Nododd Myrddin ap Dafydd yntau fod 'astudio'r gynghanedd yn gymorth i ddysgu llawer am yr iaith ei hun' (2013: 12). Gall hefyd arwain at yr holl boen a'r llawenydd a'r myfyrio ar ystyr bywyd sy'n rhan o brofiadau amrywiol beirdd yr oesoedd.

Gwelsom eisoes, yn nyfyniadau'r paragraff agoriadol, fod R.M. Jones yn barod iawn i gydnabod arbenigrwydd y gynghanedd, ac eto, yn achos Alan Llwyd, effaith 'y fath obsesiwn' yn ei chylch oedd '[c]odi yn ei sgil bob dim arall o bwys yn y traddodiad' (2002: 345). Dyna pam y gall Pantycelyn ddigynghanedd ganu'n gyfysgwydd a chyfuwch â Dafydd ap Gwilym ac Alan Llwyd ill dau yn ei olwg ef (2000: 214–52). 'Heb geisio difrïo'r gynghanedd o gwbl', meddai, a chan awgrymu rhywfaint o wahaniaeth pwyslais, o leiaf – os nad gwahaniaeth mwy sylfaenol – ym marddoneg y ddau, nododd R.M. Jones (2002: 345) sut

> [y] mae'r canu rhydd Cymreiciaf hefyd yn cyfrannu o'r un priodoleddau â'r canu caeth mewn amryw faterion cytûn, heb orfod dilyn yr un llwybr mewn Cerdd Dafod. Camgymeriad yw cyferbynnu'n ormodol yr hyn sydd mewn cynghanedd â'r gweddill.

Fel arall, os na werthfawrogir bod cymeriadu, digwydd, delweddu a chyferbynnu, ynghyd â rhoi ffurf gelfyddydol ar gynnwys, yn elfennau pwysicach o lawer na chywreinrwydd cynganeddol, go brin fod modd inni esbonio'r serch a roes R.M. Jones, y bardd digynghanedd o feirniad, ar ganu Dafydd ap Gwilym ac Alan Llwyd, heb sôn am lu o feirdd caeth eraill.

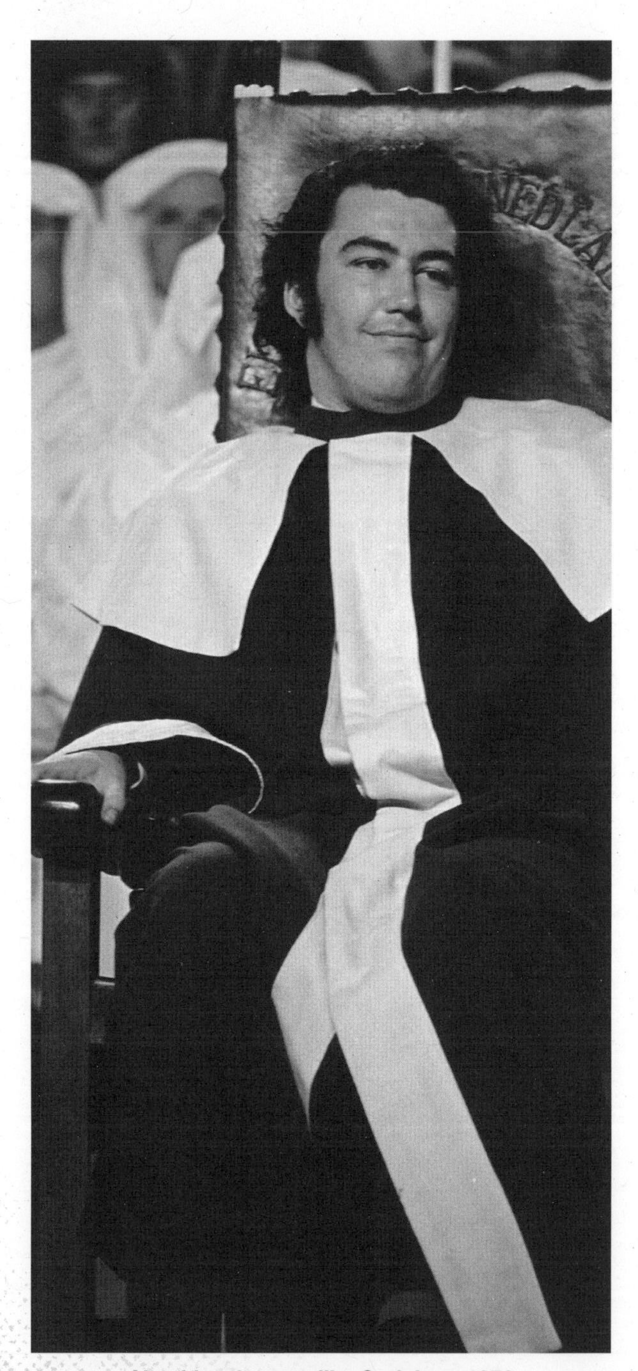

Alan Llwyd yn ennill y Gadair yn 1973

Drwodd a thro, dangosodd R.M. Jones yn ei feirniadaeth ymarferol mai elfen yn unig yw'r gynghanedd yng nghyfansoddiad y bardd mawr. Rhaid meistroli'r cyfrwng, wrth gwrs, fel y cais y bardd rhydd feistroli ei gyfrwng celfyddydol yntau. Gan hynny, nid yw creu pennill o ganu rhydd yn gofyn am lai o feistrolaeth ar ffurf na'r hyn a ddisgwylir gan englynwr. Yn ei bennod 'Cyferbynnu triol' yn *Seiliau Beirniadaeth: Ffurfiau Ystyriol*, archwiliodd R.M. Jones (1987: 321) 'un o egwyddorion creiddiol y canu rhydd, fod yna unedau'n ymffurfio, heblaw'r rhai sylfaenol cyferbyniol o ddau, a'r rheini'n batrwm fesul tair elfen gron'. Mynegi'r hoffter o drioedd y mae termau fel 'tri thrawiad' a 'triban'. Yn wir, gellir dadansoddi 'nid yn unig pob corfan (sef pob cyferbyniad syml o acenion), ond pob grŵp o gorfannau sy'n gwneud llinell, a phob grŵp o linellau sy'n gwneud pennill, a phob gwedd ar y gynghanedd hefyd, hynny yw pob ffurf gyfan ar sain mewn llenyddiaeth, yn ôl fel y mae'n cael ei chlymu'n ddwy neu'n dair elfen' (*ibid.* 322). Yr hyn sy'n arbennig am fesur y cywydd, fel y gwelir isod, yw ei allu i gyfuno'r ddau draddodiad, 'oherwydd y cyfuniad o bosibiliadau o amgylch un + dwy acen ynghyd â dwy + dwy acen', ynghyd ag un + un acen hefyd (2005: 119).

Er enghraifft, ystyrier amrywiaeth hyfryd y curiadau yn y darn cywydd isod gan Mererid Hopwood (2015: 12), a'r modd y mae'r gynghanedd lusg a'r goferu'n chwarae eu rhan yn y pennill cyntaf yn erbyn cysondeb y drefn odli ddiacen/acennog sy'n newid yn ail bennill y gerdd:

Y mae stáfell / na élli	(1+1)
yn rhẃydd iáwn / mo'i chýrraedd hí,	(2+2)
hón / yw'r stáfell / sy' mhéllach	(1+1+1, neu 2+1)
na hánes. / Trwy'r fýnwes / fás	(1+1+1)
d'árwain / wna coridórau	(1+1 neu 1+2)
dy góf hŷn / hyd ógofáu	(2+2)
holl ámser, / hyd siambéri'r	(1+1 neu 1+2)
óesau hír, / at ei drẃs hí.	(2+2)
Ýna cei wéld / nad ýw'n cáu	(2+2)
yn dýnn. / Nid óes cadẃynau	(1+2)
i'w dátod, / dím yn d'átal,	(1+2)
ni ráid háwl, / ni chódir tâl –	(2+2)
ond drwy'r hóllt, / o gáel y drẃs,	(1+2 neu 2+2)
dére, / cei wýrth y stórws.	(1+2)

At hyn, o edrych ar gerdd *vers libre* lai rheolaidd, gellir synhwyro'r un chwarae seiniol rhwng elfennau patrymol o ddau, o dri neu o ddau ac un mewn gwahanol linellau, wrth iddynt lifo o'r naill i'r llall. Ystyrier, er enghraifft, agoriad y gerdd *vers libre* 'Lluniau o'r Swdán' gan Bobi Jones (1995: 201), gan dderbyn nad yw pob un curiad gryfed â'r un dilynol:

Ni fédraf édrych árnynt,
yr ésgyrn blánt
a blíciwyd ýno o'u prídd
    gan árchaeolégydd
i dýstio am waréiddiad
yn ein clái
y buásai'n rhéitiach inni'u gádo
    i garthffósydd.

Ys dywedodd Myrddin ap Dafydd am y cynganeddwr, felly hefyd yr ymdeimlwn yma – ym mhrofôc rhythm y geiriau, y chwarae rhwng dau ac yna dri churiad, a phob un gair yn gwbl angenrheidiol ac yn ei briod le – fod y bardd *vers libre* wedi 'meistroli ei grefft i'r fath raddau fel nad ydym yn sylwi arni' (2013: 13). '[T]he so-called vers libre which is good is anything but free', chwedl T.S. Eliot (1917).

Esbonia'r ffaith honno'n rhannol apêl y gynghanedd i'r bardd rhydd hwn. Gwelwn yn y man iddo bwysleisio mor allweddol i'r gynghanedd yw cyfundrefn yr acen, a'r ymdeimlad o bwyslais deuol a thriol mewn perthynas â llinell, ynghyd ag amrywiaeth y curiadau hyn ym mesur y cywydd. Mae'r acen yn bwysicach na holl elfennau eraill y gynghanedd. Gall bardd fyw heb odli'n llawn bob amser a heb fwy na thwtsh o gytseinedd, megis ym mhennill agoriadol 'Lluniau o'r Swdán', ond go brin y gall weithio cerdd heb fod yn effro i ofynion yr acen a'r modd y mae meddwl y bardd a'i ddarllenydd yn effro i rythmau deuol a thriol. Mae perygl inni weithiau orbwysleisio'r cyfri sillafau sy'n rhan o'r gynghanedd, mi gredaf, yn enwedig felly wrth gyflwyno'r grefft i eraill (Hallam 2015: 225). Yn *Meddwl y Gynghanedd*, amlygodd R.M. Jones yn hytrach bwysigrwydd acen a churiad, a datblygiad y patrwm deuol/triol yn y llinell (2005: 65).

Nododd Alan Llwyd mai diben y gynghanedd yw creu: '(i) cynildeb a pherffeithrwydd mynegiant, (ii) unoliaeth a gorffennedd, (iii) miwsig barddoniaeth, cerddoriaeth eiriol, (iv) yr elfen gofiadwy, (v) naturioldeb' (2010: 10). Dyna ffrwyth myfyrio dwys ar natur y gynghanedd. Wyneb yn wyneb â phennill agoriadol 'Lluniau o'r Swdán', ymdeimlir bod y bardd rhydd digynghanedd yn ceisio sicrhau bod y ffurf a rydd ar eiriau'n cyflawni nifer o'r swyddogaethau hyn hefyd. Yn sicr, ymdeimlir bod yma ymgais i fod yn gynnil ac yn gofiadwy ac yn orffenedig, gan apelio hefyd at glust y darllenydd. Hwyrach nad yw'n cydymffurfio ag egwyddor 'naturioldeb', fel y'i cyflwynir gan Alan Llwyd. Wrth gwrs, creu'n gelfyddydol y mae'r bardd caeth a'r un rhydd, ac ni ellir cyffredinoli na gwahaniaethu'n ddeddfol yn yr achos hwn chwaith. Ceir uchod linell agoriadol gref, odl lawn rhwng llinellau 4 ac 8, ynghyd â geirfa ddigon cyfarwydd, wedi'r cyfan. Ond yn wahanol i'r cynganeddwr, sy'n defnyddio ei gelfyddyd yn aml iawn i ganfod cyfuniadau o eiriau sy'n 'rhoi'r argraff eu bod yn perthyn i'w gilydd erioed', ac sydd, o bryd i'w gilydd, yn creu 'llinellau naturiol, anochel bron' (Llwyd 2002: 38), nid ymdeimlir mai dyma gamp y bardd uchod, y tro hwn. Yn wir, fel yr awgrymir gan osodiad y gerdd, y pwyslais ar yr enw ansoddeiriol 'esgyrn', dewis 'gado' yn lle 'gadael', a'r lled odli ar ddiwedd llinellau, hwyrach fod y bardd yn awyddus i 'wyro oddi wrth norm yr iaith arferedig [a norm y canu caeth] sy'n dieithrio neu'n dadgynefino'r cyfrwng gan beri bod iddo gyffro celfyddydol', chwedl Robert Rhys (1992: 160). Un o dermau beirniadol gwreiddiol R.M. Jones oedd 'gwahuniaeth', gair sy'n cyfuno 'gwahanu' ac 'uno', wrth gwrs, ac sy'n rhoi pwys ar 'uniondeb ynghyd â gwyro' (2005: 20).

Rhaid nodi i R.M. Jones edrych ar y gynghanedd nid yn unig â chynneddf bardd yn dotio at gynnyrch beirdd eraill, eithr hefyd megis strwythurydd, hynny yw, megis math o feirniad llenyddol a roes ei fryd ar ddeall systemwaith y gynghanedd a ffurfiau llenyddol eraill y Gymraeg. Er na cheisiodd y bardd-feirniad yrru na llywio'r gynghanedd ei hun yn rheolaidd, rhyfeddai'n aml at gampau'r sawl a fedrai wneud hynny ac, yn fwy na hynny, bwriodd ati i agor y bonet, fel petai, a chraffu ar fecanics y peth hwn – y gynghanedd. Nid ymddiheurodd ddim oll am hynny. Wrth gwrs, byth ers i Gwyn Thomas (1975: 3) adolygu'n feirniadol ei lyfr arloesol, *Tafod y Llenor*, a hynny gan ei fod yn llyfr 'ar gyfer ieithyddion', meddai, y tu hwnt i afael (ragdybiedig) y 'darllenydd lleyg', gwyddai R.M. Jones nad oedd strwythuraeth wrth fodd calon pawb. Ystyrier, er enghraifft, agoriad *Meddwl y Gynghanedd* (2005: 13), ddeng mlynedd ar hugain yn ddiweddarach:

> 'Dwi ddim yn hoffi'r hen strwythuraeth 'na,' meddai un o brifeirdd mwyaf medrus Cymdeithas Cerdd Dafod wrthyf.
>
> 'Wel,' meddwn innau yn fy ffordd gymedrol arferol, 'Strwythurwyr mwyaf ffenedig Ewrob yw tanysgrifwyr *Barddas*. Os ydyn nhw'n pleidio'r Gynghanedd, yna y mae a wnelon nhw â'r theori a'r ymarfer mwyaf amlwg strwythurol sydd yn llenyddiaeth y gorllewin … Os ydyn nhw'n mynnu derbyn y Gynghanedd, maen nhw at eu clustiau mewn strwythuraeth isymwybodol, yn fwy na neb arall mewn llenyddiaeth cyn belled ag y gwn i … Mewn stwythurau y bydd cynganeddwr yn meddwl. Mi wnaiff hynny yn fwy felly na'r bobl a fydd yn defnyddio iaith bob dydd o fewn caethiwed gramadeg. Bodoli drwy strwythurau yw ei nerth. Ac iddo fe neu iddi hi, pan fo wedi dod yn weddol aeddfed, strwythurau isymwybodol fydd y cynganeddion bob amser.

Dyma geisio ein hargyhoeddi ein bod ni oll yn strwythurwyr, ac y dylem, o leiaf, roi cyfle teg i lyfr yr awdur, *Meddwl y Gynghanedd*. Dyma 'ddyfais rethregol', heb os, un mor amlwg efallai ag ymgais Gwyn Thomas i ymrestru yn rhengoedd y werin a pheidio â'i gyfrif ei hun ymhlith rhengoedd yr ieithyddion a'r ysgolheigion deallus a fyddai, debyg iawn, yn rhoi croeso i *Tafod y Llenor*, fel yr amlygodd Eleri Hedd James (2009: 179): 'Os yw *Tafod y Llenor* y tu hwnt i ddirnadaeth ysgolhaig fel Gwyn Thomas mae rhywbeth sylfaenol o'i le'.

Yma, yn rhagair *Meddwl y Gynghanedd*, y gwrthwyneb a gawn. Yn hytrach na drwgdybio'r sawl sy'n arbenigo ac sy'n defnyddio 'jargon' – termau nad oes disgwyl i'r 'darllenydd lleyg' mo'u deall – anogir y darllenydd, ni waeth beth yw ei gefndir, i ystyried bod y sawl sy'n ymddiddori yn y gynghanedd – term digon arbenigol ynddo'i hun, debyg iawn – yn gyfaill i Ferdinand de Sassure neu Gustave Guillaume neu Einion Offeiriad neu Simwnt Fychan, neu i un o'r ieithyddion dienw hynny a feirniadwyd gan Gwyn Thomas am ddefnyddio '[g]eirfa arbenigol' (1975: 3).

Erys 'strwythuraeth' yn air ac yn faes digon anghyffredin i'r sawl nad yw'n ymddiddori ym maes ieithyddiaeth neu theori lenyddol, ond cymhariaeth ddigon defnyddiol, mi gredaf, yw'r un honno rhwng strwythuraeth a gramadeg. Deellir yn gyffredinol fod yr iaith sy'n llifo o'n genau ac sy'n rhedeg o'r naill air i'r llall ar hyd y ddalen hon yn medru cael ei chategoreiddio'n wahanol fathau o rannau ymadrodd: enwau, berfenwau, ansoddeiriau, cysyllteiriau, adferfau ac yn y blaen. Derbyniwn fod y fath beth â brawddegau'n bod, ac y dylid, ar y cyfan, gadw at reolau'r iaith, at ei gramadeg, wrth inni lunio ein brawddegau o brif lythyren i atalnod llawn. Hyd yn oed os nad ydym yn ramadegwyr ein hunain, neu heb wir fwynhau'r un wers ramadeg erioed, gan mai ein gwir ddiddordeb yw defnyddio'r iaith – siarad, darllen, ysgrifennu, gwrando – go brin yr aem mor bell â dibrisio gwaith y gramadegwr nac awgrymu bod llyfr megis *Gramadeg y Gymraeg* (Thomas 2005), er enghraifft, yn ddiwerth.

Math o lyfr ar ramadeg y gynghanedd yw *Meddwl y Gynghanedd*, oherwydd megis gramadegydd, archwilio'r rheolau sydd o'r golwg yw nod yr awdur, archwilio strwythur a datblygiad y system, perthynas ei gwahanol rannau â'i gilydd. Yn *Tafod y Llenor*, llyfr a sicrhaodd fod y Gymraeg yn rhan o'r chwyldro theori ym maes llenyddiaeth yn rhyngwladol, nododd R.M. Jones mai ei nod oedd '[m]ynd y tu ôl i'r cyfansoddiad at y meddwl (neu ffurfiau'r meddwl) sydd wrthi'n cynhyrchu hwnnw' (1974: 14). Gallai, fel y tystia ei gyfrolau o feirniadaeth ymarferol – *Llenyddiaeth Gymraeg 1902–1936* (1987b) a *Llenyddiaeth Gymraeg 1936–1972* (1975), er enghraifft – fwynhau'r cyfansoddiad, y testun unigol, gymaint ag eraill. Ond dan ddylanwad y strwythuraeth honno y daeth ar ei thraws drwy anogaeth Jac L. Williams, drwy ddarllen gwaith Ferdinand de Saussure a Noam Chomsky a thrwy ddod ar draws gwaith Gustave Guillaume yn ystod ei gyfnod astudio yn Québec (2000b: 147), aeth ati hefyd i archwilio'r ffurfiau llenyddol sy'n perthyn i faes mawr ac amrywiol llenyddiaeth, megis y bydd y gramadegydd yn ymchwilio i natur gwahanol rannau ymadrodd a'u perthynas â'i gilydd a'r modd yr ydym yn siarad ac yn ysgrifennu'r iaith. 'Y modd y mae'r meddwl dynol yn llunio ffurfiau, yn anymwybodol', meddai yn *Tafod y Llenor*, 'cyn eu storio fel y cânt fod yn gynhysgaeth i lenorion eraill yn eu traddodiad: dyna fy nhestun ... Y mae hyn yn debyg iawn i ddisgrifio gramadeg' (1974: 13–14). Dyma'r cymhelliad hefyd y tu ôl i weithiau strwythurol eraill yr ysgolhaig, gan gynnwys ei ddarlith agoriadol 'Tri mewn llenyddiaeth' (1981–2), y gyfres *Seiliau Beirniadaeth*, sy'n cynnwys ynddi benodau ar y gynghanedd ac ar y mesurau caeth yn yr ail gyfrol, *Seiliau Beirniadaeth: Ffurfiau Seiniol* (1986), a'r gyfrol theori olaf, *Beirniadaeth Gyfansawdd: Fframwaith Cyflawn Beirniadaeth Lenyddol* (2003).

Pa wersi sydd i ni, felly, yn *Meddwl y Gynghanedd*? Dyna'r dasg a osodais i mi fy hun yma, gan dderbyn ei fod yn llyfr sy'n cythruddo'r darllenydd am sawl rheswm. Yn wir, nid anghytunwn â dyfarniad yr adolygydd a nododd fod '[y] gyfrol yn rhy hir, yn orgymhleth ac yn syrffedus o ailadroddus drwyddi draw', ac eto, fel y nododd Eurig Salisbury, mae'r 'rhan fwyaf o'i theorïau ynghylch y gynghanedd yn dreiddgar a ffres' (2008: 199). Arddull y dweud sy'n tramgwyddo, heb os. Dyma geisio, felly, fwrw heibio i'r rhefru cyson yn erbyn ôl-fodernwyr a nodi'r pedair prif wers arwyddocaol i mi. Hynny yw, megis tiwtor iaith sy'n ceisio tramwyo'r ffordd rhwng *Gramadeg y Gymraeg* a llyfr iaith mwy ymarferol, megis *Ymarfer Ysgrifennu Cymraeg* Gwyn Thomas (2015), ceisiaf grynhoi yma brif wersi'r llyfr i'r cynganeddwr.

1. Mae 'na werth seicolegol i astudio'r gynghanedd

Yn rhagymadrodd y llyfr, dadleua'r awdur i'n traddodiad llenyddol droi'n 'ddieithrbeth i ni ein hunain, i raddau, sef y Traddodiad Cymraeg goruwch-ganoloesol a luniodd Gerdd Dafod', a heb fedru gwerthfawrogi gwreiddioldeb ein diwylliant ein hunain, tueddwn i '[g]ydymffurfio o hyd â dulliau meddwl y grym imperialaidd' (2005: 20). Bu'r hanesydd Elin Jones (2019) yn pwysleisio'r angen yn ystod y blynyddoedd diweddar i blant Cymru ddysgu am hanes eu gwlad, gan gynnwys y gynghanedd, a'r un, mewn gwirionedd, yw'r galw yma am gwricwlwm creadigol Cymreig yn *Meddwl y Gynghanedd*.

Flynyddoedd yn ôl, yn ei ysgrif 'Diwylliant yng Nghymru', a gyhoeddwyd yn *Ysgrifau Dydd Mercher*, cwynodd Saunders Lewis (1945: 102) fod addysg lenyddol Saesneg yn ysgolion Cymru'n rhoi 'o leiaf ryw syniad am etifeddiaeth fawr llenyddiaeth Saesneg i blentyn ysgol', heb fod ymdrech o fath 'i ddehongli a datguddio trysorau ysbrydol ein gwareiddiad ni'. Bu cryn newid ar addysg yng Nghymru ers hynny, wrth gwrs, ac fel yr awgrymodd Eurig Salisbury (2008: 199), gall 'cwynion byrbwyll' yr awdur roi'r argraff ei fod 'yn ysgrifennu mewn gwagle yn ei stydi dywyll'. Ac eto, yng ngeiriau R.M. Jones (2005: 21), hyd yn oed os ydyn ni wrthi'n bersonol yn rhoi gwersi cynghanedd i blant, nid drwg o beth, o gofio bod gennym heddiw gyfle i ymateb i'r galw i greu cwricwlwm creadigol i Gymru, yw ystyried eto

> [na] wna'r tro inni gadw'r gyfrinach honno [sef y gynghanedd] rhag y miloedd o blant sy'n tyfu yn yr ysgolion yng Nghymru beth bynnag eu hiaith gyntaf. Dyma odidowgrwydd cyhoeddus na wiw ei gelu.

Teg cydnabod bod eraill – ac Eurig Salisbury yn eu plith, wrth gwrs – wedi ymdrechu'n lew i rannu'r gyfrinach hon drwy Gymru ac yn rhyngwladol. Bu sawl cynganeddwr yn Fardd ar Blant Cymru, gan godi'n blygeiniol a theithio i bob cwr o'r wlad, a gwych o beth yw'r swydd honno, a mawr yw'r diolch i Lenyddiaeth Cymru a'i phartneriaid. Eto i gyd, wyneb yn wyneb â'r galw diweddar i sicrhau bod creadigrwydd yn chwarae rhan allweddol yng nghwricwlwm newydd Cymru, dyma gyfle, efallai, inni ystyried eto sut y gall y gynghanedd fod yn rhan o'r bwrlwm addysgol hwn. (Efallai mai fy siarsio fy hun yr wyf, yn fwy na neb arall, gyda llaw.)

Dyfynnir yn *Meddwl y Gynghanedd* farn gwyddoniadur barddoniaeth a barddoneg Princeton, un o gyfeirlyfrau mwyaf cynhwysfawr ac awdurdodol y byd, ar y gynghanedd: 'the most sophisticated system of sound-patterning practiced in any poetry in the world' (2005: 30). Hawdd dychmygu plant ac athrawon ein hysgolion yn ymfalchïo ryw gymaint o ddeall hynny.

2. Nid rhai ar ganol eu cwrs cynghanedd oedd y Cynfeirdd

Nid ymbalfalu megis tuag at y gynghanedd yr oedd y Cynfeirdd a'r Gogynfeirdd, er ei bod hi'n ymddangos felly i ni. Roedd ganddyn nhw eu system eu hunain, eu disgwyliadau eu hunain, ac roedd honno'n wahanol i gyfundrefn y gynghanedd. Fe'i gelwir yn ogynghanedd ac, er i'r gynghanedd ddatblygu ohoni, megis y datblygodd y Gymraeg o'r Frythoneg, ni ddylem feddwl nad oedd hi'n system gyflawn ynddi hi ei hun ac, yn hytrach, dylid 'ei barnu a'i disgrifio yn ôl ei thelerau'i hun' (Jones 2005: 48).

Beth oedd ei phrif nodweddion? '[P]resenoldeb cytseinedd neu odl fewnol, neu'r naill a'r llall ynghyd, a hynny hefyd ynghyd ag aceniad "annibynnol" ar y cyseinedd eithr yn reit reolaidd' (2005: 153). Weithiau, wrth edrych ar gerdd megis 'Marwnad Owain ab Urien', a sylwi ar ambell linell o gynghanedd gyflawn, mae perygl inni feddwl bod rhywbeth ar goll yn y llinellau digynghanedd, ac nad oedd Taliesin Ben Beirdd yn fawr o gynganeddwr, druan ohono. Ond o dderbyn bod gogynghanedd y Cynfeirdd a'r Gogynfeirdd yn system gyflawn, wahanol i gynghanedd – hynny yw, nad cynganeddu oedd y nod – deallwn nad oes dim yn ddiffygiol yn y canu, dim mwy nag yng nghanu'r bardd rhydd modern. Gallwn weld bod elfennau'r gynghanedd – odli, cytseinedd, ailadrodd a chyferbynnu seiniol, rhythm geiriau – yn bresennol, ond dan amodau cyfundrefn wahanol.

I mi, awgrymu sut y troes gogynghanedd yn gynghanedd yw un o gyfraniadau disgleiriaf R.M. Jones (2005: 154), sef cynnwys yr ail bennod yn *Meddwl y Gynghanedd*. Llunnir naratif hanesyddol triphlyg:

i) symud y pwyslais o'r acen draw i'r acen bwys, a datblygu uned y llinell;
ii) datblygu uned y pennill drwy gyfuniad o'r llinell hir a'r llinell fer, a thrwy gyfuniad o ailadrodd a chyferbyniad;
iii) datblygu'r gynghanedd dan lywodraeth yr acen, 'wrth iddi ymaflyd yn nwy nodwedd arall y sillaf, sef y gytsain a'r llafariad'.

Dyma ddehongliad gwreiddiol sy'n awgrymu'r datblygiadau a droes ogynghanedd yn gynghanedd yng nghyfnod Beirdd yr Uchelwyr, ac arwain at sefydlu 'cyfundrefn gyflawn o batrymau cytseiniaid o gylch yr acen bwys ac yn gyfatebol rhwng rhaniadau'r llinell yn wedd sefydlog ar gyflwr y llinell' (2005: 155). At hynny, cystal inni ddyfynnu dyfarniad y bardd rhydd o feirniad ar estheteg y gynghanedd (2005: 339):

> Yn y diwedd, y mae gan y Gynghanedd adnoddau seiniol cyfoethocach o lawer na Gogynghanedd. Y mae ei hamlochredd celfyddydol yn fwy helaeth am fod ei hamrywiaeth yn llai.

3. Mynegiant sy'n creu Tafod

Dyma gyflwyno dau o brif dermau R.M. Jones, y 'jargon', chwedl Gwyn Thomas. Maen nhw'n greiddiol i'w holl waith strwythurol. Er enghraifft, mewn perthynas â'r newid uchod o ogynghanedd i gynghanedd, meddai'r awdur: 'Yn y trydydd cyfnod, sef cyfnod Beirdd yr Uchelwyr, symudai rhai o'r arferiadau hyn [megis llinell unigol o gynghanedd] a fu yn achlysurol ac yn "ddamweiniol" fel petai yng nghyflwr Mynegiant ynghynt, i fod yn Dafod' (2005: 155).

O ddeall beth a olygir wrth y naill derm a'r llall, gwelir mai'r hyn sy'n arbennig am gyfraniad R.M. Jones i'r drafodaeth ar gynghanedd yw'r modd y mae'n ystyried yn gyson y ddwy wedd hynny ar iaith: Tafod a Mynegiant. Heb ddeall ystyr y termau, yna, heb os, mae'n anodd closio at y gwaith, heb sôn am ei werthfawrogi, ond o weld gwerth yn y termau arbenigol, gwelir bod Tafod a Mynegiant 'yn taro deuddeg wrth awgrymu sut y gallai'r gynghanedd fod wedi datblygu o'r isymwybod personol i'r ymwybod cyhoeddus drosodd a thro yn hanes y gynghanedd' (Salisbury 2008: 200).

Tafod y bardd, ar un olwg, yw ei gyfundrefn feddyliol, ei ffordd o lefaru cyn iddo lefaru dim byd, ei ramadeg farddol cyn iddo yn y bore godi o'i wely a chyfansoddi'r un llinell o farddoniaeth, y potensial ynddo i'w fynegi ei hun, cyn iddo agor ei ben nac ysgrifennu'r un llinell; injan a mecanics y car, fel petai, cyn i'r bardd danio'r cerbyd a dechrau symud. Tafod y bardd, felly, yw ei ragfarnau, ei ddisgwyliadau, ei farddoneg, os mynner, ei awydd i lefaru, a hyn oll o'r golwg, ei fyd-olwg barddol, isymwybodol.

Mynegiant y bardd, ar y llaw arall, yw'r geiriau a gynhyrchir yn greadigol ganddo ef neu ganddi hi ar ffurf cerdd, boed hynny ar lafar neu'n ysgrifenedig; y cynnyrch a gyflwynir i eraill ac a ymatebir iddo drwy wrando ar y gerdd neu drwy ei darllen. Yn ei lyfr *System in Child Language* (1970), dadleuodd R.M. Jones, dan ddylanwad ei gydweithwyr yn Québec a gwaith seicoieithyddol Gustave Guillaume, y bydd plentyn yn dysgu iaith drwy wrando arni – gwrando, hynny yw, ar bytiau o Fynegiant parhaus – a thrwy'r broses honno'n adeiladu yn ei feddwl system ramadegol sy'n ei alluogi i feistroli'r iaith yn sgil y broses o roi gwahanol elfennau ohoni at ei gilydd. Ys dywedodd John Hewson (1973: 749), wrth iddo adolygu'r gyfrol:

> [Jones] points out that Guillaume's theory of incidence ... justifies the commonly observed order of acquisition, since in any system where there is dependency, there is necessarily a developmental order: one obviously does not build the attic before the basement.

O gymhwyso'r egwyddor hon at y gynghanedd, deellir mai'r un yw'r broses ar gyfer dysgu'r 'iaith' honno. Yn gyntaf oll, fe'i dysgir drwy ymgyfarwyddo â hi, hynny yw, drwy ddarllen a chlywed ac astudio llinellau o Fynegiant, ar ffurf cerddi cynganeddol mewn cyfrolau ac ar ffurf perfformiadau byw o gerddi. Gwiw fod i'r dosbarth cynganeddu a'r llawlyfr cynganeddu hefyd eu priod le yn y broses hon, wrth i'r athro ddysgu'r rheolau a'r grefft gyfansoddi i'r disgybl, gan ddechrau â'r elfennau symlaf cyn ymgymhlethu. Y pen draw wedyn, wrth gwrs, yw'r gallu i gynganeddu'n rhwydd ac yn wreiddiol, pan fydd yr holl Fynegiant hwnnw wedi ymdroi'n Dafod potensial ym meddwl y bardd (Jones 2005: 13):

> [I]ddo fe neu iddi hi, pan fo wedi dod yn weddol aeddfed, strwythurau isymwybodol fydd y cynganeddion bob amser. Yr isymwybod yn unig fydd yn gwneud y gwaith adeileddol dyfnaf drosto [neu drosti].

Yn ail, o edrych ar y gwahanol fathau o gynganeddion megis cyfundrefnau ar wahân, gan fod 'pob rhan ohoni hefyd ynddi'i hun yn gyfan' (2005: 79), deellir mai ond wrth i'r disgybl feistroli'r gwahanol gyfundrefnau a'u rhoi at ei gilydd – cyfundrefn y gynghanedd lusg, cyfundrefn y gynghanedd groes, cyfundrefn y beiau gwaharddedig, proest i'r odl, ceseilio ac yn y blaen – y daw'n rhugl yn ei ddewis iaith, ac adeiladu yn ei feddwl Dafod cynganeddol, sef y gallu parod i gynganeddu'n rhwydd.

Dyma, ar un olwg, y gwahaniaeth rhwng y gynghanedd yn oes y Cynfeirdd a'r Gogynfeirdd ar y naill law, a'r gynghanedd yng nghyfnod Beirdd yr Uchelwyr a'n cyfnod ninnau ar y llaw arall. Mae'r naill gyflwr ieithyddol a'r llall – Tafod a Mynegiant – yn ddeubeth gwahanol ac, i raddau, ar wahân. Yn yr achos cyntaf, i Daliesin, er enghraifft, roedd llinell achlysurol o gynghanedd yn fater syml o Fynegiant, fel ag y mae i fardd rhydd heddiw sy'n llwyddo i lunio llinell o gynghanedd, boed hynny'n fwriadol neu beidio. Ond wedi i'r hyn a oedd yn wirfoddol ar un adeg droi'n ddeddf, dyma'r gynghanedd yn troi'n ofyniad i Feirdd yr Uchelwyr, a hyd yn oed yn ffordd o feddwl, yn Dafod, yn ddeddf o'r golwg yn y meddwl. Symudodd y gynghanedd '[o]'r gwirfoddol i'r gorfodol' (2005: 16), nes iddi droi'n

> [g]yfundrefn newydd a gymerwyd yn ganiataol. Fe'i caniatéid i ddechrau – yn ysgafn oddefgar felly; yna, aeth yn ganiataol. Yna, fe'i corfforwyd fel petai yn y Gramadeg isymwybodol drwy'r llam o'r rhan i'r cyfan.

I'r Cynfardd a'r Gogynfardd, fel ag i fardd rhydd heddiw, 'addurn' yw'r gynghanedd, ar lefel Mynegiant, ond i fardd caeth a'i meistrolodd iddo'n gyfrwng, 'strwythur' ydyw, ar lefel Tafod (2005: 80).

Wrth gwrs, gellir cymhwyso'r egwyddor hon at bob math o ystyriaethau cynganeddol. Er enghraifft, ar un adeg, caledwn i bob 'd' + 'd', a'u troi'n 't', gan mai felly y'm dysgwyd ond, yn raddol bach, dyma ystyried na chlywn i mo'r calediad fy hun, a chan mai'r 'glust piau'r gair olaf' (ap Dafydd 2013: 12), dyma newid f'arfer, fel y gwnaeth ac y gwna eraill, a pheidio ag ateb 'd' + 'd' â 't', i'r graddau nad wyf hyd yn oed yn ystyried y peth bellach. Hynny yw, er nad yw'n argymell y newid penodol hwn ei hun, ac yntau'n fwy traddodiadol na fi, fe ymddengys – 'y tâ-teiniol' a glyw ef wrth ddarllen 'y Tad Deiniol', nid 'y tâ-deiniol', fel y gwnaf fi – cydnebydd awdur *Meddwl y Gynghanedd* 'na ddylid dilyn rheol a seiliwyd yn wreiddiol ar hen arfer ... os yw defnydd cyfoes wedi peidio â'i dilyn' (2005: 137).

Gustave Guillaume

Ac mewn modd tebyg, yn y bennod ar feiau gwaharddedig, noda y 'dylid diarddel y bai Trwm ac Ysgafn mewn Cynghanedd Lusg mewn rhai tafodieithoedd heddiw', a hynny gan fod yn rhaid i'r bardd 'farnu "odl" yn ôl ei glust ei hun' (*ibid.* 320). Gan hynny, 'gall beirdd cyfoes – mewn Cerdd Fynegiant, sef drwy fylchu neu bwysleisio mewn Mynegiant ymwybodol – ddatod yr hyn sy'n drefn ar lif mewn Cerdd Dafod' (*ibid.* 137). Nid yw dweud hynny'n dileu'r berthynas rhwng Tafod a Mynegiant, nac yn nacáu'r ffaith fod y Tafod 'ym meddwl un siaradwr yn cyfateb fwy neu lai'n union i'r Tafod sydd ar waith ym meddwl person arall' (*ibid.* 479), eithr y mae'n ategu mai drwy Fynegiant y llunnir Tafod. Yn wir, '[y] mae Tafod a Cherdd Dafod [megis gramadeg sefydlog yr iaith] ... yn newid o hyd dros y canrifoedd' (*ibid.* 290).

4. 'Yr acen ... yw brenhines y llinell' (*ibid.* 113)
Dyma'r wers olaf ac, i mi'n bersonol, brif wers y gyfrol. Wrth ddysgu'r gynghanedd, cofiaf fel y cyfrifwn i gywirdeb fy llinellau seithsill ac, yn ddiweddar, wedi i'm cyfrol *Parcio* (2019) fynd i'r wasg, dihunais yn chwys oer un noson a'm hisymwybod wedi cyfri chwe sillaf mewn llinell a oedd ar fin cael ei chyhoeddi – llinell nad oedd fy nghlust i na chlust fy ngolygyddion wedi sylwi o gwbl fod ynddi wall. Pam? Hwyrach fod yr ateb yn y pwyslais a rydd R.M. Jones ar bwysigrwydd yr acen a'r curiad yn y llinell gynganeddol, oherwydd iddo ef, nid oes a wnelo sillafiaeth ddim oll â chynghanedd. Roedd tri churiad y llinell chwesill yn ateb disgwyliadau'r glust, wedi'r cyfan, er ei bod hi sillaf yn brin.

Wrth iddo adolygu *System in Child Language* yn 1973 – a diddorol yw cymharu natur yr adolygiad hwnnw ag eiddo un Gwyn Thomas o *Tafod y Llenor* ddwy flynedd yn ddiweddarach – nododd John Hewson (1973: 752) mor wreiddiol ac arwyddocaol oedd yr hyn a oedd gan R.M. Jones i'w ddweud am natur cystrawen yn ei lyfr. Dyma'r dyfarniad:

> J builds his theory of the development of syntax in the child upon Guillaume's predicative categories of the parts of speech. Since Guillaume worked almost exclusively on word-and-paradigm grammar … he has very little to say of syntax. What J does, in fact, is take Guillaume's predicative categories of the parts of speech and build a theory of syntax from them. The one-element sentence, therefore, is a sentence where there is 'internal incidence' only – the basement or foundation on which all other syntactic predication will be based. The two-element sentence introduces the relation of verb and adjective to noun, and the three-element sentence introduces the adverbial relationship. A brief paragraph on p. 150 indicates that these systems are recursive, and that all the syntactic features of the composite sentence are 'ever and always being organized within the three steps here enacted', so that J's analysis of syntax is a theory of great simplicity and yet potentially of great power. This simple but fluid theory of syntax is, in fact, a major contribution to theoretical linguistics.

Mewn modd tebyg, yn *Meddwl y Gynghanedd*, hawlia R.M. Jones swyddogaeth debyg i'r acen yn ei pherthynas â'r llinell o'i chymharu â'r hyn a hawlir i'r enw yn ei pherthynas â'r frawddeg. Dyma sylfaen y cyfan. 'Acenion yw cynheiliaid Cynghanedd' (2005: 113). Nodwyd eisoes i'r gynghanedd ddatblygu yn y lle cyntaf wrth i'r pwyslais symud o'r acen draw i'r acen bwys, ac mai'r datblygiad olaf yn y broses o ddatblygu'r ogynghanedd yn gynghanedd oedd 'datblygu holl adnoddau'r Gynghanedd o dan lywodraeth newydd yr acen' (*ibid.* 154). Yr acen, yn wir, yw sylfaen pob llefaru. Wrth i'r plentyn ddysgu sut i gynhyrchu sŵn a chyfathrebu'n synhwyrol, dywed R.M. Jones (*ibid.* 81), fe ddechreua

> yn y dôn (neu'r acen); wedyn, yn y llafariad (y rhan agored) yn yr 'a' efallai, o gysur neu o anghysur yn y crud; fe'i cyferbynnir â'r gytsain (y rhan gaeedig). Dyna ffin i'r sillaf: nid yw'n cynnwys, yn ddiffiniol, yr un sillaf arall.

Yng nghystrawen y frawddeg, wrth i'r plentyn chwarae â sŵn a synnwyr ac wrth iddo ddysgu sut i gyfathrebu, rhydd fod i enw, a gellir ychwanegu ato ansoddair neu ferf ac, at yr elfen honno, adferf ymhellach. Ac felly ymlaen, gan ailadrodd cyfuniadau'r ddwy neu'r tair elfen hyn o frawddeg i frawddeg. Ym marn yr adolygydd, symlrwydd y broses ddeuol a thriol hon, fel y'i disgrifiwyd gan R.M. Jones, oedd ei ddarganfyddiad mawr.

Drwy esbonio pwysigrwydd acen a churiad, llwyddodd R.M. Jones i weld bod yr un math o symlrwydd grymus yn perthyn i'r cywydd ym maes llenyddiaeth. Cyflwyna ddadansoddiad hanesyddol tra diddorol parthed gwreiddiau'r mesur. Tybia mai mesur tri churiad, mesur triol gwerinol, oedd y cywydd yn wreiddiol, ond iddo, ynghyd ag englyn y bardd teulu, fabwysiadu curiadau deuol mesurau'r awdl, sef mesurau'r pencerdd (2005: 118). Y cyfuniad hwn – rhwng llinellau tri churiad, sy'n cyferbynnu un â dau yn nwy ran y llinell, a llinellau pedwar curiad, sy'n cyferbynnu dau â dau o gylch yr orffwysfa – sy'n gyfrifol am hirhoedledd y cywydd, a'r englyn hefyd, o ran hynny. Yng ngeiriau R.M. Jones (*ibid.* 119), ni all y glust ond dotio at

> [yr] amrywiaeth amryddawn hwn sydd ynddo'n seiniol oherwydd y cyfuniad o bosibiliadau o amgylch un + dwy acen ynghyd â dwy + dwy

acen. Ceid o ran egwyddor gyferbyniad ynghyd ag ailadrodd: sef yr egwyddor amryddawn a alwn i yn 'wahuniaeth'.

Fel cywyddwr fy hun, mae'r dadansoddiad hwn yn gryn help imi ddeall paham yr wyf mor hoff o'r mesur hwn, a'r *vers libre* yn aml hefyd, yn fwy felly na'r mesurau dau guriad a thri churiad cyson.

Colli golwg ar bwysigrwydd canolog acen a churiad oedd camgymeriad Euros Bowen wrth iddo arbrofi â'r gynghanedd, gan '[dd]ilyn yr un gwall â T. Gwynn Jones', sef '[c]anolbwyntio sylw ar gyfatebiaeth gytseiniol yn ei "linellau"'. Drwy hynny, llwyddodd i anwybyddu'r 'prif beth mewn Cynghanedd, sef y patrymau acennog' (*ibid.* 398). Gwelir yr un bai'n aml yng ngwaith y bardd Saesneg sy'n ceisio dysgu'r gynghanedd ac sy'n ailadrodd trefn y cytseiniaid ond heb falio am safle'r orffwysfa nac am nifer yr acenion yn nwy ran y llinell. Amlygir yr un duedd yn y gyfrol mewn perthynas â llinellau gwallus Gerard Manley Hopkins yn y Gymraeg (*ibid.* 38). Yn sicr, parodd y beirniad imi feddwl a wyf innau'n 'anghyfrifol ddi-hid am aceniad', oherwydd, yn sicr, fe'm darbwyllodd fod angen imi ddeall o'r newydd 'awdurdod yr Acen dros Gytseinedd ac Odl', ac ystyried i ba raddau y mae curiadau fy mhenillion yn cyfrannu at sicrhau'r ymdeimlad cryfaf posib o wahuniaeth, pan fo ailadrodd a chyferbynnu'n gweithio ynghyd ac yn rhoi'r pleser esthetig hwnnw na all y naill elfen na'r llall ei chynhyrchu ar ei phen ei hun (*ibid.* 398, 284). Tueddaf i wirio sillafiaeth a chywirdeb y cytseiniaid ond, yng ngoleuni'r wers uchod, hwyrach y dylwn boeni mwy o lawer am apêl yr acen, a chraffu arni ar lefel Mynegiant, a'i diwygio, yn hytrach nag ymddiried yn unig yn fy Nhafod.

Heb os, ceir sawl awgrym diddorol arall yn *Meddwl y Gynghanedd*, gan gynnwys yr awgrym mai 'un llinell hir yw "dwy" linell gyntaf Englyn Penfyr ac Englyn Unodl Union', awgrym a gyflwynwyd gyntaf yn *Seiliau Beirniadaeth: Ffurfiau Seiniol* (1987: 122–7). Ond hyd y gwelaf fi, a derbyn y cytunai sawl un o gyfranwyr a darllenwyr y gyfrol hon mai'r gynghanedd yw '[p]rif wreiddioldeb llenyddiaeth Gymraeg' (*ibid.* 13), cyfraniad mawr R.M. Jones i faes astudiaethau'r gynghanedd oedd darganfod gwahuniaeth yr acen. 'Nid y cytseiniaid ailadroddol, ond y dathliad o fydr yw sylfaen y patrymu hwn, a'r curiadau'n tynhau ac yn pwysleisio'r emosiwn' (*ibid.* 55). Pa ryfedd, felly, yn ei feirniadaeth ymarferol, iddo chwilio am yr apêl emosiynol ddyfnaf, pan fydd y curiadau deuol a thriol yn helpu'r bardd i blannu ei ofn a'i orfoledd yng nghalon y sawl a glywodd ei gân?

LLYFRYDDIAETH

ap Dafydd, M. (adargraffiad 2013), *Clywed Cynghanedd: cwrs cerdd dafod* (Llanrwst)

Eliot, T.S. (1917), 'Reflections on vers libre', *New Statesman* (3 March 1917), <https://tseliot.com/essays/reflections-on-vers-libre> (cyrchwyd Mai 2020)

Hallam, T. (2015), '"Curse, bless me, now": Dylan Thomas and Saunders Lewis', *Journal of the British Academy* 3: 211–53

Hallam, T. (2018), 'Llais tawel yn ymgynhyrfu', *Barddas* 336: 50–1

Hallam, T. (2019), *Parcio* (Aberystwyth)

Hewson, J. (1973), 'Review' [adolygiad o R.M. Jones, *System in Child Language*], *Language* 49: 745–55

Hopwood, M. (2015), *Nes Draw* (Llandysul)

James, E.H. (2009), *Casglu Darnau'r Jig-so* (Caerdydd)

Jones, E. (2019), 'Hanes Cymru ar y cwricwlwm newydd yn "fater o ddehongliad"', *Golwg360* (19 Medi 2019) https://golwg360.cymru/newyddion/cymru/554049-hanes-cymru-cwricwlwm-newydd-fater-ddehongliad (cyrchwyd Mai 2020)

Jones, R.M. (1970), *System in Child Language* (Cardiff)

Jones, R.M. (1975), *Llenyddiaeth Gymraeg 1936–1972* (Llandybïe)

Jones, R.M. (1981–2), 'Tri mewn llenyddiaeth', *Llên Cymru* 14: 92–110

Jones, R.M. (1986), *Seiliau Beirniadaeth: Ffurfiau Seiniol: Cyfrol 2* (Aberystwyth)

Jones, R.M. (1987), *Seiliau Beirniadaeth: Ffurfiau Ystyrol: Cyfrol 3* (Aberystwyth)

Jones, R.M. (1987b), *Llenyddiaeth Gymraeg 1902–1936* (Llandybïe)

Jones, R.M. (1995), *Canu Arnaf: Cyfrol 2* (Llandybïe)

Jones, R.M. (2000), *Mawl a'i Gyfeillion* (Llandybïe)

Jones, R.M. (2000b), *O'r Bedd i'r Crud: hunangofiant Tafod gan Bobi Jones* (Llandysul)

Jones, R.M. (2002), *Mawl a Gelynion ei Elynion* (Llandybïe)

Jones, R.M. (2005), *Meddwl y Gynghanedd* (Llandybïe)

Jones, R.M. (2005b), *Beirniadaeth Gyfansawdd: Fframwaith Cyflawn Beirniadaeth Lenyddol* (Llandybïe)

Lewis, S. (1945), *Ysgrifau Dydd Mercher* (Llandysul)

Llwyd, A. (2010), *Crefft y Gynghanedd* (Llandybïe)

Llwyd, A. (2018), *Dim Ond Llais: Cyfres Llenorion Cymru 4* (Aberystwyth)

Rhys, R. (1992), 'Dysgu darllen', yn J. Rowlands (gol.), *Sglefrio ar Eiriau* (Llandysul), 151–71

Salisbury, E. (2008), [adolygiad o R.M. Jones, *Meddwl y Gynghanedd*], *Llên Cymru* 31: 198–204

Thomas, G. (1975), 'Iaith o fewn iaith' [adolygiad o R.M. Jones, *Tafod y Llenor*], *Y Faner* (21 Chwefror 1975): 3

Thomas, G. (2015), *Ymarfer Ysgrifennu Cymraeg* (Tal-y-bont)

Thomas, P.W. (2005), *Gramadeg y Gymraeg* (Caerdydd)

SIONI BOB OCHR Y GYNGHANEDD SAIN

RHYS IORWERTH

Does yna neb yn hoff o Sioni bob ochr. Y boi brwd â'r wên fenthyg sy'n awyddus i fod yn bopeth i bawb. Y ffrind sy'n dilyn dau dîm pêl-droed, gan ddibynnu pwy sy'n llwyddo ar y pryd. Y gwleidydd diegwyddor sy'n cefnogi pob achos a fydd yn hwb i'w yrfa.

Na, does neb yn eu hoffi – ar wahân i gynganeddwyr.

Sut arall y mae esbonio llinell fel hon:

> Mewn tŷ y bu'r hen Boris

Dyma fath o gynghanedd sain sydd i'w gweld yn aml yng nghynnyrch ein beirdd disgleiriaf. Ond i mi, Sioni bob ochr o'r iawn ryw sydd wedi ei chreu. Ydyn, mae 'tŷ' a 'bu' yn odli'n dderbyniol i gwblhau rhan gyntaf ac ail ran y llinell. Tsiampion hefyd yw'r trawiad rhwng 'bu'r' a 'Boris' yn yr ail a'r drydedd ran. Ond er mwyn i'r cyfan weithio, rhaid i'r darn canol fod yn dipyn o dderyn cyfrwys: yn 'bu' (er mwyn yr odl) ac yn 'bu'r' (er mwyn y gynghanedd) yn union yr un pryd.

Dyma un arall ichi:

> Daeth gwenlloer oer drwy'r wardrob

Ar yr olwg gyntaf, mae rhywun yn cael ei demtio i edmygu clyfrwch y gynghanedd gysylltben rhwng yr ail a'r drydedd ran – gyda'r 'oer' yn benthyg y 'dr-' o 'drwy' i greu cyfatebiaeth â'r '-rdr-' yn 'wardrob'. Ond drwy wneud hynny, oni ddylid parchu '-oerdr' fel odl, yn hytrach nag '-oer'? (A phob lwc yn ffeindio cymar i'r odl honno!) Mae'r bardd am i ail ran y gynghanedd sain gyflawni dwy swyddogaeth wahanol, er mai dim ond unwaith y byddwn ni'n ei chlywed.

Rydw i wedi gweld pethau fel hyn hefyd:

> Rhian, Ela neu Alun?

Yn rhan dau a rhan tri, mae 'Ela' ac 'Alun' yn cynganeddu'n ddigon tlws. Ond eto, er mwyn i'r ail ran odli â 'Rhian', rhaid defnyddio'r 'n' yn 'neu' i greu'r odl gudd 'Elan'. Ac mae 'Elan' ac 'Alun' yn proestio bob dydd o'r wythnos. Siawns na all y bardd hwn ei chael hi'r ddwy ffordd?

Llinellau yw'r rhain y bydda' i'n anesmwyth â nhw. Serch hynny, yn annibynnol, o leiaf, mae ail ran y llinell yn gywir yn y ddau gyd-destun ar wahân. Yn wahanol i'r enghraifft nesaf, sydd hefyd yn go gyffredin y dyddiau hyn:

> Un hynod yw Herod hyll

I 'nghlust i, dyma linell hollol anghywir. Mae'r 'h' yn 'hyll' wedi caledu'r 'd' yn 'Herod' i greu 'Herot'. Dydi 'Herot' ddim yn odli wedyn â 'hynod'. All y Sioni bob ochr mwyaf ystrywgar ddim dianc rhag y ffaith honno.

Mae'r gynghanedd sain o gyswllt ewinog hon gan Gwynfor ab Ifor yn euog o'r un bai:

> Beth sydd i'w ddweud ond dweud hyn

Ar y diwedd, '-eut [hyn]' mae rhywun yn ei glywed, sy'n chwalu'r odl â'r gair 'dweud' yn y rhan gyntaf. Ond yn *Anghenion y Gynghanedd*, wrth drafod y llinell hon a rhai cyffelyb, mae gan Alan Llwyd sylw difyr iawn (AyG 134):

> Fe welir … nad oes angen i'r odl gyntaf ddilyn calediad yr ail odl, hynny yw, y mae *dweud* yn odli â *dweut* …

Fe gawn wedyn resiad o enghreifftiau tebyg gan y Cywyddwyr, a finnau'n crafu 'mhen. Trïwch chi fynd i siop gebábs, yng Nghaernarfon yn hwyr ar nos Sadwrn, a honni wrth y gŵr garwaf sydd yno bod 'dweud' yn odli efo 'dweut' … mi hoffwn i'n fawr weld pa ymateb a gewch!

I gloi, mae ein Sioni Bach yn hollbresennol ym myd y cywasgu hefyd:

> Dod eto i fwydro mae Fal

Ydi, mae 'eto' a 'fwydro' yn odli'n gywir. Tan y gwelwn mai llinell seithsill yw hon i fod, a'r 'eto' a'r 'i' yn cywasgu i greu dwy sillaf yn unig. O wneud hynny, mae'r bardd wedi creu'r sain 'oi' fel odl, ydi o ddim? A dydi 'oi' ddim yn odli efo 'o', dim mwy nag yw 'dweud' yn odli efo 'dweut' …

Na, does yna neb yn hoff o Sioni bob ochr! Ydi hi'n bryd i ni'r cynganeddwyr fwrw golwg yn y drych?

DEUOLIAETH WERTH EI DILYN

IDRIS REYNOLDS

Mae rhesymeg Rhys Iorwerth yn ei erthygl ddifyr ar y Sioni bob ochr yn gadarn a di-fai. Er hynny, teimlaf ei fod braidd yn brin o gydymdeimlad ac ychydig yn rhy fater-o-ffaith; mae fel petai cadw llythyren y ddeddf yn bwysicach iddo nag yw estyn posibiliadau'r gynghanedd. Gocheler rhag gorgaethiwo'r grefft. Mae'n bosibl mai plismona cyffelyb a roes inni fesur mor anhylaw â'r tawddgyrch cadwynog yng nghyfnod twf y gynghanedd. Mae angen ychydig o libart ar y beirdd i fynd drwy eu campau ac i ymblesera o dro i dro yn yr hyn a elwir mewn gemau eraill yn 'showboating'.

Mae Rhys, fel y noda, yn tynnu'n groes i'r canllawiau a osodwyd gan Alan Llwyd yn ei gyfrol amhrisiadwy, *Anghenion y Gynghanedd*, lle deil Alan fod y ddwy linell, 'Y gŵr enwog Goronwy' ac 'Y cawr enwog Goronwy', ill dwy'n gywir. Mae'r gyntaf yn gynghanedd groes a'r ail yn groes o gyswllt ewinog. Yn ôl Alan, mae rhyddid i'r cynganeddwyr ddilyn neu anwybyddu calediad neu feddaliad sy'n digwydd o amgylch yr orffwysfa. O ddilyn yr egwyddor honno, fe welir bod yr holl linellau a ysgymunir gan Rhys yn ei erthygl yn gywir, yn ôl Alan. Felly hefyd linell Dic Jones o'r awdl 'Gwanwyn', sef 'Gwsg yr had cysegredig'. Fe'i collfarnwyd gan un o feirniaid 1976 am nad oedd yr 'g' yn 'gwsg' yn ateb yr 'c' yn 'cysegredig'. Yr hyn nas sylweddolwyd oedd mai ail fraich cwpled oedd hon, a'r llinell gyntaf oedd, 'Am ddeffro o gyffro gwig'. I glust fain Dic, roedd yr 'g' yn yr odl yn caledu'r 'g' a'i dilynai, ac yn creu sain 'c'. Pam cau'r drws hwn, felly, yn glep yn ein hwynebau?

Rwy'n ffyddiog fod clustiau'r cynganeddwyr cyfoes, ta beth am y gwerthwr cebábs yng Nghaernarfon, yn ddigon hyblyg i ymdopi â'r ddeuoliaeth hon ac i ymhyfrydu ynddi. Rwy'n wir sori, Rhys Iorwerth.

CYNGHANEDD AR Y MEDDWL:

SGWRS Â DR AWEL VAUGHAN-EVANS

ANEIRIN KARADOG

Ym mis Tachwedd 2016, cyhoeddwyd ymchwil niwro-wyddonol i'r gynghanedd gan yr Ysgol Seicoleg, Ysgol y Gymraeg a Chanolfan Bedwyr, Prifysgol Bangor: Vaughan-Evans, A., Trefor, R., Jones, Ll., Lynch, P., Jones, M.W. and Thierry, G. (2016), 'Implicit detection of poetic harmony by the naïve brain', *Frontiers in Psychology* 7: 1859 <https://www.frontiersin.org/articles/10.3389/fpsyg.2016.01859/full>.

Recordiwyd sgwrs rhwng Aneirin Karadog a Dr Awel Vaughan-Evans, Uwch-ddarlithydd mewn Seicoleg ym Mhrifysgol Bangor, ar gyfer podlediad Clera yn 2017. Addasiad o'r sgwrs honno a geir isod.

ANEIRIN: Awel, mae dy ymchwil yn mynd â ti i wahanol feysydd diddorol. Mae sôn am neuaddau mewn llenyddiaeth Gymraeg, ac rwyt ti wedi bod i neuadd y gynghanedd i ymchwilio'n ddiweddar.

AWEL: Do'n wir. Dwi ddim yn gynganeddwr fy hun, ond dwi wedi bod yn cydweithio â nifer o bobl sy'n arbenigwyr ar y gynghanedd. Dwi wedi bod yn rhoi fy arbenigedd i o ran dulliau ymchwil ac o ran niwro-wyddoniaeth ar waith er mwyn gweld sut mae'r ymennydd yn ymateb i'r gynghanedd. 'Dan ni wedi bod yn ymchwilio i weld a oes 'na rywbeth am y gynghanedd sy'n ysgogi'r ymennydd mewn rhyw ffordd.

ANEIRIN: Sut aethoch chi o'i chwmpas hi, felly, i ganfod a oedd y gynghanedd yn cael effaith ar yr ymennydd?

AWEL: Yr hyn wnaethon ni oedd defnyddio Potensialau Digwyddiad-Berthynol – yn Saesneg, ERPs ('Event-Related Potential') – sef techneg niwro-wyddonol sy'n mesur gwefrau trydanol oddi ar y sgalp. Pan 'dan ni'n darllen neu pan 'dan ni'n gwrando ar bethau, mae'r gweithgarwch hwnnw'n creu ysgogiadau gwahanol yn yr ymennydd, a 'dan ni'n gallu mesur yr ysgogiadau hynny drwy ddefnyddio'r dechneg yma.

ANEIRIN: Mae hon yn dechneg hollol wyddonol felly, ydi hi?

AWEL: Ydi. Mae'n cyfuno'r celfyddydau a'r gwyddorau, sy'n wych. A dweud y gwir, mae 'na faes newydd yn datblygu sy'n gwneud hynny'n benodol, sef niwro-estheteg ac, felly, mae hyn i gyd yn arloesol iawn. Ychydig iawn o bobl sydd wedi camu i'r maes hyd yma. Yr hyn wnaethon ni fel tîm oedd creu gwahanol linellau a'u dangos i grŵp o bobl yn unigol, a gweld wedyn sut roedd ysgogiadau'r ymennydd yn newid wrth iddyn nhw ddarllen y llinellau. Roedd rhai o'r llinellau wedi'u hysgrifennu yn dilyn rheolau'r gynghanedd, ac eraill ddim.

ANEIRIN: Fe nodaist ti nad wyt ti'n gynganeddwr. Pwy roddodd yr arbenigedd cynganeddol, felly, ar gyfer yr ymchwil?

AWEL: Fe wnaethon ni weithio hefo Robat Trefor, Peredur Lynch a Llion Jones, a nhw oedd y rhai a greodd y brawddegau gwahanol yma. Dwi'n gwybod fod hynny wedi cymryd llwyth o amser iddyn nhw, oherwydd roedden ni'n trio rheoli'r brawddegau'n wyddonol, ond roedden ni hefyd eisiau rhoi rhwydd hynt i'r tri gynganeddu. Dwi'n gwerthfawrogi'n fawr iawn eu cyfraniad nhw at y gwaith.

ANEIRIN: Ac roedd yr enghreifftiau yn cael eu rhoi i bobl nad oedden nhw'n medru cynganeddu o gwbl?

AWEL: Oedden. Doedd y bobl hyn ddim yn medru cynganeddu, ac roedd hynny'n fwriadol. Ar ddiwedd yr arbrawf, fe wnaethon ni roi'r llinellau iddyn nhw eto, gan ofyn pa un o'r brawddegau, yn eu barn nhw, oedd yr orau neu'r un gywir. Dim ond eu hymatebion ymhlyg nhw, ymatebion anymwybodol yr ymennydd, oedd yn gallu gwahaniaethu rhwng y llinellau o gynghanedd gywir a'r llinellau eraill anghywir.

ANEIRIN: Felly, roeddech chi'n chwalu'r gynghanedd yn fwriadol? Er enghraifft, 'daeth i ben deithio byd' yn cael ei newid i 'daeth i ben deithio cwm'.

AWEL: Ia. Roedden ni'n dewis un gynghanedd gywir, ac wedyn yn torri'r gynghanedd honno mewn gwahanol ffyrdd. Doedd rhai ddim yn cyflythrennu'n gywir, neu roedd patrwm acen y gynghanedd wedi ei dorri, ac yn y blaen. A thrwy hynny, roedden ni'n gallu gweld sut roedd yr ymennydd yn ymateb. Ac roedd llawer llai o ymateb yn yr ymennydd i'r llinellau 'anghywir'. Mewn geiriau eraill, roedd gweithgarwch yr ymennydd yn awgrymu'n gryf nad oedd yr ymennydd yn hoffi'r rhai 'anghywir'.

ANEIRIN: Ble ddaethoch chi o hyd i'ch gini pigs?

AWEL: Mae 'na lawer o bobl gefnogol iawn yma ym Mangor sydd wir yn mwynhau cymryd rhan yn ymchwil yr Ysgol Seicoleg. Dwi fel arfer yn gyrru e-bost yn gofyn 'Ydach chi isio dod i gymryd rhan yn yr ymchwil?', ac mae 'na dipyn o ddiddordeb, achos 'dan ni'n gwneud tipyn o bethau hefo'r Gymraeg.

ANEIRIN: Mae 'na ddyfyniad da yn yr ymchwil gan T.S. Eliot, 'genuine poetry can communicate before it is understood'. Beth oedd eich casgliadau chi, felly?

AWEL: Wel, mae'r ymchwil yn dangos fod rhywbeth am y gynghanedd 'dan ni'n ei fwynhau. Yr agwedd fwyaf newydd ar yr ymchwil oedd y ffaith ein bod ni wedi torri'r gynghanedd mewn gwahanol ffyrdd. Fel mae ymchwil flaenorol wedi'i ddangos, os oes gynnoch chi gyflythrennu, mae pobl yn mwynhau hynny. Os oes gynnoch chi acen benodol, mae pobl yn mwynhau hynny hefyd. Ond unwaith 'dach chi'n torri'r gynghanedd mewn rhyw ffordd, dydi pobl *ddim* yn ei mwynhau hi. Felly, mae'n rhaid cael cyfuniad penodol o'r gwahanol elfennau er mwyn inni fedru gwerthfawrogi'r gynghanedd. Nid yn unig ryden ni'n mwynhau barddoniaeth a'r synau gwahanol sy'n dod efo barddoniaeth, ond mae'r gynghanedd yn rhywbeth ychwanegol sy'n benodol i'r Cymry. Achos 'dan ni fel Cymry'n gallu adnabod melyster y gynghanedd gywir yn ddiarwybod inni'n hunain. Mewn geiriau eraill, rhaid i'r gynghanedd ddilyn rhai rheolau penodol er mwyn inni'i gwerthfawrogi hi.

ANEIRIN: Felly, mae'r gynghanedd yn cael effaith ddofn, gynhenid ar rannau anymwybodol o'r ymennydd?

AWEL: Ydi. 'Dan ni'n hollol anymbwybodol o'r hyn sy'n digwydd. Roedden ni'n gofyn i'r cyfranwyr wedyn a wnaethon nhw sylwi ar unrhyw beth yn benodol am y brawddegau. Ond doedd gynnon nhw ddim syniad, a doedden nhw ddim yn ymwybodol o unrhyw wahaniaeth penodol.

ANEIRIN: Y tro cyntaf, roeddech chi'n mesur ymateb trydanol y meddwl, ac wedyn, yr ail dro, yr ymateb ymwybodol – ai felly roedd pethau'n gweithio?

AWEL: Ia. Roedd y rhan gyntaf yn edrych yn syth ar y ffordd roedd yr ymennydd yn ymateb. Yna wedyn, roedden ni'n gofyn i'r cyfranwyr a oedden nhw'n ymwybodol o'r gwahaniaethau a, na, doedden nhw ddim.

ANEIRIN: Pan ydych chi'n mynd i'r Babell Lên neu i noson farddoniaeth ac mae *punchline* y gerdd yn dod, felly, neu ddiwedd englyn, ac mae 'na 'ooo' swnllyd yn dod gan y gynulleidfa – mae hynny'n dod o'r ymateb creiddiol, anifeilaidd bron, ynon ni?

AWEL: Ydi, bron. 'Dan ni i gyd wedi cael y teimlad yna o wrando ar farddoniaeth yn y Babell Lên, lle 'dan ni'n mynd 'o, ia, da!' Mae pobl yn aml yn dweud mai rhywbeth greddfol ydi o, ond rŵan mae gynnon ni'r dystiolaeth wyddonol i gefnogi hynny. Fedrwn ni ddweud 'ydi, mae'n rhywbeth greddfol sy'n digwydd heb i ni fod yn ymwybodol ohono fo' ac, i mi, mae hynny'n andros o ddiddorol a chyffrous.

ANEIRIN: Oeddech chi fel tîm yn teimlo'n nerfus o ran sut y byddai'r ymchwil yn cael ei derbyn, ac o ran beth fyddai'r ymateb? Ac a oes ymateb wedi bod yn rhyngwladol i hyn?

AWEL: Oedden, roedden ni'n nerfus braidd, oherwydd mae'r gynghanedd yn rhywbeth sy'n benodol iawn i Gymru ac i'r Gymraeg. Roedden ni braidd yn betrus o ran sut i roi'r wybodaeth honno ar blatfform rhyngwladol, ac mi wnaethon ni orfod mynd drwy dipyn o wahanol fersiynau o'r papur er mwyn cael y cydbwysedd yna'n iawn. Roedden ni'n gwybod y byddai llawer iawn o'r darllenwyr yn bobl nad oedden nhw erioed wedi clywed am y gynghanedd, ac roedd angen inni yn y lle cyntaf sicrhau eu bod nhw'n deall y grefft. 'Dan ni bellach wedi gwneud hynny, o'r diwedd, a 'dan ni wedi cael ymateb cadarnhaol hefyd. Mae 'na dipyn o bobl wedi dangos diddordeb, a 'dan ni wedi cael pobl yn trydar am yr ymchwil yn rhyngwladol.

ANEIRIN: Beth mae pobl yn ei ddweud? Hynny yw, wy'n siŵr eu bod nhw'n synnu i glywed fod y fath beth â chynghanedd yn bod yn y lle cyntaf.

AWEL: Ydyn! Maen nhw'n gweld y gynghanedd fel peth diddorol iawn. Mae 'na dwtsh bach o amheuaeth yna, ac mae rhai wedi bod ychydig bach yn amheus ac wedi gofyn, 'Wel, ydych chi'n siŵr am hyn i gyd?' Ond unwaith 'dan ni'n sôn am yr ymchwil go iawn, maen nhw'n deall ac yn ymddiried yn y canlyniadau. Mae hyn i gyd yn ddiddorol iawn oherwydd, yn y gorffennol, yr hyn 'dan ni wedi'i weld yw pobl yn edrych ar elfennau unigol, ar gyflythrennu neu ar yr acen, ac yn sôn am ddylanwad y rheini ar y modd 'dan ni'n prosesu barddoniaeth. Ond yr hyn 'dan ni wedi'i wneud rŵan yw dangos, wel, os 'dach chi'n eu cyfuno nhw mewn ffurf benodol, mae hynny wedyn yn achosi mwy o ysgogiad yn yr ymennydd, ac yn cael hyd yn oed mwy o effaith ar y ffordd 'dan ni'n darllen ac yn mwynhau barddoniaeth.

ANEIRIN: Ie, achos mae'r gynghanedd yn gymaint mwy na dim ond odli a chyflythrennu, wrth gwrs. Ac mae'r ymennydd, ry'n ni'n gwybod nawr, yn ymateb yn benodol i system uwch y gynghanedd.

AWEL: Ydi. Mae'r grefft yn dipyn mwy na dim ond cyflythrennu ac acennu. Mae 'na rywbeth sbesial, yn sicr, am y gynghanedd.

CANLYNIADAU

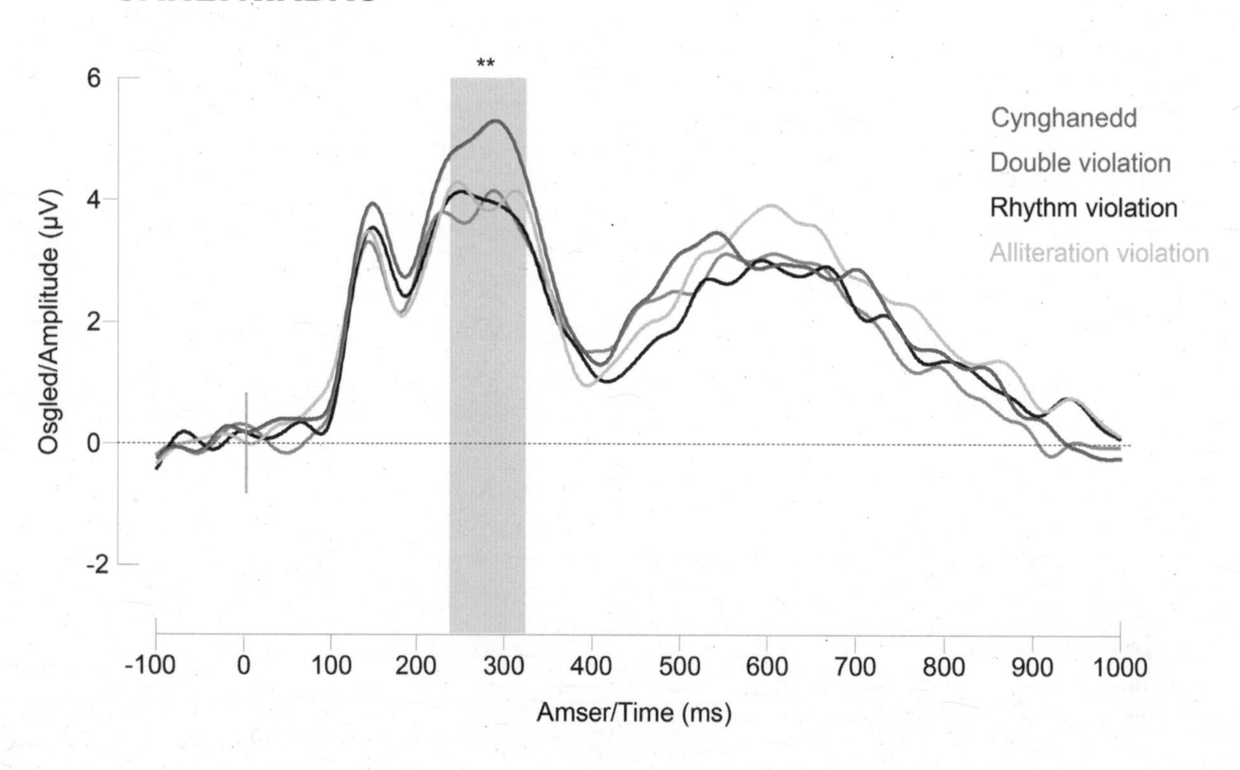

CANLLAW HYLAW A HWYLIOG I'R GYNGHANEDD

Ry'n ni'n deall yn iawn – mae'r syniad o ddysgu sut i gynganeddu'n dy gyffroi'n fawr, ond mae *Cerdd Dafod* John Morris-Jones yn fflipin enfawr. Na phoener eiliad yn hwy. Dyma ganllaw byr i'r hyn yw'r gynghanedd, heddiw.

Fel rwyt ti eisoes yn ei wybod, efallai, ystyr 'cynghanedd' yw 'harmoni'. System seiniol yw hi ar gyfer llunio llinellau o farddoniaeth, a'r nod yn y cychwyn cyntaf oedd ei defnyddio er mwyn creu barddoniaeth a fyddai'n felys i'r clyw ac, yn fwy na dim, yn gofiadwy.

Ceir tri math o gynghanedd, ac mae'r cyntaf yn ymrannu'n dair:

1. Y gynghanedd gytsain
   a. Y gynghanedd draws
   b. Y gynghanedd groes
   c. Y gynghanedd groes o gyswllt
2. Y gynghanedd sain
3. Y gynghanedd lusg

Dyma fwy amdanynt, yn nhrefn pwysigrwydd.

1. Y gynghanedd gytsain
Dyma hanfod cynganeddu, i bob diben, yr hyn sy'n gwneud y system yn unigryw.

Mae gan bob gair Cymraeg **acen**. Ystyr 'acen' yw pwyslais sy'n syrthio ar un o sillafau'r gair. Mewn geiriau unsill, mae'n eglur ym mhle mae'r acen yn syrthio:

cerdd

Mewn geiriau lluosill, gall yr acen syrthio naill ai ar y sillaf olaf neu ar y sillaf olaf ond un – does dim dewis arall yn Gymraeg. (Ar gyfer rhai geiriau benthyg o'r iaith Saesneg, yn bennaf, lle mae'r acen yn syrthio ar y sillaf olaf ond dwy – geiriau fel 'harmoni', 'ifori' ac 'Elisabeth' – gw. trafodaethau Emyr Davies ac Idris Reynolds yn y gyfrol hon.) Yn y mwyafrif helaeth o eiriau lluosill, mae'r acen yn syrthio ar y sillaf olaf ond un, sef y **goben**:

bardd / on / iaeth

Ond ceir rhai geiriau lluosill lle mae'r acen yn syrthio ar y sillaf olaf:

cyfl / eu

Yn achos y rhan fwyaf o eiriau o'r math hwnnw, bydd rhywbeth yn y modd yr ysgrifennir y gair yn dangos fod pethau'n wahanol i'r arfer. Yn achos 'mwynhau', er enghraifft, mae'r ffaith fod '-h-' o flaen y sillaf olaf yn dangos fod yr acen yn syrthio ar y sillaf honno, ac mae gan eiriau eraill nodau gwahanol neu ddash '-':

parhau	(ar) wahân
caniatáu	cyd-fynd

Gelwir geiriau unsill a geiriau lluosill lle mae'r acen ar y sillaf olaf yn eiriau **acennog**. Gelwir geiriau lluosill lle mae'r acen ar y sillaf olaf ond un yn eiriau **diacen** (paid â gofyn pam).

Y peth cyntaf i'w wneud, felly, yw dod o hyd i'r sillaf sy'n cario'r acen mewn gair, a'r ffordd orau i ddangos hynny wrth gynganeddu yw drwy ei lleoli ar un neu fwy o lafariaid:

can / u

Yn y gair deusill 'canu', mae'r acen yn syrthio ar y sillaf gyntaf ac, yn fwy penodol, ar y llafariad '-a-'.

Yna, rhaid lleoli unrhyw gytseiniaid, os o gwbl, sy'n syrthio'n *syth ar ôl yr acen*:

ca**n** / u

Yn yr achos hwn, mae'r gytsain 'n' yn syrthio ar ôl yr acen. Gellir meddwl am yr acen a'r gytsain hon fel dau beth wedi eu weldio ynghyd – fel Aneurig – a bellach gellir anghofio, i raddau helaeth, am y llafariaid:

[acen]**n**

Y cam nesaf yw lleoli unrhyw gytseiniaid, os o gwbl, sy'n syrthio *cyn yr acen*:

c [acen]**n**

Yn yr achos hwn, does ond un gytsain, sef 'c'. Er bod y gytsain hon yn agos at yr acen, nid yw hi'n sownd wrthi fel mae'r 'n'.

Un cam sydd ar ôl, sef dod o hyd i air arall sy'n cyfateb. Mae'r geiriau hyn i gyd yn cynganeddu'n gytseiniol â'r gair 'canu', am fod ganddyn nhw i gyd yr un gwneuthuriad cynganeddol, sef 'c [acen]**n**':

cinio	cwyno	canon
cynnes	cyweiniaf	acenion
Canaan	conyn	cynnen
cyni	canwaith	cain
cywennod	cewynnau	cŵn

Ond cofia, yr unig ddau beth sy'n gorfod aros gyda'i gilydd yw'r acen a'r un neu fwy o gytseiniaid sy'n syrthio'n syth ar ei hôl. Gelli naill ai symud y gytsain gyntaf 'c' i air arall neu ei hepgor yn llwyr, hyd yn oed. Yr un cyfansoddiad cynganeddol, yn ei hanfod, sydd gan 'canu' a'r geiriau hyn:

ci Annwn	cei unwaith	cae o wenith
unnos	Anwen	awenau

Gair diacen yw 'canu'. Mae pethau ychydig yn wahanol yn achos geiriau acennog. Y gamp wrth gynganeddu gair acennog â gair acennog arall yw *peidio* â chyfateb yr hyn sy'n syrthio ar yr acen. Dyma enghraifft:

cân

Yn gynganeddol, dyma sut mae'n edrych:

c [acen]**n**

Ond gan fod 'cân' yn air acennog, byddai ei gyfateb â gair arall acennog sy'n gorffen ag 'n' yn golygu bod y ddau air yn swnio'n rhy debyg:

cân / cŵn

Mae'r ddau air hyn yn proestio ac, felly, dy'n nhw ddim yn cynganeddu'n gywir. Dyma eiriau acennog sy'n cyfateb yn gywir â 'cân':

ci	cae	cawl
corff	cant	cainc
cwr	car	camp

Mae llawer o reolau eraill sy'n ymwneud â phroestio, gormod i'w trafod fan hyn, ond ceir nodyn defnyddiol am bynciau **proestio** a **trwm ac ysgafn** yn yr Eirfa. Am y tro, gwell peidio â phoeni gormod am broestio nac am bethau eraill i'w hosgoi, gan mor anaml y maen nhw'n digwydd, diolch i'r drefn.

Yn ogystal â chyfateb gair diacen â gair diacen arall, a gair acennog â gair acennog arall, mae un cyfuniad arall yn bosib, sef cyfateb gair acennog â gair diacen. Y nod y tro hwn *yw* cyfateb yr hyn sy'n syrthio ar yr acen. Mae'r gair acennog 'cân' yn cyfateb yn gywir â'r gair diacen 'canu' ac, at hynny, â'r holl eiriau a chyfuniadau diacen eraill a restrwyd uchod.

Amdani'n awr i greu llinellau.

Yr un yw'r egwyddor, dim ots pa fath o linell sy'n cael ei chreu, sef bod angen yn y lle cyntaf ddod o hyd i ddau air sy'n cyfateb â'i gilydd yn gynganeddol. Yna:

- rhaid gosod un yn hanner cyntaf y llinell, a'r llall ar y diwedd;
- rhaid rhoi rhyw fath o saib – lle naturiol i'r llais oedi am ryw hanner eiliad, os hynny – ar ôl y cyntaf o'r ddau air, a'r enw ar y saib hwnnw yw'r **orffwysfa**;
- yn olaf, rhaid i bob cytsain arall sy'n ymddangos o flaen yr acen yn y cyntaf o'r ddau air gael ei hailadrodd o flaen yr acen yn yr ail air, a hynny yn yr un drefn.

Fel â phob dim, llawer haws na dychmygu hyn oll yw ei weld ar waith. Llinellau seithsill yw'r rhan fwyaf o'r rhai isod, gan mai dyna'r hyd mwyaf cyffredin, ond gall llinell o gynghanedd fod mor fyr â dwy sillaf neu mor hir â deuddeg (anodd ymestyn dim hirach na hynny heb fynd yn chwerthinllyd).

a. Y gynghanedd draws

Dyma enghraifft:

Awr cân yw amser cinio

Yn gynganeddol, dyma sut mae'n edrych:

r c [acen]**n** / m s r c [acen]**n**

Fe weli fod y ddwy gytsain sy'n syrthio o flaen yr acen yn y gair 'cân' yn cael eu hailadrodd yn yr un drefn o flaen yr acen yn y gair 'cinio'. Ceir hefyd ddwy gytsain arall ar ôl yr orffwysfa, ac fe anwybyddir y rheini. Dyna sy'n gwneud hon yn gynghanedd draws, am fod y bardd yn neidio *ar draws* y cytseiniaid hynny:

r c [acen]**n** / (m s) r c [acen]**n**

Dyma rai enghreifftiau eraill:

Arlwy'n wir yw'n cyfrol ni

Un llawn danteithion yw'n llyfr

Go wir, hwn yw y gorau

b. Y gynghanedd groes

Yr un yw'r drefn yn achos y gynghanedd groes, ac eithrio'r ffaith nad yw'r bardd yn neidio dros yr un gytsain ar ôl yr orffwysfa:

Gwych yw cân ac awch cinio

Yn gynganeddol, mae dau hanner y llinell yn hollol hafal, fel croes gymesur:

g ch c [acen]**n** / g ch c [acen]**n**

(Sylwer mai sain 'g' sydd i'r '-c' yn y gair 'ac', ac felly hefyd yn y gair 'nac'.)

Dyma fwy:

Teg edrych tuag adref

Na llafn glas na llif na glaw

Mawr yw dawn Maradona

c. Y gynghanedd groes o gyswllt

Fe weli fod y ddwy ffurf gyntaf ar y gynghanedd gytsain yn mynd yn fwyfwy caeth. Hynny yw, mae'r gynghanedd draws yn caniatáu anwybyddu rhai cytseiniaid, a'r gynghanedd groes wedyn yn galw am unffurfiaeth ar ddwy ochr y llinell. Yn achos y groes o gyswllt, gellir ailgylchu cytseiniaid:

Cannwyll, cân a lle cinio

Yr un yw'r drefn o ran ateb cytseiniaid, ond gellir defnyddio rhai cytseiniaid ddwywaith:

c n ll c [acen]**n** / ll c [acen]**n**

Mae'r cytseiniaid 'c' ac 'n' yn y gair 'cân' yn cael eu hateb yn y gair 'cinio', fel arfer, ond maen nhw hefyd yn cyfateb â'r 'c' a'r 'n' yn y gair 'cannwyll' ar ddechrau'r llinell.

Dyma dair enghraifft arall:

Derw'i Gadair a gadwodd

O'n desgiau, dysg yw ein dawn

Rhannwch y gyfrinach a'i gwefr hynod

Ceir llawer o wahanol ddifyrbethau eraill sy'n rheoli'r modd y gellir cyfateb cytseiniaid wrth gynganeddu – llawer gormod i'w trafod fan hyn, yn anffodus. Ond y prif bethau i'w hystyried maes o law, ar ôl troi at ganllaw hirach na hwn, yw ateb dwy gytsain ag un, yr 'n' wreiddgoll, y gytsain 'h' ac, yn olaf, y tair 'c' sy'n swnio'n boenus ond sydd, mewn gwirionedd, yn llawer o hwyl: caledu, ceseilio, cywasgu.

2. Y gynghanedd sain

Mae'r gynghanedd sain yn gwneud defnydd o brif elfennau'r gynghanedd gytsain, ond dyw hi ddim cweit mor gaeth:

Cawn dân a chân a chinio

Ceir tair rhan iddi: mae'r ddwy ran gyntaf yn odli, ac mae'r ail a'r drydedd yn cyfateb fel cynghanedd gytsain:

Cawn dân / a chân / a chinio

Mae 'tân' a 'chân' yn odli, yna mae 'chân' a 'chinio' yn cyfateb yn gynganeddol.

Fel yn achos y gynghanedd gytsain, gellir cyfateb gair acennog â gair diacen, fel yn y llinell uchod, a gellir hefyd gyfateb dau air diacen â'i gilydd:

Cawn eto / ginio / ganwaith

A dau air acennog:

Cawn eto / dân glo / a gwledd

Yn wahanol i'r gynghanedd gytsain, gellir hefyd gyfateb gair diacen yn gyntaf â gair acennog yn ail:

Cawn eto / ginio / dan goed

Y ffurf olaf hon yw'r ffurf fwyaf cyffredin ar y gynghanedd sain, am ei bod hi mor syml: does dim angen i'r ddau air gyfateb ar yr acen ac, i bob diben, ni cheir ond cyflythrennu rhyngddynt.

Dyma fwy:

Bob haf mae'n braf yn y brifwyl

Ysgol Farddol Caerfyrddin

Hicin a Siencin a Siac

3. Y gynghanedd lusg

Dyma'r math symlaf o gynghanedd, am ei fod yn ymwneud ag odli'n unig. Rhaid cael gair diacen ar ddiwedd y llinell, a rhaid odli'r sillaf olaf ond un â gair arall yn y llinell:

Y gynghanedd heddiw

Y gair diacen ar ddiwedd y llinell yw 'heddiw': hedd / iw. Yr odl sydd ei hangen, felly, yw '-edd', ac fe'i ceir ar ddiwedd y gair 'cynghanedd'.

Pan geir mwy nag un gytsain yn yr odl, mae'n syniad da eu hateb i gyd:

Mor hardd yw llyfrau Barddas

Rhai llinellau eraill:

Cawsom haf o gerdd dafod

Ym mhobman, ceir cynghanedd

Lluniais restr o'm ffenestri

A dyna, yn gryno iawn, beth yw'r gynghanedd. Cyfuniad hudolus o gytseinedd cywrain ac odli mewnol a ddatblygwyd yn yr iaith Gymraeg dros ganrifoedd maith, ac sy'n dal i wneud.

Gellir cymharu'r gwaith o ddeall hanfodion yr acen ac yna feistroli'r tri math o gynghanedd â'r dasg o ddysgu gyrru: bydd rhywun fel arfer yn dysgu gyrru drwy ddod yn gyfarwydd â'r 'clutch control' (hanfodion yr acen), ac yna â rheolau'r ffordd fawr (y tri math o gynghanedd, ynghyd â'r beiau a'r goddefiadau). Y camau nesaf yng ngyrfa pob gyrrwr yw prynu car ac arbrofi â cheir gwahanol dros amser. Wel, y cerbydau hynny yw'r mesurau, fel y cywydd, yr englyn a'r hir-a-thoddaid (y rhai mwyaf traddodiadol, fforddiadwy a phoblogaidd), sy'n caniatáu i'r gyrrwr roi'r gynghanedd ar waith ac ar daith. Da o beth wrth lunio cyflwyniad cryno fel y canllaw hylaw a hwyliog hwn yw amlinellu'r daith sy'n wynebu rhywun wrth fentro ar lôn fawr cerdd dafod.

I ddysgu mwy, does well na chyfrol flaengar Myrddin ap Dafydd, *Clywed Cynghanedd* (arg. newydd, Llanrwst, 2013). Hynod ddefnyddiol hefyd yw *Anghenion y Gynghanedd* gan Alan Llwyd (arg. newydd, Llandybïe, 2007), yn arbennig o ran y mynegai trylwyr. Fel arall, mae'r beibl fflipin enfawr ei hun, wrth gwrs, *Cerdd Dafod* gan John Morris-Jones (Rhydychen, 1925).

GEIRFA

DYMA EIRFA FER SY'N ESBONIO'N GRYNO RAI O DERMAU CERDD DAFOD A DDEFNYDDIR YMA A THRAW YN Y GYFROL HON

AWDL
Yr un gair ag 'odl', yn wreiddiol, a'r ystyr yn y lle cyntaf oedd 'cerdd ar un odl'. Bellach, creadigaeth eisteddfodol yw 'awdl', gan amlaf, sef cerdd ar fwy nag un o'r mesurau caeth traddodiadol.

ACENNOG
Fe'i defnyddir yn aml yn y cyfuniad 'gair acennog', sef naill ai air unsill neu air lle syrthia'r acen – sef y prif bwyslais – ar y sillaf olaf. Er enghraifft, 'lliw' a 'pellhau'. Ystyr 'llinell acennog' yw llinell sy'n diweddu â gair acennog. Gw. hefyd **diacen**.

CAMOSODIAD
Bai yw hwn mewn cyfatebiaeth gytseiniol pan fo un gytsain yn y lle anghywir:

> Uwchlaw hynny, clywch heno

Yn y llinell hon o gynghanedd groes, ceir 'ch' ac 'l' yn yr hanner cyntaf, ond 'l' ac 'ch' yn yr ail hanner, yn y drefn anghywir. Hawdd twyllo'r glust pan fo'r tafod yn brasgamu dros y cytseiniaid fel hynny ac, mewn gwirionedd, tybed a oes llawer o ots am hynny yn y pen draw? Gw. hefyd **crych a llyfn** a **twyll gynghanedd**.

CERDD DAFOD
Un o ystyron 'cerdd' gynt oedd 'crefft' neu 'gelfyddyd' ac, felly, ystyr 'cerdd dafod' yw 'crefft y tafod', disgrifiad addas iawn o holl waith arbenigol y bardd llafar, sef yn bennaf y gynghanedd a'r mesurau ynghyd.

CRYCH A LLYFN
Bai tebyg i'r **camosodiad**, ond un mwy clywadwy ac, o ganlyniad, un mwy difrifol o lawer:

> Aria lefn ar lwyfannau

Yn y llinell hon o gynghanedd groes, mae'r ddau air sy'n cyfateb yn gynganeddol, sef 'lefn' a 'lwyfannau', yn cynnwys yr un cytseiniaid yn union, a'r rheini yn yr un drefn, ond y mae'r acen mewn llefydd gwahanol yn y ddau air: lefn = l [acen]fn; lwyfannau = l f [acen]n. Mae naill ochr y gyfatebiaeth yn 'llyfn', fel petai, a'r llall yn 'grych', sef yn 'arw' neu, fel am wallt, yn 'gyrliog'. Gw. hefyd **twyll gynghanedd**.

CYNGHANEDD BENDROM
Ystyrir hyn yn wall mewn cynghanedd gytsain heddiw, sef cyfateb tri chwarter cyntaf y llinell â'r chwarter olaf. Mae pen blaen y llinell, o ganlyniad, yn rhy 'drwm' mewn cymhariaeth â'r llall. Er enghraifft, mae'r llinell hon yn un bendrom am fod yr orffwysfa'n syrthio ar ôl y bedwaredd sillaf

– sef ar ôl y gair **acennog** 'lôn' – ond y mae'r gair ar ddiwedd y llinell, sef 'gelyniaeth', yn un **diacen**:

Unig yw lôn gelyniaeth

Mewn llinell o'r math hwn, ni chaniateir i'r **orffwysfa** syrthio ymhellach ymlaen yn y llinell na'r drydedd sillaf.

CYNGHANEDD BRAIDD GYFFWRDD

Hen fath o gynghanedd gytsain yw hwn, lle saif dechrau a diwedd y llinell y tu allan i'r gynghanedd:

Y chwedl hon, hanes rhyfedd

Yn yr enghraifft hon, y geiriau 'hon' a 'hanes' yn unig sy'n cyfateb â'i gilydd, ac nid yw'r geiriau 'y chwedl' a 'rhyfedd' yn chwarae rhan o gwbl yn y gynghanedd. Gwnaethpwyd llai a llai o ddefnydd o'r gynghanedd braidd gyffwrdd yng nghywyddau'r bedwaredd ganrif ar ddeg ac, erbyn y bymthegfed ganrif, doedd fawr neb yn ei harddel.

CYHYDEDD NAWBAN

Ystyr 'ban' yn yr achos hwn yw 'sillaf', ac mae'n debyg mai ystyr wreiddiol 'cyhydedd nawban' oedd 'llinell nawsill'. Daeth yn enw wedyn ar fesur lle cenir pedair llinell nawsill o gynghanedd ar yr un odl.

CYMERIAD LLYTHRENNOL

Addurn mewn cerdd dafod, lle dechreuir dwy neu fwy o linellau â'r un llythyren, a honno gan amlaf yn gytsain. Dau fath arall o 'gymeriad', sef ailadrodd nodwedd arbennig ar ddechrau llinellau olynol, yw 'cymeriad cynganeddol' a 'chymeriad llafarog'.

CYWASGU

Techneg lle cywesgir yn naturiol ddwy sillaf yn un – drwy uno un neu fwy o lafariaid ar ddiwedd un gair ag un neu fwy ar ddechrau'r gair nesaf – er mwyn bodloni gofynion mesur neu fydr arbennig. Dyma enghraifft mewn llinell seithsill, lle cywesgir 'llwyddo i' yn ddwysill:

A llwyddo i gael lle addas

CYWYDD

Un o ddau brif fesur cerdd dafod heddiw (gw. hefyd **englyn**): llinellau seithsill o gynghanedd yn odli fesul cwpled, a'r naill odl yn acennog a'r llall yn ddiacen, heb fod mewn trefn benodol:

Nid llyfr rhad, anllad, unlliw
Yw hwn, ond canllaw'n llawn lliw.

Datblygwyd y mesur ar gefn y **traethodl** yn hanner cyntaf y bedwaredd ganrif ar ddeg.

A rhoi iddo ei enw llawn, y 'cywydd deuair hirion' yw'r hyn a ddisgrifir uchod. Ceir hefyd rai mesurau tebyg eraill, fel y cywydd deuair fyrion – sy'n dilyn yr un patrwm â'r cywydd deuair hirion, heblaw fod ganddo linellau pedeirsill yn hytrach na seithsill – a dau fath lle defnyddir odl gyrch, sef yr awdl gywydd a'r cywydd llosgyrnog. Yn achos y cywydd llosgyrnog, ystyr yr hen air 'llosgwrn' yw 'cynffon'. Daw o'r gair 'llost', yn wreiddiol – sef y gair Llydaweg am 'gynffon' hyd heddiw – a newidiodd yn 'llosg' gyda threigl amser.

DIACEN

Ystyr 'gair diacen' yw gair lle syrthia'r acen – sef y prif bwyslais – ar y sillaf olaf ond un (gw. **goben**). Er enghraifft, 'cynghanedd' a 'heddiw'.

Ystyr 'llinell ddiacen' yw llinell sy'n diweddu â gair diacen. Gw. hefyd **acennog**.

DISGYBL YSBAS

Yn ôl *Statud Gruffudd ap Cynan*, dogfen ffug-hanesyddol a luniwyd adeg Eisteddfod Caerwys yn 1523, gelwid y sawl oedd ar ris isaf yr ysgol farddol yn 'ddisgybl ysbas', ond y mae'n bosib iawn mai term newydd ydoedd a luniwyd ar gyfer y *Statud* ei hun. Gw. hefyd **pencerdd**.

ENGLYN

Un o ddau brif fesur cerdd dafod heddiw (gw. hefyd **cywydd**): pedair llinell o gynghanedd, sef **toddaid byr** a chwpled o **gywydd** ar yr un odl. Gelwir y ddwy linell gyntaf yn 'baladr' a'r ddwy linell olaf yn 'esgyll', mae'n debyg am fod y cyntaf yn medru golygu 'coes saeth' a'r ail y 'plu' a hwylusai daith y taflegryn pren i ganol y nod. Yr enw technegol ar y math arbennig hwn o englyn yw 'englyn unodl union', a cheir o leiaf saith ffurf arall ar fesur yr englyn, fel yr englyn milwr, yr englyn crwca a'r englyn byr.

GOBEN

Y sillaf olaf ond un mewn gair. Gw. hefyd **diacen**.

GODDEFIAD MEI

Mewn cynghanedd gytsain, pan geir dwy gytsain ar ôl ei gilydd yn un hanner y llinell – heb yr un gytsain arall rhyngddynt – gellir eu hateb ag un gytsain yn yr hanner arall. Bu'r arfer yn boblogaidd ers canrifoedd lawer, ond bathwyd y term hwn gan Twm Morys i dynnu coes Mei Mac, a oedd ar un adeg yn hoff iawn o ddefnyddio'r goddefiad. 'Cynghanedd ddiog' yw hi, yn ôl Twm, a daeth Mei i gytuno ag e maes o law!

GOGYNGHANEDD

Term a fathwyd gan R.M. Jones ar gyfer y grefft gynganeddol a welir yng ngwaith Beirdd y Tywysogion, ac a drodd yn ddiweddarach, yng ngwaith y Cywyddwyr, yn gynghanedd fel y gwyddwn ni amdani.

GOURSEZ BREIZH

Yr enw Llydaweg ar Orsedd Llydaw, a sefydlwyd gan genedlaetholwyr diwylliannol Llydewig yn sgil ymweliad ag Eisteddfod Caerdydd 1899.

GWANT

Dyma 'doriad' neu 'saib' bychan yn llinell gyntaf **englyn**, a rhwng gwahanol gymalau'r gynghanedd sain hefyd, lle gelwir y toriad cyntaf yn 'want' a'r ail yn 'rhagwant'.

LLUSG WYRDRO

Ffurf ar y gynghanedd lusg lle odlir un o ddwy ddeusain cyn yr orffwysfa, '-ai' neu '-au', ag un o ddwy ddeusain gyfatebol yng **ngoben** y gair olaf, '-ei' neu '-eu', yn y drefn honno. Er enghraifft, 'Mae Cadair gan Aneirin', 'Mae Medal aur gan Eurig'.

MEURYN

Enw barddol R.J. Rowlands (1880–1967), bardd a nofelydd a fu'n feirniad Ymryson y Beirdd ar wasanaeth radio'r BBC, a daeth yr enw maes o law'n deitl ar y sawl sy'n tafoli'r cerddi ac yn rhannu'r marciau mewn **talwrn** neu **ymryson**.

ODL GYRCH

Odl bersain yw hon a geir mewn nifer fawr o fesurau, sef odl rhwng diwedd un llinell a chanol y llinell nesaf. Fe'i ceir, er enghraifft, yn nwy linell olaf y **triban**.

PENCERDD

Y radd uchaf o fardd, meistr ar ei grefft. Gw. hefyd **disgybl ysbas**.

'PLEN AN GWARI'

Ystyr yr enw Cernyweg hwn yw 'maes chwarae' – nid maes i fabolgampwyr, ond i ddramodwyr ac actorion. Roedd traddodiad y ddrama Gernyweg yn boblogaidd iawn yn yr Oesoedd Canol, a dôi pobl ynghyd i'w mwynhau mewn theatrau mawr crynion yn yr awyr agored. Dyna'r 'chwarae' felly, a diddorol nodi fod 'gwarae' yn ffurf gyfatebol yn Gymraeg gynt, ac mai 'c'hoariva' yw'r gair Llydaweg am 'actio'.

PRIFODL

Odl ar ddiwedd dwy neu fwy o linellau o farddoniaeth.

PROEST

Math o hanner odl rhwng un neu fwy o lafariaid gwahanol sy'n perthyn i'r un dosbarth. Yn achos llafariaid unigol, ni all sillaf drom broestio â dim ond sillaf drom arall – er enghraifft, 'llyn' a 'hon' – ac felly hefyd o ran sillafau ysgafn: 'dur' a 'côr' (gw. **trwm ac ysgafn**). Yn achos deuseiniaid, ceir tri dosbarth:

talgrwn	-aw, -ew, -iw, -ow, -yw, -uw
lleddf	-ae, -ai, -oe, -wy, -ei
gwib	-au, -eu, -ey, -oi, -ou

Rhaid i'r deuseiniaid berthyn i'r un dosbarth er mwyn proestio, er enghraifft, 'cawr'/'dewr', 'cael'/'hwyl', 'dau'/'creu'. Gelwir proest lle na cheir yr un gytsain yn yr odl yn 'broest lafarog'.

RHUPUNT

Mesur cymhleth a soniarus yw hwn, a cheir nifer o wahanol ffurfiau arno. Yn ei hanfod, llinellau estynedig o gynghanedd sain a geir yn y rhupunt, a gwahanol gyfuniadau o gyfatebiaeth gytseiniol y tu mewn iddynt.

SANGIAD

Gair neu gymal sy'n torri ar draws prif rediad brawddeg. Roedd Dafydd ap Gwilym yn sgut am sangiad:

> Syrthio o'r bwrdd, *dragwrdd drefn*,
> A'r ddeudrestl a'r holl ddodrefn.

SAIN DEIRODL

Math o gynghanedd sain lle odlir tri gair yn hytrach na dau:

> Unodl, dwyodl, teirodl, taw!

Fe'i gwelir yng ngherddi Beirdd y Tywysogion a'r Cywyddwyr, ond nid yw'n digwydd ond ar ddamwain, gan amlaf, erbyn hyn.

SAIN DDWBL

Dwy gynghanedd sain ynghlwm wrth ei gilydd, un o orchestion Beirdd y Tywysogion a'r Cywyddwyr. Dyma un gan Guto'r Glyn (GG.net 1.47):

> Corf llorf llu deutu Dotawnt

Mae 'corf llorf llu' yn un gynghanedd sain, a 'llu deutu Dotawnt' yn un arall. (Enw lle neu afon yn Ffrainc yw 'Dotawnt', mae'n debyg, ond does wybod ble'n union.)

STOMP

Gair sy'n golygu 'llanast' neu 'anhrefn' a fabwysiadwyd yn enw ar gystadleuaeth farddol lawer cochach na **thalwrn** neu **ymryson**. Perfformir cerddi mewn rowndiau er mwyn ennill stôl drwy bleidlais y gynulleidfa.

TALWRN

Yn wreiddiol, 'darn o dir', ac yn fwy penodol, 'talwrn ceiliogod', sef darn o dir a ddefnyddid i ymladd yr adar truain hynny. Ymhell wedi gwahardd y gêm waedlyd honno a rhoi ei herchyllterau dros gof, rhoddwyd *Talwrn y Beirdd* yn enw cellweirus ar y rhaglen radio enwog a ddarlledwyd gyntaf yn 1979, a Gerallt Lloyd Owen yn **feuryn**. Yr un yw'r drefn hyd heddiw, a Ceri Wyn Jones bellach yn feuryn, sef cystadlu rhwng dau dîm o feirdd mewn rowndiau lle cyflawnir tasgau barddol a osodir o flaen llaw. Cynhelir talyrnau mewn eisteddfodau ac mewn gwyliau hefyd yn achlysurol. Gw. hefyd **stomp** ac **ymryson**.

TAWDDGYRCH CADWYNOG

Hwn yw un o fesurau caethaf cerdd dafod, ac fe'i lluniwyd, yn fwy na thebyg, er dibenion gorchestion barddol yn hytrach nag i'w ddefnyddio'n gyson, gan mor anhylaw ydyw: wyth llinell wythsill ar batrwm odli cymhleth, a phob un ond dwy'n gynghanedd groes.

TODDAID BYR

Dwy linell o farddoniaeth, y naill yn ddecsill a'r llall yn chwesill. Gall y gynghanedd gyntaf yn y toddaid fod naill ai'n saith, yn wyth neu'n naw sillaf o hyd, ac ar ei hôl fe ddaw'r **gwant**, sef toriad bychan rhwng y gynghanedd gyntaf a'r ail a ddynodir gan amlaf â strac bychan. Mae'r ail gynghanedd yn dechrau ar ôl y gwant, a hynny yn y 'cyrch', sef yr un, y ddwy neu'r tair sillaf sydd ar ôl yn y llinell gyntaf. Ffurfir y gynghanedd rhwng y cyrch a dechrau'r ail linell. Nid yw diwedd yr ail linell yn rhan o'r gynghanedd, ac eithrio pan fo'n rhan o gynghanedd sain estynedig, ond y mae'r ail linell bob tro'n diweddu â gair **diacen** sy'n odli â diwedd y gynghanedd gyntaf:

> Dyma'r *Gynghanedd Heddiw* – yn dy law,
> Cyfrol dlos, amryliw.

Gellir ei ddefnyddio fel mesur ar ei ben ei hun, gan raffu cyfres at ei gilydd, ond y mae wedi ennill ei le ers tro byd fel hanner cyntaf **englyn**. Ceir hefyd ddwy ffurf arall lle amrywia hyd yr ail linell: toddaid (naw sillaf) a thoddaid hir (deg sillaf).

TRAETHODL

Mesur digynghanedd a ddefnyddid gynt gan feirdd is eu statws, yn bennaf: llinellau seithsill, gan amlaf, yn odli fesul cwpled. Dyma gwpled enwog o draethodl Dafydd ap Gwilym, 'Y Bardd a'r Brawd Llwyd' (DG.net 148.37–8):

> Nid ydyw Duw mor greulon
> Ag y dywaid hen ddynion.

Gellir meddwl am y mesur fel ffurf lac ar y **cywydd**, oherwydd ar sail y traethodl y datblygwyd y mesur mwy dyrchafedig hwnnw gan Ddafydd ap Gwilym a'i fêts, drwy ei chwistrellu â chynghanedd a rhoi iddo batrwm odli cyson.

TRI THRAWIAD

Mesur sionc o bedair llinell yw mesur y tri thrawiad, a gwneir defnydd caeth a rhydd ohono. Gan amlaf, ceir deuddeg sillaf yn y llinell gyntaf a'r drydedd, un ar ddeg yn yr ail a naw yn yr olaf. Ceir odl **ddiacen** rhwng canol a diwedd y llinell gyntaf a chanol yr ail, ynghyd â chanol a diwedd y drydedd a chanol yr olaf. Odlir gair **acennog** ar ddiwedd yr ail linell â gair diacen ar ddiwedd yr olaf. Mae pob dwy linell yn aml yn ffurfio cynghanedd sain estynedig ar ei hyd, a cheir weithiau gynganeddion cytsain yn y gwahanol gymalau. Dyma bennill o gerdd gan Huw Morys (1622–1709) i ofyn cymorth gan gyfreithiwr ar ran ei gyfaill:

Y gwaredd ŵr gwrol, i siarad yn siriol
Mewn rheswm yn rasol, blodeuol y dawn,
Mae ynoch ddalltwrieth i fedru llyfodreth
Mewn cyfreth ac afieth yn gyfiawn.

Hwn yw'r unig fesur a ddefnyddiwyd gan Cynan yn ei awdl arobryn, 'I'r Duw nid Adwaenir', yn 1924, a defnyddiodd un o olygyddion y gyfrol hon yr un mesur yn un o ganiadau ei awdl 'Ffiniau' yn 2016. Fe'i defnyddir hefyd o dro i dro yn y gân ysgafn ar raglen Talwrn y Beirdd.

TRIBAN

Mesur bachog ac amlbwrpas yw hwn, a gysylltir yn bennaf â Morgannwg, gan mor helaeth oedd y defnydd a wnaed ohono yno gynt. Ceir pedair llinell, ac mae pob un yn seithsill ac eithrio'r drydedd, lle ceir wyth sillaf. Odlir y llinell gyntaf, yr ail a'r olaf yn **ddiacen**, a cheir **odl gyrch** rhwng y drydedd linell a'r olaf. Ceir gair **acennog** ar ddiwedd y drydedd linell. Nid oes rhaid cynganeddu'r mesur, ond ceir yn aml iawn gynghanedd gytsain yn y llinell olaf ac, o dro i dro, yn y llinellau eraill hefyd. Dyma enghraifft enwog:

Ym Mhontypridd mae 'nghariad,
Ym Mhontypridd mae 'mwriad,
Ym Mhontypridd mae'r ferch fach lân,
A'i chael o fla'n y 'ffeiriad.

TRWM AC YSGAFN

Dyma un ffordd i ddisgrifio'r gwahaniaeth rhwng sillafau 'byr' a 'hir' mewn geiriau **acennog**: sillaf drom sydd yn y gair 'llyn', ond sillaf ysgafn yw'r un acennog yn y gair 'cybôl', fel mae'r to bach yn ei awgrymu. Mae sillaf drom yn syrthio i'r llawr yn union fel 'plwm', ond mae sillaf ysgafn yn nofio ar y gwynt fel 'plu'. Pan geisir odli sillaf drom ag un ysgafn, fel 'pren' a 'gwên', gelwir hynny'n 'fai trwm ac ysgafn'.

TWYLL GYNGHANEDD

Llinell sydd, ar yr olwg gyntaf, yn gynganeddol gywir ond, o graffu, gwelir bod cytsain ar goll yn y gyfatebiaeth:

Nid yw'*n* hawdd neidio heddiw

Collfernir weithiau linellau gan rai o feirdd yr Oesoedd Canol ar gownt y bai hwn, ond rhaid cofio bod cytseiniaid perfeddgoll yn gyffredin yn eu hamser nhw, fel 'n', 'r', 'f' ac 'm', a ystyrid yn wannach nag eraill ac yn rhai y gellid, o ganlyniad, eu hepgor o'r gyfatebiaeth, fel yn y llinell hon gan Guto'r Glyn, lle ceir 'r' berfeddgoll: 'Mae'r tarw mawr o'r Mortmeriaid' (GG.net 29.1). Gw. hefyd **camosodiad** a **crych a llyfn**.

'Y' DYWYLL AC 'Y' OLAU

Gellir yngan 'y' mewn un o ddwy ffordd:

'y' dywyll:	cynnes
'y' olau (neu 'glir'):	cyn

Ni cheir 'y' dywyll fel odl yn Gymraeg, ac eithrio pan ddefnyddir geiriau estron, fel yn y gynghanedd lusg hon:

Es i Manhattan llynedd

YMRYSON

Yn wreiddiol, 'anghytundeb' neu 'ddadl', ond daeth i olygu'n fwy cyffredinol 'anghytundeb rhwng dau neu fwy o feirdd'. Er enghraifft, cyfeirir at y ddadl farddol enwog a fu rhwng Dafydd ap Gwilym a Gruffudd Gryg – am fod Gruffudd o'r farn fod Dafydd yn llipryn a Dafydd o'r farn fod Gruffudd yn lladrata syniadau oddi arno – fel 'ymryson'. Mae'r cyfuniad 'ymryson y beirdd' yn enw ar gystadleuaeth debyg iawn i'r **talwrn** rhwng dau dîm neu fwy o feirdd, ac eithrio bod holl dasgau'r ymryson yn cael eu gosod ar y pryd. Cynhelir ymrysonau mewn eisteddfodau weithiau, a'r mwyaf o'i fath ym Mhabell Lên yr Eisteddfod Genedlaethol. Gw. hefyd **stomp**.

BYRFODDAU

arg.	argraffiad
AyG	A. Llwyd (2007), *Anghenion y Gynghanedd* (Llandybïe)
c.	*circa* (tua, oddeutu)
cf.	cymharer
CD	J. Morris-Jones (1925), *Cerdd Dafod* (Rhydychen)
DG.net	www.dafyddapgwilym.net
d.g.	dan y gair
ed./eds.	editor/editors
et al.	*et alii* (ac eraill)
fl.	*floruit* (cyfnod blodeuo)
GG.net	www.gutorglyn.net
gol./goln.	golygydd/golygyddion
gw.	gweler
ibid.	*ibidem* (yn yr un man)
LlGC	Llyfrgell Genedlaethol Cymru
m.	marw (bu farw)
passim	mwy nag un man
trans.	translator

CYDNABYDDIAETHAU'R LLUNIAU

Clera (t. 9): Siôn Tomos Owen.

Cofeb Dafydd ap Gwilym (t. 12), Eglwys Llanbadarn Fawr (t. 17), Yr Hen Goleg (t. 107): Iestyn Hughes.

Llawysgrif Peniarth 49 (tt. 19 a 20), llawysgrif Llansteffan 28 (t. 36), llawysgrif Peniarth 105 (t. 85): trwy ganiatâd Llyfrgell Genedlaethol Cymru.

Blaenddalen *Gorchestion Beirdd Cymru* (t. 32): trwy ganiatâd Llyfrgell Genedlaethol Cymru.

Ffenestr liw Eglwys Sant Gabriel, Abertawe (t. 67): Martin Crampin.

Portread o Aphra Behn (t. 69): GL Archive / Alamy Stock Photo.

Thomas Parry (t. 53), Gerallt Lloyd Owen (t. 149) ac Alan Llwyd (t. 162): casgliad Geoff Charles, trwy ganiatâd Llyfrgell Genedlaethol Cymru.

Paul Valéry (t. 113): Heritage Image Partnership Ltd / Alamy Stock Photo.

'Prologue' o lawysgrif Harley 1758 y Llyfrgell Brydeinig (t. 128): Album / Alamy Stock Photo.

John Morris-Jones gan John Thomas (t. 130): trwy ganiatâd Llyfrgell Genedlaethol Cymru.

Cadeirio Gwynfor ab Ifor yn 2006 (t. 143): Robert Parry Jones.

R.M. Jones gan Julian Sheppard (t. 161): trwy ganiatâd Llyfrgell Genedlaethol Cymru.

Gustave Guillaume (t. 170): Art Collection 3 / Alamy Stock Photo.